AF256583

Antony C. Sutton

Wall Street und
der Aufstieg Hitlers

Antony C. Sutton
(1925-2002)

In Großbritannien geborener amerikanischer Wirtschaftswissenschaftler und Essayist, von 1968 bis 1973 Stanford Fellow an der Hoover Institution. Er lehrte Wirtschaftswissenschaften an der UCLA. Er studierte in London, Göttingen und an der UCLA und promovierte in Naturwissenschaften an der Universität Southampton (England).

Wall Street und der Aufstieg Hitlers

Wall Street and the rise of Hitler
Erstmals veröffentlicht von New Rochelle, NY:
Arlington House - 1976

Übersetzt und herausgegeben von Omnia Veritas Limited

www.omnia-veritas.com

© Omnia Veritas Ltd - 2025

Über Professor Sutton

"Und wenn einer gegen ihn siegt, so werden zwei ihm widerstehen, und ein dreifacher Strick reißt nicht schnell" (Prediger 4,12).

Professor Sutton (1925-2002).

Obwohl er ein produktiver Autor war, wird Professor Sutton immer durch seine große Trilogie in Erinnerung bleiben: *Die Wall Street und die bolschewistische Revolution*, *Die Wall Street und der Aufstieg Hitlers* und *Die Wall Street und FDR*.

Professor Sutton verließ 1957 das regnerische, wolkenverhangene England und ging ins sonnige Kalifornien. Er war eine Stimme in der akademischen Wildnis, als die meisten US-Hochschulen ihre Seelen für das Geld der Rockefeller-Stiftung verkauft hatten.

Natürlich kam er in dieses Land in dem Glauben, dass es das Land der *Freien* und die Heimat der *Tapferen* sei.

ANTONY C. SUTTON wurde 1925 in London geboren und erhielt seine Ausbildung an den Universitäten von London, Göttingen und Kalifornien. Seit 1962 ist er Staatsbürger der Vereinigten Staaten. Von 1968 bis 1973 war er Research Fellow an der Hoover Institution for War, Revolution and Peace in Stanford, Kalifornien, wo er die monumentale dreibändige Studie *Western Technology and*

Soviet Economic Development verfasste.

Im Jahr 1974 stellte Professor Sutton *National Suicide* fertig: *Military Aid to the Soviet Union (Militärhilfe für die Sowjetunion)*, eine Bestseller-Studie über die westliche, vor allem amerikanische, technologische und finanzielle Unterstützung der UdSSR. *Wall Street and the Rise of Hitler (Wall Street und der Aufstieg Hitlers)* ist sein viertes Buch, das die Rolle amerikanischer Unternehmensinsider bei der Finanzierung des internationalen Sozialismus aufdeckt. Die beiden anderen Bücher in dieser Reihe sind *Wall Street and the Bolshevik Revolution* und *Wall Street and FDR*.

Professor Sutton hat Artikel für Human Events, The Review of the News, Triumph, Ordnance, National Review und viele andere Zeitschriften verfasst. Derzeit arbeitet er an einer zweiteiligen Studie über das Federal Reserve System und die Manipulation des amerikanischen Wirtschaftssystems. Er ist verheiratet und Vater von zwei Töchtern und lebt in Kalifornien.

Gewidmet dem Andenken an Floyd Paxton - Unternehmer, Erfinder, Schriftsteller und Amerikaner, der an die Rechte des Einzelnen in einer freien Gesellschaft im Rahmen der Verfassung glaubte und sich dafür einsetzte.

Vorwort

Dies ist der dritte und letzte Band einer Trilogie, in der die Rolle der amerikanischen Unternehmenssozialisten, auch bekannt als die Finanzelite der Wall Street oder das östliche liberale Establishment, bei drei bedeutenden historischen Ereignissen des 20. Jahrhunderts beschrieben wird: der Lenin-Trotzki-Revolution von 1917 in Russland, der Wahl von Franklin D. Roosevelt 1933 in den Vereinigten Staaten und der Machtergreifung von Adolf Hitler 1933 in Deutschland. Jedes dieser Ereignisse führte eine Variante des Sozialismus in einem großen Land ein - z. B. *den* bolschewistischen Sozialismus in Russland, den New-Deal-Sozialismus in den Vereinigten Staaten und den Nationalsozialismus in Deutschland.

Die zeitgenössische akademische Geschichtsschreibung, vielleicht mit der einzigen Ausnahme von Carroll Quigleys *Tragedy And Hope*, ignoriert diese Beweise. Andererseits ist es verständlich, dass Universitäten und Forschungseinrichtungen, die von der finanziellen Unterstützung durch Stiftungen abhängig sind, die von derselben New Yorker Finanzelite kontrolliert werden, kaum Forschungen über diese Aspekte der internationalen Politik unterstützen und veröffentlichen wollen. Der mutigste Treuhänder wird wohl kaum die Hand beißen, die seine Organisation füttert.

Aus den Beweisen in dieser Trilogie geht auch eindeutig hervor, dass "Geschäftsleute mit Bürgersinn" nicht als Lobbyisten und Verwalter nach Washington reisen, um den Vereinigten Staaten zu dienen. Sie sind in Washington, um ihren eigenen gewinnmaximierenden Interessen zu dienen. Ihr Ziel ist nicht die Förderung einer wettbewerbsfähigen, freien Marktwirtschaft, sondern die Manipulation eines politisierten Regimes - nennen Sie es, wie Sie wollen - zu ihrem eigenen Vorteil. *In Wall Street and the Rise of Hitler* geht es um die Manipulation der Wirtschaft bei Hitlers Machtübernahme im März 1933.

Juli, 1976

Antony C. Sutton

Einführung

Unerforschte Facetten des Nationalsozialismus

Seit den frühen 1920er Jahren kursieren unbestätigte Berichte, wonach nicht nur deutsche Industrielle, sondern auch Finanziers der Wall Street eine - möglicherweise wesentliche - Rolle beim Aufstieg Hitlers und des Nationalsozialismus gespielt haben. In diesem Buch werden bisher unveröffentlichte Beweise, zum großen Teil aus den Akten der Nürnberger Militärgerichte, vorgelegt, die diese Hypothese stützen. Die volle Tragweite und Aussagekraft der Beweise lässt sich jedoch nicht allein durch die Lektüre dieses Bandes erschließen. Zwei frühere Bücher in dieser Reihe, *Wall Street und die bolschewistische Revolution*[1] und *Wall Street und FDR*[2], beschrieben die Rolle derselben Firmen und oft derselben Personen und ihrer Vorstandskollegen, die hart daran arbeiteten, die bolschewistische Revolution in Russland 1917 zu manipulieren und zu unterstützen, Franklin D. Roosevelt bei der Wahl zum US-Präsidenten 1933 zu unterstützen und den Aufstieg Hitlers in der Vorkriegszeit in Deutschland zu fördern. kurz gesagt, dieses Buch ist Teil einer umfassenderen Studie über den Aufstieg des modernen Sozialismus und der Unternehmenssozialisten.

Bei dieser politisch aktiven Wall-Street-Gruppe handelt es sich mehr oder weniger um denselben elitären Kreis, der bei den Konservativen allgemein als "Liberales Establishment", bei den

---

[1] (New York: Arlington House Publishers, 1974)

[2] (New York: Arlington House Publishers, 1975)

Liberalen (z. B. G. William Domhoff) als "die herrschende Klasse"[3] und bei den Verschwörungstheoretikern Gary Allen[4] und Dan Smoot[5] als "Insider" bekannt ist. Aber wie auch immer wir diese sich selbst erhaltende elitäre Gruppe nennen, sie ist offensichtlich von grundlegender Bedeutung für die Bestimmung des Weltgeschehens, auf einer Ebene, die weit hinter und über der der gewählten Politiker liegt.

Der Einfluss und die Arbeit dieser Gruppe beim Aufstieg Hitlers und Nazideutschlands ist das Thema dieses Buches. Dies ist ein Bereich der historischen Forschung, der von der akademischen Welt fast völlig unerforscht ist. Es ist ein historisches Minenfeld für die Unvorsichtigen und die Nachlässigen, die die Feinheiten der Forschungsverfahren nicht kennen. Die Sowjets beschuldigen seit langem die Bankiers der Wall Street, den internationalen Faschismus zu unterstützen, aber ihre eigene historische Genauigkeit verleiht ihren Anschuldigungen im Westen kaum Glaubwürdigkeit, und sie kritisieren natürlich nicht die Unterstützung ihrer eigenen Art von Faschismus.

Dieser Autor gehört in ein anderes Lager. Früher wurde ihm vorgeworfen, er würde den Sowjetismus und den nationalen Sozialismus übermäßig kritisieren, während er die Wall Street und den Aufstieg Hitlers ignorierte. Dieses Buch wird hoffentlich ein angenommenes und ziemlich unzutreffendes philosophisches Ungleichgewicht ausgleichen und den wirklichen Punkt, um den es geht, hervorheben: Wie auch immer man ein kollektivistisches System nennen mag - Sowjetsozialismus, New-Deal-Sozialismus, Unternehmenssozialismus oder Nationaler Sozialismus -, es ist der Durchschnittsbürger, der Mann auf der Straße, der letztendlich

---

[3] *The Higher Circles: Die regierende Klasse in Amerika*, (New York: Vintage, 1970)

[4] *None Dare Call It Conspiracy*, (Rossmoor: Concord Press, 1971). Für eine andere Sichtweise, die sich auf "interne" Dokumente stützt, siehe Carroll Quigley, *Tragedy and Hope*, (New York: The Macmillan Company, 1966)

[5] *Die unsichtbare Regierung*, (Boston: Western Islands, 1962)

gegenüber den Jungs an der Spitze des Unternehmens den Kürzeren zieht. Jedes System ist auf seine Weise ein System der Ausplünderung, ein organisatorischer Mechanismus, der dafür sorgt, dass jeder auf Kosten der anderen lebt (oder zu leben versucht), während die elitären Führer, die Herrscher und Politiker, den Rahm von der Spitze abschöpfen.

Die Rolle dieser amerikanischen Machtelite beim Aufstieg Hitlers sollte auch in Verbindung mit einem wenig bekannten Aspekt des Hitlerismus gesehen werden, der erst jetzt erforscht wird: die mystischen Ursprünge des Nationalsozialismus und seine Beziehungen zur Thule-Gesellschaft und zu anderen konspirativen Gruppen. Dieser Autor ist kein Experte für Okkultismus oder Verschwörung, aber es ist offensichtlich, dass die mystischen Ursprünge, die neuheidnischen historischen Wurzeln des Nationalsozialismus, der bayerischen Illuminaten und der Thule-Gesellschaft relativ unbekannte Bereiche sind, die noch von fachlich kompetenten Forschern erkundet werden müssen. Einige Forschungen wurden bereits auf Französisch aufgezeichnet; die wahrscheinlich beste Einführung auf Englisch ist eine Übersetzung von *Hitler et la Tradition Cathare* von Jean Michel Angebert.[6]

Angebert enthüllt den Kreuzzug des Schutzstaffelmitglieds Otto Rahn von 1933 auf der Suche nach dem Heiligen Gral, der sich angeblich in der Katharerhochburg in Südfrankreich befand. Die frühe Nazi-Hierarchie (Hitler und Himmler sowie Rudolph Hess und Rosenberg) war von einer neuheidnischen Theologie durchdrungen, die zum Teil mit der Thule-Gesellschaft verbunden war, deren Ideale denen der bayerischen Illuminaten nahe standen. Dies war eine unterschwellige treibende Kraft hinter dem Nationalsozialismus, die einen starken mystischen Einfluss auf den harten Kern der SS-Gläubigen hatte. Unsere heutigen Historiker des

---

[6] Auf Englisch veröffentlicht als *The Occult and the Third Reich*, (The mystical origins of Naziism and the search for the Holy Grail), (New York: The Macmillan Company, 1974). Siehe auch Reginald H. Phelps, "'Before Hitler Came:' Thule Society and Germanen Orden" im *Journal of Modern History*, September 1968, Nr. 3.

Establishments erwähnen diese okkulten Ursprünge kaum, geschweige denn, dass sie sie erforschen; folglich übersehen sie ein Element, das ebenso wichtig ist wie die finanziellen Ursprünge des Nationalsozialismus.

1950 veröffentlichte James Stewart Martin ein sehr lesenswertes Buch, *All Honourable Men*[7], in dem er seine Erfahrungen als Leiter der Economic Warfare Section des Justizministeriums beschreibt, die die Struktur der Nazi-Industrie untersuchte. Martin behauptet, dass amerikanische und britische Geschäftsleute in Schlüsselpositionen dieser Nachkriegsuntersuchung berufen wurden, um die Ermittlungen gegen die Nazi-Industriellen abzulenken, zu unterdrücken und zu dämpfen und so ihre eigene Beteiligung zu verbergen. Ein britischer Offizier wurde von einem Kriegsgericht zu zwei Jahren Gefängnis verurteilt, weil er einen Nazi geschützt hatte, und mehrere amerikanische Beamte wurden aus ihren Positionen entfernt. Warum sollten amerikanische und britische Geschäftsleute Nazi-Geschäftsleute schützen wollen? In der Öffentlichkeit argumentierten sie, dass es sich lediglich um deutsche Geschäftsleute handelte, die nichts mit dem Naziregime zu tun hatten und nicht an einer Verschwörung der Nazis beteiligt waren. Martin geht auf diese Erklärung nicht näher ein, aber er ist offensichtlich unglücklich und skeptisch über sie. Die Beweise deuten darauf hin, dass es eine konzertierte Aktion nicht nur zum Schutz der Nazi-Geschäftsleute, sondern auch zum Schutz der kollaborierenden Elemente vor amerikanischen und britischen Unternehmen gab.

Die deutschen Geschäftsleute hätten viele unbequeme Tatsachen offenlegen können: Im Gegenzug für ihren Schutz sagten sie nur sehr wenig. Es ist sicher *kein* Zufall, dass die Hitler-Industriellen, die in Nürnberg vor Gericht standen, weniger als einen Klaps auf den Hintern erhielten. Wir werfen die Frage auf, ob die Nürnberger Prozesse nicht in Washington hätten stattfinden sollen - mit einigen prominenten US-Geschäftsleuten sowie Nazi-Geschäftsleuten auf

---

[7] (Boston: Little Brown and Company, 1950)

der Anklagebank!

Zwei Auszüge aus zeitgenössischen Quellen führen in das Thema ein und geben Hinweise auf die zu behandelnde Thematik. Der erste Auszug stammt aus Roosevelts eigenen Akten. Der US-Botschafter in Deutschland, William Dodd, schrieb FDR am 19. Oktober 1936 (drei Jahre nach Hitlers Machtübernahme) aus Berlin über amerikanische Industrielle und ihre Hilfe für die Nazis:

So sehr ich auch an den Frieden als unsere beste Politik glaube, so kann ich doch die Befürchtungen nicht vermeiden, die Wilson mehr als einmal in Gesprächen mit mir am 15. August 1915 und später betonte: Der Zusammenbruch der Demokratie in ganz Europa wird für die Menschen eine Katastrophe sein. Aber was kann man tun? Gegenwärtig haben mehr als hundert amerikanische Unternehmen hier Niederlassungen oder Kooperationsvereinbarungen.

Die DuPonts haben in Deutschland drei Verbündete, die ihnen bei den Rüstungsgeschäften helfen. Ihr wichtigster Verbündeter ist die I. G. Farben Company, ein Teil der Regierung, der jährlich 200.000 Mark an eine Propagandaorganisation gibt, die die amerikanische Meinung beeinflusst. Die Standard Oil Company (New Yorker Untergesellschaft) schickte im Dezember 1933 2.000.000 Dollar hierher und hat jährlich 500.000 Dollar damit verdient, den Deutschen bei der Herstellung von Ersatzgas für Kriegszwecke zu helfen; aber Standard Oil kann nichts von seinen Einkünften außer in Form von Waren aus dem Land bringen. Sie tun wenig davon, melden ihre Einnahmen zu Hause, aber erklären die Fakten nicht. Der Präsident der International Harvester Company erzählte mir, dass ihr Geschäft hier im Jahr um 33 % gestiegen ist (ich glaube, es handelt sich um die Herstellung von Waffen), aber sie konnten nichts außer Landes bringen. Selbst unsere Flugzeugbauer haben geheime Absprachen mit Krupps. Die General Motor Company und Ford machen hier über ihre Tochtergesellschaften enorme Geschäfte und nehmen keine Gewinne mit nach Hause. Ich erwähne diese Tatsachen, weil sie die Dinge verkomplizieren und die Kriegsgefahren erhöhen.[8]

Zweitens, ein Zitat aus dem Tagebuch desselben US-Botschafters in Deutschland. Der Leser sollte bedenken, dass ein Vertreter der zitierten Vacuum Oil Company - wie auch Vertreter anderer die Nazis unterstützender amerikanischer Firmen - in die Nachkriegs-Kontrollkommission zur Entnazifizierung der Nazis berufen wurde:

25. Januar. Donnerstag. Unser Handelsattaché brachte Dr. Engelbrecht, den Vorsitzenden der Vacuum Oil Company in Hamburg, zu mir. Engelbrecht wiederholte, was er vor einem Jahr gesagt hatte: "Die Standard Oil Company of New York, die Muttergesellschaft der Vacuum, hat 10.000.000 Mark in Deutschland ausgegeben, um Ölvorkommen zu finden und eine große Raffinerie in der Nähe des Hamburger Hafens zu bauen." Engelbrecht bohrt immer noch und findet in der Region Hannover einiges an Erdöl, aber er hat keine Hoffnung auf große Vorkommen. Er hofft, dass Dr. Schacht seine Firma subventioniert, so wie er es mit einigen deutschen Firmen macht, die kein Erdöl gefunden haben. Die Vacuum gibt ihre gesamten Einnahmen hier aus, beschäftigt 1.000 Mann und schickt kein einziges Geld nach Hause. Ich konnte ihm keine Ermutigung geben.[9]

Und weiter:

Kaum waren diese Männer aus dem Gebäude, kam der Anwalt von wieder herein und berichtete von seinen Schwierigkeiten. Ich konnte nichts tun. Ich fragte ihn jedoch: Warum hat die Standard Oil Company of New

---

[8] Edgar B. Nixon, Hrsg., *Franklin D. Roosevelt and Foreign Affairs*, Volume III: September 1935-January 1937, (Cambridge: Belknap Press, 1969), S. 456.

[9] Herausgegeben von William E. Dodd Jr. und Martha Dodd, *Ambassador Dodd's Diary*, 1933-1938, (New York: Harcourt Brace and Company, 1941), S. 303.

York im Dezember 1933 1.000.000 Dollar hierher geschickt, um die Deutschen bei der Herstellung von Benzin aus Weichkohle für den Kriegsfall zu unterstützen? Warum produzieren die Leute von International Harvester weiterhin in Deutschland, wenn ihr Unternehmen nichts aus dem Land herausbekommt und es versäumt hat, seine Kriegsverluste einzutreiben? Er erkannte meinen Standpunkt und stimmte mir zu, dass dies töricht sei und dass es nur größere Verluste bedeute, wenn ein weiterer Krieg ausbreche.[10]

Das Bündnis zwischen der politischen Macht der Nazis und dem amerikanischen "Big Business" mag Botschafter Dodd und dem von ihm befragten amerikanischen Anwalt als töricht erschienen sein. In der Praxis ist das "Big Business" natürlich alles andere als töricht, wenn es um die Förderung seiner eigenen Interessen geht. Die Investitionen in Nazi-Deutschland (ebenso wie ähnliche Investitionen in der Sowjetunion) waren Ausdruck einer höheren Politik, bei der es um viel mehr ging als um den unmittelbaren Profit, auch wenn die Gewinne nicht repatriiert werden konnten. Um dieser "höheren Politik" auf die Spur zu kommen, muss man in die Finanzkontrolle der multinationalen Konzerne eindringen, denn wer die Finanzströme kontrolliert, bestimmt letztlich auch die Tagespolitik.

Carroll Quigley[11] hat gezeigt, dass die Spitze dieses internationalen Finanzkontrollsystems vor dem Zweiten Weltkrieg die Bank für Internationalen Zahlungsausgleich mit Vertretern der internationalen Bankhäuser Europas und der Vereinigten Staaten war, eine Einrichtung, die während des gesamten Zweiten Weltkriegs bestand. Während der Nazizeit war Deutschlands Vertreter bei der Bank für Internationalen Zahlungsausgleich Hitlers Finanzgenie und Reichsbankpräsident Hjalmar Horace Greeley Schacht.

---

[10] Ebd., S. 358.

[11] Quigley, op. cit.

Hjalmar Horace Greeley Schacht

Die Verstrickung der Wall Street in Hitlers Deutschland wirft ein Schlaglicht auf zwei Deutsche mit Verbindungen zur Wall Street - Hjalmar Schacht und "Putzi" Hanfstaengl. Letzterer war ein Freund von Hitler und Roosevelt, der eine verdächtig prominente Rolle bei dem Vorfall spielte, der Hitler auf den Gipfel der diktatorischen Macht brachte - dem Reichstagsbrand von 1933.[12]

Die frühe Geschichte von Hjalmar Schacht und insbesondere seine Rolle in der Sowjetunion nach der bolschewistischen Revolution von 1917 wurde in meinem früheren Buch *Wall Street and the Bolshevik Revolution* beschrieben. Der ältere Schacht hatte zu Beginn des zwanzigsten Jahrhunderts im Berliner Büro der Equitable Trust Company of New York gearbeitet. Hjalmar wurde nicht in New York, sondern in Deutschland geboren, und zwar nur deshalb, weil seine Mutter krank war und die Familie nach Deutschland zurückkehren musste. Sein Bruder William Schacht war ein amerikanischer Staatsbürger. Um seine amerikanische Herkunft zu dokumentieren, wurden Hjalmars zweite Vornamen nach dem bekannten demokratischen Politiker "Horace Greeley" benannt. Folglich sprach Hjalmar fließend Englisch, und die Nachkriegsverhöre von Schacht im Rahmen von Project Dustbin wurden sowohl auf Deutsch als auch auf Englisch durchgeführt. Die Schacht-Familie stammte ursprünglich aus New York und arbeitete für das prominente Wall-Street-Finanzhaus Equitable Trust (das von der Morgan-Firma kontrolliert wurde), und Hjalmar behielt diese Wall-Street-Verbindungen sein Leben lang bei.[13] Zeitungen und zeitgenössische Quellen berichten von wiederholten Besuchen bei Owen Young von General Electric, bei Farish, dem Vorsitzenden von Standard Oil of New Jersey, und bei ihren Kollegen aus dem Bankwesen. Kurz gesagt, Schacht war ein Mitglied der internationalen Finanzelite, die ihre Macht hinter den Kulissen über

---

[12] Weitere Informationen über "Putzi" Hanfstaengl finden Sie in Kapitel Neun.

[13] Siehe Sutton, *Wall Street and the Bolshevik Revolution*, a.a.O., zu Sehachts Beziehungen zu den Sowjets und zur Wall Street sowie zu seiner Tätigkeit als Direktor einer sowjetischen Bank.

den politischen Apparat einer Nation ausübt. Er ist ein wichtiges Bindeglied zwischen der Wall-Street-Elite und Hitlers innerem Kreis.

Dieses Buch gliedert sich in zwei große Teile. Der erste Teil beschreibt den Aufbau der deutschen Kartelle durch die Dawes- und Young-Pläne in den 1920er Jahren. Diese Kartelle waren die wichtigsten Unterstützer Hitlers und des Nationalsozialismus und waren direkt dafür verantwortlich, dass die Nazis 1933 an die Macht kamen. Die Rolle der amerikanischen I.G. Farben, General Electric, Standard Oil of New Jersey, Ford und anderer US-Firmen wird dargelegt. Im zweiten Teil werden die bekannten dokumentarischen Belege für die Finanzierung Hitlers vorgestellt, einschließlich der fotografischen Reproduktion der Überweisungsbelege, mit denen Gelder von Farben, General Electric und anderen Firmen über Hjalmar Horace Greeley Schacht an Hitler überwiesen wurden.

Erstes Kapitel

Wall Street ebnet den Weg für Hitler

Der Dawes-Plan, der im August 1924 verabschiedet wurde, passte perfekt in die Pläne der Militärökonomen des deutschen Generalstabs. (Aussage vor dem Senat der Vereinigten Staaten, Ausschuss für militärische Angelegenheiten, 1946).

Der Kilgore-Ausschuss des Senats der Vereinigten Staaten hörte nach dem Zweiten Weltkrieg detaillierte Beweise von Regierungsbeamten, die belegen, dass,

...als die Nazis 1933 an die Macht kamen, stellten sie fest, dass seit 1918 große Fortschritte bei der Vorbereitung Deutschlands auf den Krieg in wirtschaftlicher und industrieller Hinsicht gemacht worden waren.[14]

Diese Vorbereitung auf den europäischen Krieg vor und nach 1933 war zu einem großen Teil auf die finanzielle Unterstützung der Wall Street in den 1920er Jahren bei der Schaffung des deutschen Kartellwesens und auf die technische Hilfe bekannter amerikanischer Firmen beim Aufbau der deutschen Wehrmacht zurückzuführen, auf die später noch eingegangen wird. Während diese finanzielle und technische Hilfe als "zufällig" oder aufgrund der "Kurzsichtigkeit" amerikanischer Geschäftsleute bezeichnet wird, deuten die im Folgenden dargelegten Beweise stark auf ein

---

[14] Kongress der Vereinigten Staaten. Senat. Hearings before a Subcommittee of the Committee on Military Affairs. Eliminierung der deutschen Kriegsressourcen. Report pursuant to S. Res. 107 and 146, July 2, 1945, Part 7, (78th Congress and 79th Congress), (Washington: Government Printing Office, 1945), im Folgenden zitiert als Elimination of German Resources.

gewisses Maß an Vorsatz seitens dieser amerikanischen Finanziers hin. Ähnliche und inakzeptable Begründungen für den "Zufall" wurden im Namen amerikanischer Finanziers und Industrieller beim parallelen Beispiel des Aufbaus der Militärmacht Sowjetunion ab 1917 vorgebracht. Dennoch waren diese amerikanischen Kapitalisten bereit, die Sowjetunion während des Vietnamkriegs zu finanzieren und zu subventionieren, obwohl sie wussten, dass die Sowjets die andere Seite belieferten.

Der Beitrag, den der amerikanische Kapitalismus zu den deutschen Kriegsvorbereitungen vor 1940 geleistet hat, kann nur als phänomenal bezeichnet werden. Er war sicherlich entscheidend für die deutschen militärischen Fähigkeiten.

So produzierte Deutschland 1934 im Inland nur 300.000 Tonnen natürliche Erdölprodukte und weniger als 800.000 Tonnen synthetisches Benzin; der Rest wurde importiert. Doch zehn Jahre später, im Zweiten Weltkrieg, nach der Übertragung der Hydrierungspatente und -technologie von Standard Oil of New Jersey an die I. G. Farben (die zur Herstellung von synthetischem Benzin aus Kohle verwendet wurde), produzierte Deutschland etwa 6 1/2 Millionen Tonnen Öl - davon 85 Prozent (5 1/2 Millionen Tonnen) synthetisches Öl nach dem Hydrierungsverfahren von Standard Oil. Darüber hinaus lag die Kontrolle über die Produktion von synthetischem Öl in Deutschland bei der I. G. Farben-Tochter Braunkohle-Benzin A. G., und dieses Farben-Kartell selbst wurde 1926 mit finanzieller Unterstützung der Wall Street gegründet.

Andererseits vermitteln moderne Historiker dem Leser den Eindruck, dass die amerikanische technische Hilfe zufällig war und dass die amerikanischen Industriellen sich nichts zuschulden kommen ließen. Das Kilgore-Komitee stellte zum Beispiel fest:

> *Die Vereinigten Staaten spielten versehentlich eine wichtige Rolle bei der technischen Aufrüstung Deutschlands. Obwohl die deutschen Militärplaner die Industrieunternehmen angewiesen und überredet hatten, moderne Anlagen für die Massenproduktion zu installieren, scheinen weder die Militärökonomen noch*

> *die Unternehmen in vollem Umfang erkannt zu haben, was das bedeutete. Ihnen wurden die Augen geöffnet, als zwei der wichtigsten amerikanischen Automobilunternehmen Werke in Deutschland bauten, um auf dem europäischen Markt zu verkaufen, ohne das Handicap von Seefrachtkosten und hohen deutschen Zöllen. Die Deutschen wurden nach Detroit geholt, um die Techniken der spezialisierten Produktion von Komponenten und der geradlinigen Montage zu erlernen. Was sie dort sahen, führte zu einer weiteren Umstrukturierung und Umrüstung anderer wichtiger deutscher Kriegsfabriken. Die in Detroit erlernten Techniken wurden schließlich für den Bau der Sturzkampfbomber Stukas.... verwendet. Zu einem späteren Zeitpunkt ermöglichten I. G. Farben-Vertreter in diesem Land ermöglichten es einem Strom deutscher Ingenieure, nicht nur Flugzeugwerke, sondern auch andere militärisch wichtige Werke zu besuchen, in denen sie viel lernten, was schließlich gegen die Vereinigten Staaten eingesetzt wurde.*[15]

Nach diesen Beobachtungen, die den "zufälligen" Charakter der Hilfe betonen, sind Wissenschaftler wie Gabriel Kolko, der normalerweise kein Anhänger des Großkapitals ist, zu dem Schluss gekommen, dass:

> *Es ist fast überflüssig, darauf hinzuweisen, dass die Motive der amerikanischen Firmen, die an Verträge mit deutschen Unternehmen gebunden waren, nicht pro. Nazi waren, was auch immer sie sonst gewesen sein mögen.*[16]

Im Gegensatz zu Kolko bestätigen jedoch Analysen der zeitgenössischen amerikanischen Wirtschaftspresse, dass sich Wirtschaftszeitschriften und -zeitungen der nationalsozialistischen

---

[15] Beseitigung der deutschen Ressourcen, S. 174.

[16] Gabriel Kolko, "American Business and Germany, 1930-1941", *The Western Political Quarterly*, Band XV, 1962.

Bedrohung und ihrer Art voll bewusst waren und ihre Leser vor den deutschen Kriegsvorbereitungen warnten. Und selbst Kolko räumt das ein:

> *Die Wirtschaftspresse [in den Vereinigten Staaten] war sich ab 1935 bewusst, dass der deutsche Wohlstand auf den Kriegsvorbereitungen beruhte. Wichtiger noch, sie war sich der Tatsache bewusst, dass die deutsche Industrie unter der Kontrolle der Nazis stand und darauf ausgerichtet war, der Aufrüstung Deutschlands zu dienen, und das Unternehmen, das in diesem Zusammenhang am häufigsten erwähnt wurde, war das riesige Chemieimperium I. G. Farben.*[17]

Darüber hinaus legen die im Folgenden vorgelegten Beweise den Schluss nahe, dass ein einflussreicher Sektor der amerikanischen Wirtschaft sich nicht nur des Charakters des Nationalsozialismus bewusst war, sondern den Nationalsozialismus auch in seinem eigenen Interesse unterstützte, wo immer dies möglich (und profitabel) war - in *vollem Bewusstsein, dass die wahrscheinliche Folge ein Krieg zwischen Europa und den Vereinigten Staaten sein würde.* Wie wir sehen werden, stimmen die Unschuldsbeteuerungen nicht mit den Tatsachen überein.

1924: Der Dawes-Plan

Der Vertrag von Versailles nach dem Ersten Weltkrieg erlegte dem besiegten Deutschland eine schwere Reparationslast auf. Diese finanzielle Belastung - eine echte Ursache für die deutsche Unzufriedenheit, die zur Akzeptanz des Hitlerismus führte - wurde von den internationalen Bankiers zu ihrem eigenen Vorteil ausgenutzt.

Der Dawes-Plan und später der Young-Plan boten den deutschen Kartellen in den Vereinigten Staaten die Möglichkeit, gewinnbringende Kredite zu vergeben. Beide Pläne wurden von

---

[17] Ebd., S. 715.

diesen Zentralbankern ausgearbeitet, die die Ausschüsse zu ihrem eigenen finanziellen Vorteil besetzten, und obwohl die Ausschüsse technisch gesehen nicht von der US-Regierung ernannt wurden, wurden die Pläne in Wirklichkeit von der Regierung genehmigt und gefördert.

In der Nachkriegszeit legten Finanziers und Politiker die deutschen Reparationszahlungen auf einen jährlichen Betrag von 132 Milliarden Goldmark fest. Dies entsprach etwa einem Viertel der gesamten deutschen Exporte von 1921. Als Deutschland nicht in der Lage war, diese erdrückenden Zahlungen zu leisten, besetzten Frankreich und Belgien das Ruhrgebiet, um sich mit Gewalt zu nehmen, was nicht freiwillig zu bekommen war. 1924 setzten die Alliierten einen Ausschuss von Bankiers (unter der Leitung des amerikanischen Bankiers Charles G. Dawes) ein, der ein Programm für Reparationszahlungen ausarbeiten sollte. Der daraus resultierende Dawes-Plan war laut Carroll Quigley, Professor für internationale Beziehungen an der Georgetown University, "weitgehend eine Produktion von J.P. Morgan".[18] Der Dawes-Plan arrangierte eine Reihe von Auslandskrediten in Höhe von insgesamt 800 Millionen Dollar, deren Erlöse nach Deutschland flossen. Diese Kredite sind für unsere Geschichte wichtig, weil die Erlöse, die zum größten Teil in den Vereinigten Staaten von Dollar-Investoren aufgebracht wurden, Mitte der 1920er Jahre zur Gründung und Konsolidierung der gigantischen Chemie- und Stahlkonzerne I. G. Farben bzw. Vereinigte Stahlwerke verwendet wurden. Diese Kartelle verhalfen nicht nur Hitler 1933 an die Macht, sondern produzierten auch den Großteil der wichtigsten deutschen Kriegsmaterialien für den Zweiten Weltkrieg.

Zwischen 1924 und 1931 zahlte Deutschland im Rahmen des Dawes-Plans und des Young-Plans etwa 86 Milliarden Mark an Reparationen an die Alliierten. Gleichzeitig nahm Deutschland im Ausland, vor allem in den USA, Kredite in Höhe von 138 Milliarden Mark auf, so dass die deutsche Nettozahlung für Reparationen nur drei Milliarden Mark betrug. Folglich wurde die Last der deutschen

---

[18] Carroll Quigley, op. cit.

Reparationszahlungen an die Alliierten von den ausländischen Zeichnern deutscher Anleihen getragen, die von den Finanzhäusern der Wall Street ausgegeben wurden - natürlich mit beträchtlichen Gewinnen für sie selbst. Diese Firmen gehörten übrigens denselben Finanziers, die von Zeit zu Zeit ihre Bankerhüte ablegten und sich neue aufsetzten, um "Staatsmänner" zu werden. Als "Staatsmänner" formulierten sie die Dawes- und Young-Pläne, um das "Problem" der Reparationen zu "lösen". Als Bankiers vergaben sie die Kredite. Wie Carroll Quigley hervorhebt,

> *Es ist erwähnenswert, dass dieses System von den internationalen Bankiers eingerichtet wurde und dass das anschließende Ausleihen von fremdem Geld an Deutschland für diese Bankiers sehr profitabel war.*[19]

Wer waren die New Yorker internationalen Bankiers, die diese Reparationskommissionen bildeten?

Die amerikanischen Experten des Dawes-Plans von 1924 waren der Bankier Charles Dawes und der Morgan-Vertreter Owen Young, der Präsident der General Electric Company war. Dawes war 1924 Vorsitzender des Sachverständigenausschusses der Alliierten. 1929 übernahm Owen Young den Vorsitz des Sachverständigenausschusses, der von J.P. Morgan selbst unterstützt wurde, mit den Stellvertretern T. W. Lamont, einem Morgan-Partner, und T. N. Perkins, einem Bankier mit Morgan-Verbindungen. Mit anderen Worten, die US-Delegationen waren, wie Quigley feststellte, schlicht und einfach Delegationen von J.P. Morgan, die die Autorität und das Siegel der Vereinigten Staaten benutzten, um Finanzpläne zu ihrem eigenen finanziellen Vorteil zu fördern. Das Ergebnis war, wie Quigley es ausdrückt, dass die "internationalen Bankiers im Himmel saßen, unter einem Regen von Gebühren und Provisionen".[20]

---

[19] Ebd., S. 308.

[20] Carroll Quigley, op. cit., S. 309.

Die deutschen Mitglieder des Expertenausschusses waren ebenso interessant. Hjalmar Schacht war 1924 Präsident der Reichsbank und hatte eine herausragende Rolle bei der Organisation des Dawes-Plans übernommen, ebenso der deutsche Bankier Carl Melchior. Einer der deutschen Delegierten von 1928 war A. Voegler vom deutschen Stahlkartell Stahlwerke Vereinigte. Kurz gesagt, die beiden wichtigsten beteiligten Länder - die Vereinigten Staaten und Deutschland - wurden durch die Bankiers Morgan auf der einen Seite und Schacht und Voegler auf der anderen Seite vertreten, die beide Schlüsselfiguren beim Aufstieg Hitlerdeutschlands und der anschließenden deutschen Wiederaufrüstung waren.

Schließlich waren die Mitglieder und Berater der Dawes- und der Young-Kommission nicht nur mit New Yorker Finanzhäusern verbunden, sondern waren, wie wir später sehen werden, auch Direktoren von Firmen innerhalb der deutschen Kartelle, die Hitler zur Macht verhalfen.

1928: Der junge Plan

Laut Hitlers Finanzgenie Hjalmar Horace Greeley Schacht und dem Nazi-Industriellen Fritz Thyssen war es der Young-Plan von 1928 (der Nachfolger des Dawes-Plans), der von dem Morgan-Agenten Owen D. Young formuliert wurde, der Hitler 1933 an die Macht brachte. Fritz Thyssen behauptet, dass,

> *Ich wandte mich der nationalsozialistischen Partei erst zu, nachdem ich zu der Überzeugung gelangt war, dass der Kampf gegen den Young-Plan unumgänglich war, wenn der völlige Zusammenbruch Deutschlands verhindert werden sollte.*[21]

Der Unterschied zwischen dem Young-Plan und dem Dawes-Plan bestand darin, dass der Young-Plan Zahlungen in Form von in Deutschland produzierten Gütern verlangte, die mit ausländischen

---

[21] Fritz Thyssen, *I Paid Hitler*, (New York: Farrar & Rinehart, Inc., n.d.), S. 88.

Krediten finanziert wurden, während der Young-Plan Geldzahlungen verlangte und "nach meinem Urteil [schrieb Thyssen] die so entstandene Finanzschuld die gesamte Wirtschaft des Reiches stören musste".

Der Young-Plan war angeblich ein Instrument, um Deutschland mit amerikanischem Kapital zu besetzen und deutsches Grundvermögen für eine gigantische Hypothek in den Vereinigten Staaten zu verpfänden. Es ist erwähnenswert, dass deutsche Firmen mit US-Niederlassungen den Plan durch das Mittel des vorübergehenden ausländischen Eigentums umgingen. So wurde beispielsweise die A.E.G. (German General Electric), die mit General Electric in den USA verbunden war, an eine französisch-belgische Holdinggesellschaft verkauft und umging so die Bedingungen des Young-Plans. Am Rande sei erwähnt, dass Owen Young der wichtigste Geldgeber für Franklin D. Roosevelt im Rahmen des Projekts United European war, als dieser als angehender Wall-Street-Finanzier versuchte, von der Hyperinflation in Deutschland im Jahr 1925 zu profitieren. Das United European Venture war ein Vehikel, um zu spekulieren und von der Auferlegung des Dawes-Plans zu profitieren, und ist ein klarer Beweis dafür, dass private Finanziers (einschließlich Franklin D. Roosevelt) die Macht des Staates nutzten, um ihre eigenen Interessen durch Manipulation der Außenpolitik durchzusetzen.

Schachts parallele Anschuldigung, Owen Young sei für den Aufstieg Hitlers verantwortlich, ist zwar offensichtlich eigennützig, wird aber in einem Bericht des US-Geheimdienstes über das Verhör von Dr. Fritz Thyssen im September 1945 festgehalten:

> *Durch die Annahme des Young-Plans und seiner finanziellen Grundsätze nahm die Arbeitslosigkeit immer mehr zu, bis schließlich etwa eine Million Menschen arbeitslos waren.*

> *Die Menschen waren verzweifelt. Hitler sagte, er würde die Arbeitslosigkeit abschaffen. Die Regierung, die damals an der Macht war, war sehr schlecht, und die Situation der Menschen wurde immer schlimmer. Das*

> *war wirklich der Grund für den enormen Wahlerfolg Hitlers. Bei der letzten Wahl bekam er etwa 40 %.*[22]

Allerdings war es Schacht und nicht Owen Young, der die Idee hatte, aus der später die Bank für Internationalen Zahlungsausgleich hervorging. Die konkreten Einzelheiten wurden auf einer Konferenz unter dem Vorsitz von Jackson Reynolds, "einem der führenden New Yorker Bankiers", zusammen mit Melvin Traylor von der First National Bank of Chicago, Sir Charles Addis, dem früheren Leiter der Hong Kong and Shanghai Banking Corporation, und verschiedenen französischen und deutschen Bankiers ausgearbeitet.[23] Die B.I.S. war im Rahmen des Young-Plans unerlässlich, um ein Instrument zur Förderung der internationalen Finanzbeziehungen bereitzustellen. Seinen eigenen Aussagen zufolge brachte Schacht Owen Young auch auf die Idee, aus der später die Internationale Bank für Wiederaufbau und Entwicklung nach dem Zweiten Weltkrieg hervorging:

> *"Eine solche Bank erfordert eine finanzielle Zusammenarbeit zwischen Besiegten und Siegern, die zu einer Interessengemeinschaft führt, die wiederum gegenseitiges Vertrauen und Verständnis schafft und damit den Frieden fördert und sichert."*

> *Ich erinnere mich noch lebhaft an den Rahmen, in dem dieses Gespräch stattfand. Owen Young saß in seinem Sessel und paffte an seiner Pfeife, die Beine ausgestreckt, die scharfen Augen unentwegt auf mich gerichtet. Wie es meine Gewohnheit ist, wenn ich solche Argumente vorbringe, ging ich leise im Raum auf und ab. Als ich*

---

[22] U.S. Group Control Council (Germany), Office of the Director of Intelligence, Intelligence Report No. EF/ME/1, 4. September 1945. Siehe auch Hjalmar Schacht, *Confessions of "the old Wizard"*, (Boston: Houghton Mifflin, 1956)

[23] Hjalmar Schacht, a.a.O., S. 18. Fritz Thyssen fügt hinzu: "Schon damals sagte mir Mr. Dillon, ein New Yorker Bankier jüdischer Herkunft, den ich sehr schätze: 'An Ihrer Stelle würde ich den Plan nicht unterschreiben.'"

geendet hatte, gab es eine kurze Unterbrechung. Dann erhellte sich sein ganzes Gesicht und seine Entschlossenheit kam in den Worten zum Ausdruck:

"Dr. Schacht, Sie haben mich auf eine wunderbare Idee gebracht, und ich werde sie der Welt verkaufen".[24]

B.I.S. - Der Gipfel der Kontrolle

Dieses Zusammenspiel von Ideen und Zusammenarbeit zwischen Hjalmar Schacht in Deutschland und - über Owen Young - den Interessen von J.P. Morgan in New York war nur eine Facette eines weitreichenden und ehrgeizigen Systems der Zusammenarbeit und internationalen Allianz zur Kontrolle der Welt. Wie Carroll Quigley beschreibt, ging es bei diesem System "... um nichts Geringeres als um die Schaffung eines weltweiten Finanzkontrollsystems in privater Hand, das in der Lage ist, das politische System eines jeden Landes und die Wirtschaft der Welt als Ganzes zu beherrschen.[25]

Dieses feudale System funktionierte in den 1920er Jahren, wie auch heute, über die privaten Zentralbanker in jedem Land, die die nationale Geldmenge der einzelnen Volkswirtschaften kontrollieren. In den 1920er und 1930er Jahren beeinflussten das New Yorker Federal Reserve System, die Bank of England, die Reichsbank in Deutschland und die Banque de France den politischen Apparat ihrer jeweiligen Länder ebenfalls mehr oder weniger indirekt durch die Kontrolle der Geldmenge und die Gestaltung des monetären Umfelds. Eine direktere Einflussnahme erfolgte durch die Bereitstellung politischer Mittel für Politiker und politische Parteien bzw. den Entzug von deren Unterstützung. In den Vereinigten Staaten beispielsweise machte Präsident Herbert Hoover seine Niederlage von 1932 für den Entzug der Unterstützung durch die Wall Street und den Wechsel der Finanzmittel und des Einflusses der Wall Street zu Franklin D.

---

[24] Ebd., S. 282.

[25] Carroll Quigley, op. cit., S. 324.

Roosevelt verantwortlich.

Politiker, die für die Ziele des Finanzkapitalismus empfänglich sind, und Akademiker, die Ideen für eine Weltkontrolle entwickeln, die den internationalen Bankiers nützlich sind, werden durch ein System von Belohnungen und Strafen auf Linie gehalten. In den frühen 1930er Jahren war die Bank für Internationalen Zahlungsausgleich in Basel, Schweiz, das leitende Organ dieses internationalen Systems der finanziellen und politischen Kontrolle, das Quigley als "Spitze des Systems" bezeichnete. Die B.I.S.-Spitze setzte ihre Arbeit während des Zweiten Weltkriegs als Medium fort, über das die Bankiers - die sich offensichtlich nicht im Krieg befanden - einen für beide Seiten vorteilhaften Austausch von Ideen, Informationen und Planungen für die Nachkriegswelt fortsetzten. Wie ein Autor feststellte, machte der Krieg für die internationalen Bankiers keinen Unterschied:

> *Die Tatsache, dass die Bank über einen wirklich internationalen Mitarbeiterstab verfügte, stellte in Kriegszeiten natürlich eine höchst anomale Situation dar. Ein amerikanischer Präsident wickelt die täglichen Geschäfte der Bank über einen französischen Generaldirektor ab, der einen deutschen stellvertretenden Generaldirektor hat, während der Generalsekretär ein Italiener ist. Andere Staatsangehörige besetzten andere Posten. Diese Männer standen natürlich täglich in persönlichem Kontakt zueinander.*

> *Mit Ausnahme von Herrn McKittrick [siehe unten] befanden sich die Diebe während dieses Zeitraums natürlich ständig in der Schweiz und sollten zu keiner Zeit den Anordnungen ihrer Regierung unterliegen. Die Direktoren der Bank blieben jedoch natürlich in ihren jeweiligen Ländern und hatten keinen direkten Kontakt mit dem Personal der Bank. Es wird jedoch behauptet, dass H. Schacht, der Präsident der Reichsbank, während des größten Teils dieser Zeit einen persönlichen*

Vertreter in Basel hatte.[26]

Es waren solche geheimen Treffen, "... Treffen, die geheimer sind als alle, die **jemals** von den Royal Ark Masons oder einem Rosenkreuzerorden abgehalten wurden..."[27] zwischen den Zentralbankern an der "Spitze" der Kontrolle, die die zeitgenössischen Journalisten so faszinierten, obwohl sie nur selten und kurz hinter die Maske der Geheimhaltung vordrangen.

Der Aufbau der deutschen Kartelle

Ein praktisches Beispiel dafür, wie die internationale Finanzwelt hinter den Kulissen agiert, um politisch-wirtschaftliche Systeme aufzubauen und zu manipulieren, findet sich im deutschen Kartellwesen. Die drei größten Kredite, die die internationalen Bankiers der Wall Street in den 1920er Jahren im Rahmen des Dawes-Plans an deutsche Kreditnehmer vergaben, kamen drei deutschen Kartellen zugute, die einige Jahre später Hitler und den Nazis zur Macht verhalfen. Amerikanische Finanziers waren direkt in den Vorständen von zwei dieser drei deutschen Kartelle vertreten. Diese amerikanische Hilfe für deutsche Kartelle wurde von James Martin wie folgt beschrieben: "Diese Kredite für den Wiederaufbau wurden zu einem Vehikel für Vereinbarungen, die eher den Zweiten Weltkrieg förderten als den Frieden nach dem Ersten Weltkrieg herzustellen.[28]

Die drei marktbeherrschenden Kartelle, die geliehenen Beträge und das Wall Street Floating Syndikat waren wie folgt:

Deutsches Kartell	Wall Street Syndicate	Ausgegebener Betrag

---

[26] Henry H. Schloss, *Die Bank für Internationalen Zahlungsausgleich* (Amsterdam,: North Holland Publishing Company, 1958)

[27] John Hargrave, *Montagu Norman,* (New York: The Greystone Press, n.d.). S. 108.

[28] James Stewart Martin, op. cit., S. 70.

Elektrizitats-Gesellschaft (A.E.G.) (Deutsche General Electric)	National City Co.	$35,000,000
Vereinigte Stahlwerke (United Steelworks)	Dillon, Read & Co.	$70,225,000
Amerikanische I.G. Chemical (I.G. Farben)	National City Co.	$30,000,000

Betrachtet man alle ausgegebenen Kredite[29], so zeigt sich, dass nur eine Handvoll New Yorker Finanzhäuser die Finanzierung der deutschen Reparationen abwickelte. Drei Häuser - Dillon, Read Co, Harris, Forbes & Co und National City Company - gaben fast drei Viertel des gesamten Nennwerts der Darlehen aus und ernteten den größten Teil der Gewinne:

Wall Street Syndicate Manager	Beteiligung an deutschen Industrieemissionen auf dem US-Kapitalmarkt	Gewinne aus deutschen Darlehen*	Prozentsatz der Gesamtmenge
Dillon, Read & Co.	$241,325,000	2,7 Millionen Dollar	29.2
Harris, Forbes & Co.	186,500,000	1,4 Millionen	22.6
National City Co.	173,000,000	5,0 Millionen	20.9
Speyer & Co.	59,500,000	0,6 Millionen	7.2
Lee, Higginson & Co.	53,000,000	n.a.	6.4
Guaranty Co. of N.Y.	41,575,000	0,2 Millionen	5.0
Kuhn, Loeb & Co.	37,500,000	0,2 Millionen	4.5
Equitable Trust Co.	34,000,000	0,3 Millionen	4.1

[29] Weitere Einzelheiten zu den Krediten der Wall Street an die deutsche Industrie finden Sie in Kapitel sieben.

GESAMT	$826,400,000	10,4 Millionen Dollar	99.9

Quelle: Siehe Anhang A

*Robert R. Kuczynski, Bankers Profits from German Loans (Washington, D.C.: Brookings Institution, 1932), S. 127.

Ab Mitte der 1920er Jahre beherrschten die beiden großen deutschen Konzerne I.G. Farben und Vereinigte Stahlwerke das durch diese Kredite geschaffene Chemie- und Stahlkartellsystem.

Obwohl diese Firmen in den Kartellen nur bei zwei oder drei Grundstoffen die Stimmenmehrheit hatten, konnten sie - durch die Kontrolle über - ihren Willen im gesamten Kartell durchsetzen. Die I.G. Farben war der Hauptproduzent von chemischen Grundstoffen, die von anderen Chemiekonzernen verwendet wurden, so dass ihre wirtschaftliche Machtposition nicht nur an ihrer Fähigkeit gemessen werden kann, einige wenige chemische Grundstoffe herzustellen. In ähnlicher Weise konnten die Vereinigten Stahlwerke mit einer Roheisenkapazität, die größer war als die aller anderen deutschen Eisen- und Stahlerzeuger zusammen, weit mehr Einfluss im Kartell für Eisen- und Stahlhalbzeug ausüben, als ihre Roheisenkapazität vermuten lässt. Dennoch war der prozentuale Ausstoß dieser Kartelle für alle Produkte erheblich:

Produkte der Vereinigten Stahlwerke	Prozentsatz der deutschen Gesamtproduktion 1938
Roheisen	50.8
Rohre und Schläuche	45.5
Grobblech	36.0
Sprengstoffe	35.0
Steinkohlenteer	33.3
Stabstahl	37.1

I.G. Farben	Prozentsatz der deutschen Gesamtmenge Produktion im Jahr 1937
Synthetisches Methanol	100.0

Magnesium	100.0
Chemischer Stickstoff	70.0
Sprengstoffe	60.0
Synthetisches Benzin (hochoktanig)	46.0 (1945)
Braunkohle	20.0

Zu den Produkten, die die I.G. Farben und die Vereinigten Stahlwerke zur Zusammenarbeit veranlassten, gehörten Steinkohlenteer und chemischer Stickstoff, die beide für die Herstellung von Sprengstoffen von größter Bedeutung waren. Die I.G. Farben verfügte über eine Kartellstellung, die ihr eine beherrschende Stellung bei der Herstellung und dem Vertrieb von chemischem Stickstoff sicherte, besaß aber nur etwa ein Prozent der Kokereikapazität in Deutschland. Daher wurde eine Vereinbarung getroffen, nach der die Sprengstofftöchter der Farben ihr Benzol, Toluol und andere primäre Steinkohlenteerprodukte zu den von den Vereinigten Stahlwerken diktierten Bedingungen bezogen, während die Sprengstofftochter der Vereinigten Stahlwerke für ihre Nitrate auf die von den Farben festgelegten Bedingungen angewiesen war. Im Rahmen dieses Systems gegenseitiger Zusammenarbeit und Abhängigkeit produzierten die beiden Kartelle, I.G. Farben und Vereinigte Stahlwerke, 1957/8 am Vorabend des Zweiten Weltkriegs 95 Prozent der deutschen Sprengstoffe. *Diese Produktion stammte aus Kapazitäten, die mit amerikanischen Krediten und in gewissem Umfang auch mit amerikanischer Technologie aufgebaut wurden.*

Die Kooperation I. G. Farben-Standard Oil zur Herstellung von synthetischem Öl aus Kohle verschaffte dem I. G. Farben-Kartell während des Zweiten Weltkriegs ein Monopol auf die deutsche Benzinproduktion. Knapp die Hälfte des deutschen Oktanbenzins wurde 1945 direkt von der I. G. Farben und der Rest von den mit ihr verbundenen Unternehmen hergestellt.

Kurz gesagt, bei synthetischem Benzin und Sprengstoff (zwei der grundlegenden Elemente der modernen Kriegsführung) lag die Kontrolle über die deutsche Produktion des Zweiten Weltkriegs in den Händen von zwei deutschen Kombinaten, die durch Kredite der Wall Street im Rahmen des Dawes-Plans gegründet wurden.

Darüber hinaus erstreckte sich die amerikanische Unterstützung für die Kriegsanstrengungen der Nazis auch auf andere Bereiche.[30] Die beiden größten Panzerhersteller in Hitler-Deutschland waren Opel, eine hundertprozentige Tochtergesellschaft von General Motors (kontrolliert von der Firma J.P. Morgan), und die Ford A.G., eine Tochtergesellschaft der Ford Motor Company in Detroit. Die Nazis gewährten Opel 1936 den Status der Steuerbefreiung, damit General Motors seine Produktionsanlagen ausbauen konnte. General Motors reinvestierte die daraus resultierenden Gewinne pflichtbewusst in die deutsche Industrie. Henry Ford wurde von den Nazis für *seine* Verdienste um den Nationalsozialismus ausgezeichnet. (Siehe S. 93.) Alcoa und Dow Chemical arbeiteten eng mit der Nazi-Industrie zusammen und transferierten zahlreiche ihrer heimischen US-Technologien. Bendix Aviation, an dem die von J.P. Morgan kontrollierte Firma General Motors einen großen Anteil hielt, belieferte Siemens & Halske A.G. in Deutschland mit Daten über automatische Piloten und Flugzeuginstrumente. Noch 1940, im "inoffiziellen Krieg", lieferte Bendix Aviation komplette technische Daten für Flugzeug- und Dieselmotorstarter an Robert Bosch und erhielt dafür Lizenzgebühren.

Kurz gesagt, amerikanische Unternehmen, die mit den internationalen Investmentbankern von Morgan-Rockefeller verbunden waren - und nicht, wie unter angemerkt werden sollte, die große Masse der unabhängigen amerikanischen Industriellen - waren eng mit dem Wachstum der Nazi-Industrie verbunden. Es ist wichtig, bei der Entwicklung unserer Geschichte festzustellen, dass General Motors, Ford, General Electric, DuPont und die Handvoll amerikanischer Unternehmen, die eng mit der Entwicklung Nazideutschlands verbunden waren, - mit Ausnahme der Ford Motor Company - von der Wall-Street-Elite kontrolliert wurden - der Firma J.P. Morgan, der Rockefeller Chase Bank und in geringerem Maße der Warburg Manhattan Bank.[31] Dieses Buch ist keine Anklageschrift *gegen die gesamte* amerikanische Industrie und Finanzwelt. Es ist eine Anklage gegen die "Spitze" - jene

---

[30] Siehe Gabriel Kolko, op. cit., für zahlreiche Beispiele.

[31] 1956 fusionierten die Chase- und die Manhattan-Bank zu Chase Manhattan.

Firmen, die von einer Handvoll Finanzhäuser, dem System der Federal Reserve Bank, der Bank für Internationalen Zahlungsausgleich und ihren fortgesetzten internationalen Kooperationsvereinbarungen und Kartellen kontrolliert werden, die versuchen, den Lauf der Weltpolitik und -wirtschaft zu kontrollieren.

Zweites Kapitel

Das Imperium der I.G. Farben

Farben war Hitler und Hitler war Farben.

(Senator Homer T. Bone an den Senatsausschuss für
militärische Angelegenheiten, 4. Juni 1943).

Am Vorabend des Zweiten Weltkriegs war der deutsche Chemiekomplex der I.G. Farben das größte Chemieunternehmen der Welt mit außerordentlicher politischer und wirtschaftlicher Macht und Einfluss innerhalb des Hitlerschen NS-Staates. I.G. wurde treffend als "Staat im Staat" bezeichnet.

Das Farben-Kartell geht auf das Jahr 1925 zurück, als das Organisationsgenie Hermann Schmitz (mit finanzieller Unterstützung der Wall Street) aus sechs bereits riesigen deutschen Chemieunternehmen - Badische Anilin, Bayer, Agfa, Hoechst, Weiler-ter-Meer und Griesheim-Elektron - den Super-Chemiegiganten schuf. Diese Unternehmen wurden zur Internationalen Gesellschaft Farbenindustrie A.G. - kurz I.G. Farben - zusammengeschlossen. Zwanzig Jahre später wurde derselbe Hermann Schmitz in Nürnberg wegen Kriegsverbrechen des I.G.-Kartells vor Gericht gestellt. Andere I.G.-Direktoren wurden vor Gericht gestellt, aber die amerikanischen Tochtergesellschaften der I.G. Farben und die amerikanischen Direktoren der I.G. selbst wurden stillschweigend vergessen; die Wahrheit wurde in den Archiven begraben.

Es sind diese amerikanischen Verbindungen zur Wall Street, die uns Sorgen machen. Ohne das von der Wall Street bereitgestellte Kapital hätte es die I. G. Farben gar nicht erst gegeben und mit ziemlicher Sicherheit auch nicht Adolf Hitler und den Zweiten Weltkrieg.

Zu den deutschen Bankern, die Ende der 1920er Jahre im *Aufsichsrat der* Farben (of Directors)[32] saßen, gehörte der Hamburger Bankier Max Warburg, dessen Bruder Paul Warburg zu den Gründern des Federal Reserve System in den Vereinigten Staaten gehörte. Nicht zufällig saß Paul Warburg auch im Aufsichsrat der American I. G., der hundertprozentigen US-Tochtergesellschaft von Farben. Neben Max Warburg und Hermann Schmitz, der führenden Hand beim Aufbau des Farben-Imperiums, gehörten dem frühen *Farben-Vorstand* Carl Bosch, Fritz ter Meer, Kurt Oppenheim und George von Schnitzler an.[33] Bis auf Max Warburg wurden alle nach dem Zweiten Weltkrieg als "Kriegsverbrecher" angeklagt.

1928 wurden die amerikanischen Beteiligungen der I. G. Farben *(d. h.* die Bayer Company, General Aniline Works, Agfa Ansco und Winthrop Chemical Company) in einer Schweizer Holdinggesellschaft, der I. G. Chemic (Inter-nationale Gesellschaft für Chemisehe Unternehmungen A. G.), zusammengefasst, die von der I. G. Farben in Deutschland kontrolliert wurde. Im folgenden Jahr fusionierten diese amerikanischen Firmen zur American I. G. Chemical Corporation, die später in General Aniline & Film umbenannt wurde. Hermann Schmitz, der Organisator der I. G. Farben im Jahr 1925, wurde ein prominenter früher Nationalsozialist und Unterstützer Hitlers sowie Vorsitzender der Schweizer I. G. Chemic und Präsident der American I. G. Der Farben-Komplex sowohl in Deutschland als auch in den Vereinigten Staaten entwickelte sich dann zu einem integralen Bestandteil des Aufbaus und Betriebs des nationalsozialistischen Staatsapparats, der Wehrmacht und der SS.

I. G. Farben ist für die Entstehung des NS-Staates von besonderem Interesse, da die Direktoren von Farben maßgeblich zur

---

[32] Deutsche Unternehmen haben einen zweistufigen Aufsichsrat. *Der Aufsichsrat* befasst sich mit der allgemeinen Aufsicht, einschließlich der Finanzpolitik, während der *Vorstand* für das Tagesgeschäft zuständig ist.

[33] Entnommen aus *Der Farben-Konzern* 1928, (Hoppenstedt, Berlin: I928), S. 4-5.

Machtübernahme beigetragen haben. Hitler und den Nazis 1933 zur Macht verhalfen. Wir haben fotografische Beweise (siehe Seite 60), dass die I.G. Farben 400.000 RM zu Hitlers politischem "Schmiergeldfonds" beitrugen. Aus diesem geheimen Fonds wurde die Machtergreifung der Nazis im März 1933 finanziert. Viele Jahre zuvor hatte die I.G. Farben Wall-Street-Gelder für die Kartellierung und Expansion in Deutschland im Jahr 1925 und 30 Millionen Dollar für die amerikanische I.G. im Jahr 1929 erhalten und hatte Wall-Street-Direktoren im Vorstand der Farben. Es ist anzumerken, dass diese Gelder Jahre vor der Ernennung Hitlers zum deutschen Diktator aufgebracht und Direktoren ernannt wurden.

Die wirtschaftliche Macht der I. G. Farben

Qualifizierte Beobachter haben argumentiert, dass Deutschland ohne die I.G. Farben 1939 nicht in den Krieg hätte ziehen können. Zwischen 1927 und dem Beginn des Zweiten Weltkriegs verdoppelte sich die Größe der I.G. Farben, eine Expansion, die zum großen Teil durch amerikanische technische Hilfe und durch amerikanische Anleihen, wie die von der National City Bank angebotene über 30 Millionen Dollar, ermöglicht wurde. Bis 1939 erwarb die I.G. eine Beteiligung und leitenden Einfluss an etwa 380 anderen deutschen und über 500 ausländischen Firmen. Das Farben-Imperium besaß eigene Kohlebergwerke, eigene Elektrizitätswerke, Eisen- und Stahlwerke, Banken, Forschungseinrichtungen und zahlreiche Handelsunternehmen. Es gab über 2.000 Kartellvereinbarungen zwischen der I.G. und ausländischen Firmen - darunter Standard Oil of New Jersey, DuPont, Alcoa, Dow Chemical und andere in den Vereinigten Staaten. Die vollständige Geschichte der I.G. Farben und ihrer weltweiten Aktivitäten vor dem Zweiten Weltkrieg wird nie bekannt werden, da die wichtigsten deutschen Unterlagen 1945 in Erwartung des Sieges der Alliierten vernichtet wurden. Eine Nachkriegsuntersuchung des US-Kriegsministeriums kam jedoch zu dem Schluss, dass:

Ohne die immensen Produktionsanlagen der I. G., ihre intensive Suche und ihre weitreichenden internationalen Verbindungen wäre Deutschlands Kriegsführung undenkbar und unmöglich gewesen; die I. G. Farben

> *richtete ihre Energien nicht nur auf die Bewaffnung Deutschlands, sondern konzentrierte sich auch auf die Schwächung der vorgesehenen Opfer, und dieser doppelgleisige Versuch, das deutsche Industriepotential für den Krieg zu erweitern und das der übrigen Welt einzuschränken, wurde nicht "im normalen Geschäftsgang" erdacht und ausgeführt. Die Beweise sind erdrückend, dass die Verantwortlichen der I. G. Farben von den deutschen Welteroberungsplänen und von jeder einzelnen der später durchgeführten aggressiven Handlungen Kenntnis hatten.[34]*

Zu den Direktoren der Farben-Firmen *(d. h.* den in der Untersuchung genannten "I. G. Farben-Beamten") gehörten nicht nur Deutsche, sondern auch prominente amerikanische Finanziers. Dieser Bericht des US-Kriegsministeriums aus dem Jahr 1945 kam zu dem Schluss, dass die I.G. in der Vorkriegszeit von Hitler den Auftrag erhalten hatte, Deutschland bei Kautschuk, Benzin, Schmierölen, Magnesium, Fasern, Gerbstoffen, Fetten und Sprengstoffen unabhängig zu machen. Um diese kritische Aufgabe zu erfüllen, wurden von der I.G. enorme Summen für Verfahren zur Gewinnung dieser Kriegsmaterialien aus einheimischen deutschen Rohstoffen - insbesondere aus den reichhaltigen deutschen Kohlevorkommen - ausgegeben. Wo diese Verfahren nicht in Deutschland entwickelt werden konnten, wurden sie im Rahmen von Kartellabsprachen aus dem Ausland bezogen. So wurde zum Beispiel das Verfahren zur Herstellung von Iso-Oktan, das für Flugzeugtreibstoffe unerlässlich ist, aus den Vereinigten Staaten bezogen,

> *... in der Tat vollständig [von] den Amerikanern und ist uns in seinen einzelnen Phasen durch unsere Vereinbarungen mit ihnen [Standard Oil of New Jersey] im Detail bekannt geworden und wird von uns sehr ausgiebig genutzt.[35]*

---

[34] *Beseitigung der deutschen Ressourcen,* S. 943.

[35] Ebd., S. 945.

Das Verfahren zur Herstellung von Tetraethylblei?, das für Flugbenzin unerlässlich ist, erhielt die I.G. Farben aus den Vereinigten Staaten, und 1939 wurde der I.G. hochwertiges Flugbenzin im Wert von 20 Millionen Dollar von Standard Oil of New Jersey verkauft. Noch bevor Deutschland Tetraethylblei nach dem amerikanischen Verfahren herstellte, konnte es sich 500 Tonnen von der Ethyl Corporation "leihen". Diese Leihgabe von lebenswichtigem Tetra-Ethylblei wurde nicht zurückgezahlt, und die I.G. verlor die Sicherheit von 1 Million Dollar. Darüber hinaus kaufte die I.G. bei Dow Chemical große Magnesiumvorräte für Brandbomben und hortete Sprengstoffe, Stabilisatoren, Phosphor und Zyanide aus der Außenwelt.

Im Jahr 1939 waren 28 der 43 von der I.G. hergestellten Hauptprodukte für die deutschen Streitkräfte von "vorrangiger Bedeutung". Die endgültige Kontrolle der I.G. über die deutsche Kriegswirtschaft, die sie in den 1920er und 1930er Jahren mit Hilfe der Wall Street erlangt hatte, lässt sich am besten beurteilen, wenn man den prozentualen Anteil der Farben-Werke an der deutschen Kriegsmaterialproduktion im Jahr 1945 betrachtet. Zu dieser Zeit produzierte Farben 100 Prozent des deutschen synthetischen Kautschuks, 95 Prozent des deutschen Giftgases (einschließlich des gesamten in den Konzentrationslagern verwendeten Gases Zyklon B), 90 Prozent der deutschen Kunststoffe, 88 Prozent des deutschen Magnesiums, 84 Prozent des deutschen Sprengstoffs, 70 Prozent des deutschen Schießpulvers, 46 Prozent des deutschen hochoktanigen (Flug-)Benzins und 33 Prozent des deutschen synthetischen Benzins.[36] (Siehe Abbildung 2-1 und Tabelle 2-1.)

Tabelle 2-1: Abhängigkeit der Wehrmacht von der Produktion der I.G. Farben (1943):

Produkt	Deutsche Produktion insgesamt	Prozentsatz produziert von I.G. Farben
Synthetischer Kautschuk	118.600 Tonnen	100

[36] *New York Times*, 21. Oktober 1945, Abschnitt 1, S. 1, 12.

Methanol	251.000 Tonnen	100
Schmieröl	60.000 Tonnen	100
Farbstoffe	31.670 Tonnen	98
Giftiges Gas	-	95
Nickel	2.000 Tonnen	95
Kunststoffe	57.000 Tonnen	90
Magnesium	27.400 Tonnen	88
Sprengstoffe	221.000 Tonnen	84
Gunpowder	210.000 Tonnen	70
High Octane (Luftfahrt) Benzin	650.000 Tonnen	46
Schwefelsäure	707.000 Tonnen	35

Dr. von Schnitzler vom *Aufsichsrat* der I.G. Farben gab 1943 die folgende einschlägige Erklärung ab:

> *Es ist nicht übertrieben zu sagen, dass ohne die Leistungen der deutschen Chemie im Rahmen des Vierjahresplans die Durchführung eines modernen Krieges nicht denkbar gewesen wäre.*[37]

---

[37] Ebd., S. 947.

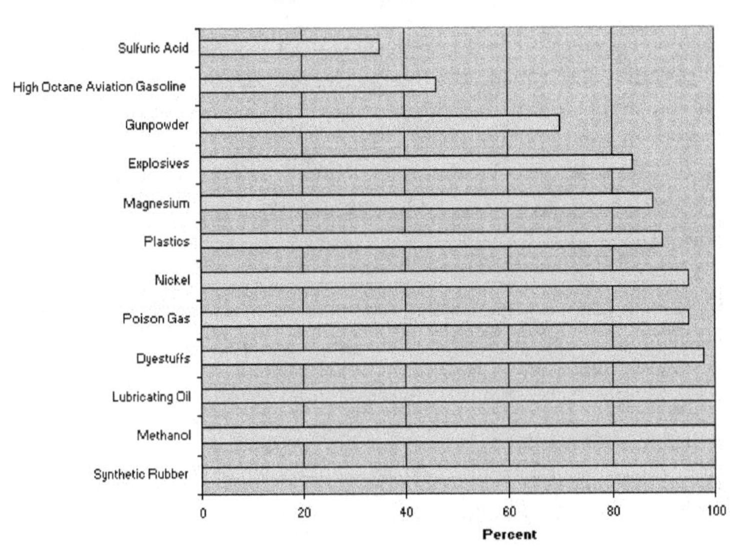

Wenn wir die technischen Ursprünge der wichtigeren dieser militärischen Materialien untersuchen - ganz abgesehen von der finanziellen Unterstützung für Hitler -, finden wir leider Verbindungen zur amerikanischen Industrie und zu amerikanischen Geschäftsleuten. Es gab zahlreiche Absprachen zwischen den Farben und amerikanischen Firmen, darunter Vertriebskartelle, Patentvereinbarungen und technischer Austausch, wie der bereits erwähnte Technologietransfer zwischen Standard Oil und Ethyl zeigt. Diese Absprachen dienten der I.G. dazu, die nationalsozialistische Politik im Ausland voranzutreiben, strategische Informationen zu sammeln und ein weltweites Chemiekartell zu konsolidieren.

Einer der schrecklichsten Aspekte des I.G.-Farben-Kartells war die Erfindung, Herstellung und der Vertrieb des Gases Zyklon B, das in den Konzentrationslagern der Nazis eingesetzt wurde. Bei Zyklon B handelte es sich um reine Blausäure, ein tödliches Gift, das von der I.G. Farben Leverkusen hergestellt und vom Bayer-Vertriebsbüro über Degesch, einen unabhängigen Lizenznehmer, vertrieben wurde. Der Absatz von Zyklon B machte fast drei Viertel des

Degesch-Geschäfts aus; die I.G. Farben produzierte und verkaufte genug Gas, um 200 Millionen Menschen zu töten. Der Bericht des Kilgore-Komitees von 1942 macht deutlich, dass die I.G.-Direktoren genaue Kenntnisse über die Konzentrationslager der Nazis und den Einsatz von I.G.-Chemikalien hatten. Dieses Vorwissen wird bedeutsam, wenn wir später die Rolle der amerikanischen Direktoren in der amerikanischen Tochtergesellschaft der I.G. betrachten. Im Verhör des I.G.-Direktors Yon Schnitzler 1945 heißt es:

Q. Was haben Sie getan, als man Ihnen sagte, dass I.G.-Chemikalien zum Töten, zur Ermordung von Menschen in Konzentrationslagern eingesetzt wurden?

A. Ich war entsetzt.

Q. Haben Sie etwas dagegen unternommen?

A. Ich habe es für mich behalten, weil es zu schrecklich war.... Ich fragte Müller-Cunradi, ob Sie und Ambros und andere Direktoren in Auschwitz wussten, dass die Gase und Chemikalien zur Ermordung von Menschen eingesetzt wurden.

Q. Was hat er gesagt?

A. Ja: Sie ist allen I.G.-Direktoren in Auschwitz bekannt.[38]

Es gab keinen Versuch der I.G. Farben, die Produktion der Gase zu stoppen - für von Schnitzler eine eher ineffektive Art, seine Sorge um das menschliche Leben auszudrücken, "weil es zu schrecklich war".

Das Berliner Büro N.W. 7 der I.G. Farben war die zentrale NS-Auslandsspionagezentrale. Die Abteilung unterstand dem Direktor Max Ilgner, dem Neffen des I.G.-Vorsitzenden Hermann Schmitz.

---

[38] *Beseitigung der deutschen Ressourcen.*

Max Ilgner und Hermann Schmitz gehörten dem Vorstand der amerikanischen I.G. an, zusammen mit Henry Ford von der Ford Motor Company, Paul Warburg von der Bank of Manhattan und Charles E. Mitchell von der Federal Reserve Bank of New York.

Bei Kriegsausbruch 1939 wurden die VOWI-Mitarbeiter zur Wehrmacht beordert, führten aber faktisch die gleiche Arbeit weiter, die sie nominell bei der I.G. Farben verrichtet hatten. Einer der prominentesten Mitarbeiter des Nachrichtendienstes der I.G. Farben in Nordwestengland war Prinz Bernhard der Niederlande, der Anfang der 1930er Jahre nach einer 18-monatigen Dienstzeit bei der schwarz uniformierten SS zu den Farben kam.[39]

Der US-amerikanische Zweig des VOWI-Informationsnetzes war Chemnyco, Inc. Nach Angaben des Kriegsministeriums,

> *Unter Nutzung der üblichen Geschäftskontakte konnte Chemnyco enorme Mengen an Material nach Deutschland übermitteln, das von Fotos und Plänen bis hin zu detaillierten Beschreibungen ganzer Industrieanlagen reichte.[40]*

Der Vizepräsident von Chemnyco in New York war Rudolph Ilgner, ein amerikanischer Staatsbürger und Bruder des amerikanischen I.G.-Farben-Direktors Max Ilgner. Kurz gesagt, Farben betrieb vor dem Zweiten Weltkrieg den VOWI, den Auslandsgeheimdienst der Nazis, und der VOWI-Betrieb war über American I.G. und Chemnyco mit prominenten Mitgliedern des Wall Street Establishments verbunden.

---

[39] Bernhard ist heute besser bekannt für seine Rolle als Vorsitzender der geheimen, sogenannten Bilderberger-Treffen. Siehe U.S. Congress, House of Representatives, Special Committee on Un-American Activities, *Investigation of Nazi Propaganda Activities and Investigation of Certain other Propaganda Activities*. 73rd Congress, 2nd Session, Hearings No. 73-DC-4. (Washington: Government Printing Office, 1934), Band VIII, S. 7525.

[40] Ebd. S. 949.

Das US-Kriegsministerium beschuldigte die I.G. Farben und ihre amerikanischen Partner ( ) auch, die psychologische und wirtschaftliche Kriegsführung der Nazis durch die Verbreitung von Propaganda über Farben-Agenten im Ausland angeführt zu haben und Devisen für diese Nazi-Propaganda bereitgestellt zu haben. Die Kartellvereinbarungen der Farben förderten die wirtschaftliche Kriegsführung der Nazis - das herausragende Beispiel ist die freiwillige Beschränkung der Entwicklung von synthetischem Kautschuk in den Vereinigten Staaten durch Standard Oil of New Jersey auf Geheiß der I. G. Farben. Im Bericht des Kriegsministeriums heißt es dazu:

> *Zusammenfassend lässt sich sagen, dass Standard Oil aufgrund seiner Entschlossenheit, ein absolutes Monopol für die Entwicklung von synthetischem Kautschuk in den Vereinigten Staaten aufrechtzuerhalten, das Ziel der I.G., die Produktion in den Vereinigten Staaten zu verhindern, voll und ganz erreicht hat, indem es die amerikanischen Kautschukunternehmen davon abhielt, unabhängige Forschungen zur Entwicklung synthetischer Kautschukverfahren durchzuführen.[41]*

1945 bestätigte Dr. Oskar Loehr, stellvertretender Leiter des I.G. "Tea Buro", dass die I.G. Farben und Standard Oil of New Jersey einen "vorgefassten Plan" verfolgten, um die Entwicklung der synthetischen Kautschukindustrie in den Vereinigten Staaten zu unterdrücken, zum Vorteil der deutschen Wehrmacht und zum Nachteil der Vereinigten Staaten im Zweiten Weltkrieg.

Die Aussage von Dr. Loehr lautet (auszugsweise) wie folgt:

Q. Trifft es zu, dass Chemnyco und Jasco die I.G. in der Zwischenzeit über die Entwicklung des synthetischen Kautschuks in den USA auf dem Laufenden hielten, während sich die Offenlegung der Buna-Verfahren gegenüber den amerikanischen

---

[41] Ebd. S. 952.

Kautschukunternehmen verzögerte?

A. Ja.

Q. Die I.G. war also zu jedem Zeitpunkt über den Stand der Entwicklung der amerikanischen Synthesekautschukindustrie informiert?

A. Ja.

Q. Waren Sie bei dem Treffen in Den Haag anwesend, als Mr. Howard [von Standard Oil] 1939 dorthin reiste?

A. Nein.

Q. Wer war anwesend?

A. Herr Ringer, der von Dr. Brown aus Ludwigshafen begleitet wurde. Haben sie Ihnen von den Verhandlungen erzählt?

A. Ja, soweit sie auf dem Buna-Teil davon waren.

Q. Trifft es zu, dass Herr Howard der I.G. bei diesem Treffen mitteilte, die Entwicklungen in den USA seien so weit fortgeschritten, dass es ihm nicht mehr möglich sei, die Informationen über die Buna-Verfahren den amerikanischen Unternehmen vorzuenthalten?

A. Herr Ringer hat es gemeldet.

Q. Sagte Herr Howard bei diesem Treffen der I.G. zum ersten Mal, dass die amerikanischen Kautschukunternehmen möglicherweise über die Verfahren informiert werden müssten, und er versicherte der I.G., dass Standard Oil die synthetische Kautschukindustrie in den USA kontrollieren würde? Ist das richtig?

A. Das ist richtig. Das ist das Wissen, das ich durch Herrn Ringer erhalten habe.

Q. War also bei all diesen Vereinbarungen seit Beginn der Entwicklung der Synthesekautschukindustrie die Unterdrückung der Synthesekautschukindustrie in den USA Teil eines vorgefassten Plans zwischen der I.G. auf der einen Seite und Mr. Howard von Standard Oil auf der anderen Seite?

A. Das ist eine Schlussfolgerung, die aus den bisherigen Fakten gezogen werden muss.[42]

Die I.G. Farben war der größte Devisenbringer der Vorkriegszeit, der es Deutschland ermöglichte, strategische Rohstoffe, Rüstungsgüter und technische Verfahren zu kaufen und seine ausländischen Spionage- und Propagandaprogramme sowie seine vielfältigen militärischen und politischen Aktivitäten im Vorfeld des Zweiten Weltkriegs zu finanzieren. Im Auftrag des nationalsozialistischen Staates erweiterten die Farben ihren eigenen Horizont auf eine weltweite Dimension, die enge Beziehungen zum NS-Regime und zur Wehrmacht unterhielt. Zur Aufrechterhaltung der Kommunikation zwischen I.G. Farben und dem deutschen Kriegsministerium wurde eine Verbindungsstelle, die *Vermittlungsstelle W*, eingerichtet:

> *Das Ziel dieser Arbeit ist der Aufbau einer straffen Rüstungsorganisation in der I.G., die sich ohne Schwierigkeiten in die bestehende Organisation der I.G. und der einzelnen Werke einfügen ließe. Im Kriegsfall wird die I.G. von den mit Rüstungsfragen befaßten Behörden als ein Großbetrieb behandelt werden, der sich in seiner Aufgabe für die Rüstung, soweit dies vom technischen Standpunkt aus möglich ist, ohne organisatorische Einflüsse von außen (die Arbeit in dieser Richtung wurde grundsätzlich mit dem Kriegsministerium Wehrwirtschaftsant vereinbart) und von diesem Amt aus mit dem Wirtschaftsministerium regelt. Zum Arbeitsbereich der Vermittlungsstelle W gehört neben dem organisatorischen Aufbau und der*

---

[42] Ebd. S. 1293.

langfristigen Planung die ständige Zusammenarbeit in rüstungstechnischen Fragen mit den Behörden des Reiches und mit den Werken der I.G.[43]

Leider wurden die Akten der *Vermittlungsstellen* noch vor Kriegsende vernichtet, obwohl aus anderen Quellen bekannt ist, dass sich ab 1934 ein komplexes Netzwerk von Transaktionen zwischen I.G. und der Wehrmacht entwickelte. 1934 begann die I.G. Farben mit der Mobilmachung für den Krieg, und jedes I.G.-Werk erstellte seine Pläne für die Kriegsproduktion und reichte sie bei den Kriegs- und Wirtschaftsministerien ein. Bis 1935-6 wurden in den I.G.-Farben-Werken Kriegsspiele durchgeführt und kriegstechnische Abläufe geprobt.[44] Diese Kriegsspiele wurden von Dr. Struss, dem Leiter des Sekretariats des Technischen Ausschusses der I.G., beschrieben:

Es ist richtig, dass seit 1934 oder 1935, bald nach der Einrichtung der Vermittlungsstelle W in den verschiedenen Werken, theoretische Kriegssimulationen durchgeführt wurden, um zu untersuchen, wie sich die Wirkung von Bomben auf bestimmte Fabriken auswirken würde. Es wurde insbesondere in Betracht gezogen, was passieren würde, wenn 100- oder 500-Kilogramm-Bomben auf eine bestimmte Fabrik fallen würden und was die Folge davon wäre. Es ist auch richtig, dass das Wort Kriegsspiele dafür verwendet wurde.

Die Kriegsspiele wurden von Herrn Ritter und Dr. Eckell, später teilweise von Dr. yon Brunning im persönlichen Auftrag auf Dr. Krauchs eigene Initiative oder im Auftrag der Luftwaffe vorbereitet, es ist mir nicht bekannt. Die Aufgaben wurden teilweise von der Vermittlungsstelle W und teilweise von Offizieren der Luftwaffe gestellt. Eine Reihe von Offizieren aller Gruppen der Wehrmacht (Marine, Luftwaffe und Heer)

---

[43] Ebd. S. 954.

[44] Ebd. S. 954.

nahmen an diesen Kriegsspielen teil.

Die Stellen, die von Bomben getroffen wurden, wurden auf einer Karte des Werks markiert, so dass festgestellt werden konnte, welche Teile des Werks beschädigt waren, zum Beispiel ein Gaszähler oder eine wichtige Rohrleitung. Sobald der Angriff beendet war, stellte die Werksleitung die Schäden fest und meldete, welcher Teil des Werks den Betrieb einstellen musste; sie meldete auch, wie viel Zeit für die Behebung der Schäden benötigt würde. In einer anschließenden Besprechung wurden die Folgen der Kriegsspiele geschildert und es wurde festgestellt, dass im Falle des Werkes Leuna die Schäden beträchtlich waren; insbesondere wurde festgestellt, dass Umbauten an den Rohrleitungen mit erheblichem Kostenaufwand vorzunehmen waren.[45]

In den 1930er Jahren war die I. G. Farben daher mehr als nur Befehlsempfänger des NS-Regimes. Die I.G. Farben war Initiator und Betreiber der nationalsozialistischen Welteroberungspläne. Die I.G. Farben fungierte als Forschungs- und Nachrichtendienst für die Wehrmacht und initiierte freiwillig Projekte der Wehrmacht. Tatsächlich musste die Wehrmacht nur selten an Farben herantreten; man schätzt, dass etwa 40 bis 50 Prozent der Farben-Projekte für die Wehrmacht von Farben selbst initiiert wurden. Kurzum, um es mit den Worten von Dr. von Schnitzler zu sagen:

Die I.G. hat also durch ihr Handeln eine große Verantwortung übernommen und eine wesentliche Hilfe auf dem Gebiet der Chemie und eine entscheidende Hilfe für Hitlers Außenpolitik geleistet, die zum Krieg und zum Untergang Deutschlands führte. Daraus muss ich schließen, dass die I.G. für Hitlers Politik weitgehend verantwortlich ist.

---

[45] Ebd., S. 954-5.

Aufpolieren des öffentlichen Images der I. G. Farben

Dieses miserable Bild der militärischen Vorkriegsvorbereitungen war im Ausland bekannt und musste der amerikanischen Öffentlichkeit verkauft - oder verschleiert - werden, um die Mittelbeschaffung an der Wall Street und die technische Hilfe für die I. G. Farben in den Vereinigten Staaten zu erleichtern. Eine prominente New Yorker Public-Relations-Firma wurde mit der Aufgabe betraut, das I.G.-Kombinat in Amerika zu verkaufen. Die bekannteste Public-Relations-Firma in den späten 1920er und 1930er Jahren war Ivy Lee & T.J. Ross aus New York. Ivy Lee hatte zuvor eine PR-Kampagne für die Rockefellers durchgeführt, um den Namen Rockefeller in der amerikanischen Öffentlichkeit aufzupolieren. Die Firma hatte auch ein synkopisches Buch mit dem Titel *USSR* verfasst, *in dem sie* die gleiche Aufräumarbeit für die Sowjetunion leistete - selbst als die sowjetischen Arbeitslager in den späten 20er und frühen 30er Jahren in vollem Gange waren.

Ab 1929 wurde Ivy Lee Beraterin für Öffentlichkeitsarbeit der I. G. Farben in den Vereinigten Staaten. Im Jahr 1934 sagte Ivy Lee vor dem House Un-American Activities Committee über diese Arbeit für Farben aus.[46] Lee sagte aus, dass die I.G. Farben mit der Firma American Farben verbunden war und dass die American I.G. eine Holdinggesellschaft mit Direktoren wie Edsel Ford, Walter Teagle, einem der Vorstandsmitglieder der City Bank.... ist. "Lee erklärte, dass er im Rahmen eines mit Max Ilgner von I.G. Farben geschlossenen Vertrags 25.000 Dollar pro Jahr erhielt. Seine Aufgabe war es, der Kritik an I.G. Farben in den Vereinigten Staaten zu begegnen. Der Rat, den Ivy Lee den Farben zu diesem Problem gab, war akzeptabel genug:

> *Erstens habe ich ihnen gesagt, dass sie das amerikanische Volk nie und nimmer mit der Behandlung der Juden versöhnen könnten: Das sei der*

---

[46] U.S. Kongress. House of Representatives, Special Committee on Un-American Activities, *Investigation of Nazi Propaganda Activities* and *Investigation of Certain Other Propaganda Activities*, op. cit.

amerikanischen Mentalität einfach fremd und könne in der amerikanischen Öffentlichkeit niemals gerechtfertigt werden, und es habe keinen Sinn, es zu versuchen.

Zweitens war alles, was in diesem Land nach Nazi-Propaganda schmeckte, ein Fehler und sollte nicht unternommen werden. Unser Volk betrachtet es als Einmischung in amerikanische Angelegenheiten, und es war ein schlechtes Geschäft.[47]

Die erste Zahlung von 4.500 Dollar an Ivy Lee im Rahmen dieses Vertrags wurde von Hermann Schmitz, dem Vorsitzenden der I.G. Farben in Deutschland, geleistet. Sie wurde bei der New York Trust Company unter dem Namen I. G. Chemic (oder der "Schweizer I.G.", wie Ivy Lee sie nannte) hinterlegt.

Die zweite und wichtigste Zahlung in Höhe von 14.450 $ wurde jedoch von William von Rath von der American I.G. getätigt und ebenfalls von Ivy Lee bei der New York Trust Company auf sein persönliches Konto eingezahlt. (Das Firmenkonto befand sich bei der Chase Bank.) Dieser Punkt über die Herkunft der Gelder ist "wichtig, wenn wir die Identität der Direktoren der American I.G. betrachten, denn die Zahlung durch die American I.G. bedeutete, dass der Großteil der Nazi-Propagandagelder nicht deutschen Ursprungs war. *Es handelte sich um amerikanische Gelder, die in den USA verdient wurden und unter der Kontrolle amerikanischer Direktoren standen, obwohl sie für Nazi-Propaganda in den Vereinigten Staaten verwendet wurden.*

Mit anderen Worten: Die meisten der von Ivy Lee verwalteten Nazi-Propagandagelder wurden *nicht* aus Deutschland importiert. Die Verwendung dieser amerikanischen Gelder wurde bei der Befragung durch das House Un-American Activities Committee bekannt:

Mr. DICKSTEIN. Wie ich Sie verstehe, haben Sie ausgesagt, dass

---

[47] Ebd., S. 178.

Sie überhaupt keine Propaganda erhalten haben und dass Sie nichts mit der Verteilung von Propaganda in diesem Land zu tun hatten?

Mr. LEE. Ich habe nicht ausgesagt, dass ich keinen Herrn Dickstein erhalten habe.

Herr DICKSTEIN. Dann werde ich diesen Teil der Frage streichen.

Mr. LEE. Ich habe ausgesagt, dass ich überhaupt nichts verbreitet habe.

Herr DICKSTEIN. Haben Sie zu irgendeinem Zeitpunkt Propagandaschriften aus Deutschland erhalten oder hat Ihre Firma solche erhalten?

Mr. LEE. Ja, Sir.

Herr DICKSTEIN. Und wann war das?

Mr. LEE. Oh, wir haben erhalten - es ist eine Frage dessen, was Sie Propaganda nennen. Wir haben eine immense Menge an Literatur erhalten.

Herr DICKSTEIN. Sie wissen nicht, was diese Literatur war und was sie enthielt?

Mr. LEE. Wir haben Bücher und Pamphlete, Zeitungsausschnitte und Dokumente erhalten, ohne Ende.

Mr. DICKSTEIN. Ich nehme an, dass jemand in Ihrem Büro über gehen und sehen würde, was sie waren?

Mr. LEE. Ja, Sir.

Mr. DICKSTEIN. Und dann, nachdem Sie herausgefunden haben, was sie waren, nehme ich an, dass Sie Kopien davon behalten haben?

Mr. LEE. In einigen Fällen, ja: und in einigen, nein. Viele von ihnen waren natürlich auf Deutsch, und ich hatte das, was mein Sohn mir schickte. Er sagte, sie seien interessant und bedeutsam, und ich ließ sie übersetzen oder Auszüge daraus anfertigen.[48]

Schließlich beauftragte Ivy Lee Burnham Carter, amerikanische Zeitungsberichte über Deutschland zu studieren und geeignete pro-nazistische Antworten vorzubereiten. Es sei darauf hingewiesen, dass es sich bei dieser deutschen Literatur nicht um Farben-Literatur, sondern um offizielle Hitler-Literatur handelte:

Herr DICKSTEIN. Mit anderen Worten: Sie erhalten dieses Material, das sich mit den heutigen deutschen Verhältnissen befasst: Sie prüfen es und beraten sie. Es hat nichts mit der deutschen Regierung zu tun, obwohl das Material, die Literatur, offizielle Literatur des Hitler-Regimes ist. Das ist doch richtig, oder?

Mr. LEE. Nun, ein großer Teil der Literatur war nicht offiziell.

Herr DICKSTEIN. Es war keine I.G.-Literatur, stimmt's?

Mr. LEE. Nein; I.G. hat es mir geschickt.

Mr. DICKSTEIN. Können Sie uns ein einziges Stück Papier zeigen, das hier hereinkam und irgendetwas mit der I.G. zu tun hatte?

Mr. LEE. Oh, ja. Sie geben eine ganze Menge Literatur heraus. Aber ich möchte die Frage nicht aufwerfen. Es steht außer Frage, dass ich unter ihrer Autorität eine immense Menge an Material erhalten habe, das aus offiziellen und inoffiziellen Quellen stammt.

Herr DICKSTEIN. Genau so ist es. Mit anderen Worten, das Material, das von der I.G. hierher geschickt wurde, war Material, das im Auftrag der deutschen Regierung verbreitet wurde - wir würden es Propaganda t nennen. Aber der Unterschied, den Sie in

---

[48] Ebd., S. 183.

Ihrer Erklärung machen, ist, wie ich es verstehe, dass die deutsche Regierung es nicht direkt an Sie geschickt hat, sondern dass es von der I.G. an Sie geschickt wurde.

Mr. LEE. Richtig.

Herr DICKSTEIN. Und es hatte nichts mit ihren Geschäftsbeziehungen zu tun.

Mr. LEE. Das ist richtig.

Die amerikanische I.G. Farben

Wer waren die prominenten Finanziers des Wall-Street-Establishments, die die Aktivitäten von American I.G., der I.G.-Farben-Tochtergesellschaft in den Vereinigten Staaten, die die Nazi-Propaganda unterstützte, leiteten?

Zu den amerikanischen I.G. Farben-Direktoren gehörten einige der prominentesten Mitglieder der Wall Street. Nach dem Ersten Weltkrieg kamen die deutschen Interessen wieder in die Vereinigten Staaten und überwanden erfolgreich die Barrieren, die die I.G. vom amerikanischen Markt fernhalten sollten. Weder die Beschlagnahmung deutscher Patente noch die Gründung der Chemical Foundation oder hohe Zollschranken waren ein großes Problem.

1925 wurde die General Dyestuff Corporation als Alleinvertreter für die von Gasselli Dyestuff (1929 in General Aniline Works, Inc. umbenannt) hergestellten und aus Deutschland importierten Produkte gegründet. Die Aktien der General Aniline Works wurden 1929 auf die American I.G. Chemical Corporation und später im Jahr 1939 auf die General Aniline & Film Corporation übertragen, in der American I.G. und General Aniline Works verschmolzen wurden. American I.G. und ihr Nachfolger, General Aniline & Film, sind die Einheit, über die die Kontrolle über die Unternehmen der I.G. in den USA aufrechterhalten wurde. Die Aktiengenehmigung der American I.G. betrug 3.000.000 Stammaktien A und 3.000.000 Stammaktien B. Im Gegenzug für die Beteiligungen an den General

Aniline Works und der Agfa-Ansco Corporation erhielt die I.G. Farben in Deutschland alle B-Aktien und 400.000 A-Aktien. Wandelanleihen im Wert von 30 Millionen Dollar wurden an die amerikanische Öffentlichkeit verkauft und von der deutschen I.G. Farben in Bezug auf Kapital und Zinsen garantiert, die eine Option auf den Kauf weiterer 1.000.000 A-Aktien erhielt.

Tabelle 2-2: Die Direktoren der American I.G. um 1930: Amerikanische I,G.

Amerikanischer I,G. Direktor	Staatsbürgerschaft	Andere wichtige Verbände
Carl BOSCH	Deutsch	FORD MOTOR CO. A-G
Edsel B. FORD	U.S.	FORD MOTOR CO. DETROIT
Max ILGNER	Deutsch	Leitete das Büro I.G. FARBEN N.W.7 (INTELLIGENCE). Schuldig im Nürnberger Kriegsverbrecherprozess.
F. Ter MEER	Deutsch	Schuldig in den Nürnberger Kriegsverbrecher-Prozessen
H.A. METZ	U.S.	Direktor der I.G. Farben Deutschland und der BANK OF MANHATTAN (U.S.)
C.E. MITCHELL	U.S.	Direktor der FEDERAL RESERVE BANK OF N.Y. und der NATIONAL CITY BANK
Herman SCHMITZ	Deutsch	Im Vorstand der I.G. Farben (Präsident) (Deutschland), der Deutschen Bank (Deutschland) und der BANK FOR INTERNATIONAL SETTLEMENTS. Schuldig im Nürnberger Kriegsverbrecherprozess.
Walter TEAGLE	U.S.	Direktor FEDERAL RESERVE BANK OF NEW YORK und STANDARD OIL OF NEW JERSEY

W.H. yon RATH	Eingebürgert	Direktor von GERMAN GENERAL U.S. ELECTRIC (A.E.G.)
Paul M. WARBURG	U.S.	Erstes Mitglied der FEDERAL RESERVE BANK OF NEW YORK und der BANK OF MANHATTAN
W.E. WEISS	U.S.	Sterling-Produkte

Quelle: Moody's Manual of Investments; 1930, S. 2149.

Anmerkung: Walter DUISBERG (USA), W. GRIEF (USA) und Adolf KUTTROFF (USA) waren zu dieser Zeit ebenfalls Direktoren der amerikanischen I.G. Farben.

Das Management von American I.G. (später General Aniline) wurde von I.G.-Funktionären oder ehemaligen I.G.-Funktionären dominiert. (Siehe Tabelle 9.9.) Hermann Schmitz war von 1929 bis 1936 Präsident und wurde dann bis 1941 von seinem Bruder, Dietrich A. Schmitz, einem eingebürgerten amerikanischen Staatsbürger, abgelöst. Hermann Schmitz, der auch Direktor der Bank für Internationalen Zahlungsausgleich, der "Spitze" des internationalen Finanzkontrollsystems, war. Er blieb von 1936 bis 1939 Vorsitzender des Verwaltungsrats.

Dem ursprünglichen Vorstand gehörten neun Mitglieder an, die Mitglieder des Vorstands der I.G. Farben in Deutschland waren oder gewesen waren (Hermann Schmitz, Carl Bosch, Max Ilgner, Fritz ter Meer und Wilfred Grief) oder zuvor bei der I.G. Farben in Deutschland beschäftigt gewesen waren (Walter Duisberg, Adolph Kuttroff, W.H. yon Rath, Herman A. Metz). Herman A. Metz war amerikanischer Staatsbürger, überzeugter Demokrat in der Politik und ehemaliger Rechnungsprüfer der Stadt New York. Ein Zehnter, W.E. Weiss, war bei der I.G. unter Vertrag.

Die Direktoren der American I.G. waren nicht nur an der Wall Street und in der amerikanischen Industrie bekannt, sondern stammten vor allem aus einigen sehr einflussreichen Institutionen:

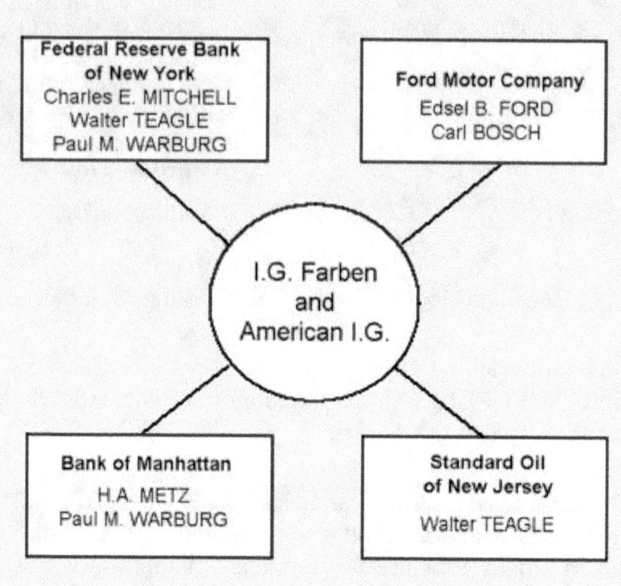

Die übrigen vier Mitglieder des Vorstands der American I.G. waren prominente amerikanische Bürger und Mitglieder der Finanzelite der Wall Street: C.E. Mitchell, Vorsitzender der National City Bank und der Federal Reserve Bank of New York; Edsel B. Ford, Präsident der Ford Motor Company; W.C. Teagle, ein weiterer Direktor von Standard Oil of New Jersey; und Paul Warburg, erstes Mitglied der Federal Reserve Bank of New York und Vorsitzender der Bank of Manhattan Company.

Die Direktoren der American I.G. waren nicht nur an der Wall Street und in der amerikanischen Industrie bekannt, sondern stammten vor allem aus einigen sehr einflussreichen Institutionen. (Siehe Abbildung oben.)

Zwischen 1929 und 1939 änderte sich die Zusammensetzung des Vorstands der American I.G. Die Anzahl der Direktoren schwankte von Zeit zu Zeit, obwohl die Mehrheit immer einen I.G.-Hintergrund oder Verbindungen hatte und der Vorstand nie weniger als vier amerikanische Direktoren hatte. Im Jahr 1939 - vermutlich im Hinblick auf den Zweiten Weltkrieg - wurde versucht, dem Vorstand ein amerikanischeres Gesicht zu geben, aber trotz des Rücktritts von Hermann Schmitz, Carl Bosch und Walter Duisberg und der Ernennung von sieben neuen Direktoren gehörten immer noch sieben Mitglieder der I.G.-Gruppe an. Diese I.G.-Vorherrschaft nahm in den Jahren 1940 und 1941 zu, als amerikanische Direktoren, darunter Edsel Ford, die politische Untauglichkeit der I.G. erkannten und zurücktraten.

Aus diesen Belegen lassen sich mehrere grundlegende Feststellungen ableiten. Erstens gehörten dem Vorstand der American I.G. drei Direktoren der Federal Reserve Bank of New York an, der einflussreichsten der verschiedenen Federal Reserve Banks. Die American I.G. war auch mit Standard Oil of New Jersey, der Ford Motor Company, der Bank of Manhattan (der späteren Chase Manhattan) und der A.E.G. (German General Electric) verflochten. Zweitens wurden drei Mitglieder des Vorstands dieser amerikanischen I.G. in den Nürnberger Kriegsverbrecherprozessen für schuldig befunden. Dabei handelte es sich um die deutschen, nicht um die amerikanischen Mitglieder. Unter diesen Deutschen befand sich Max Ilgner, Leiter der I.G. Farben N.W. 7 in Berlin, d.*h.* des Nachrichtendienstes der Nazis aus der Vorkriegszeit. Wenn die Direktoren eines Unternehmens kollektiv für die Aktivitäten des Unternehmens verantwortlich sind, dann hätten auch die amerikanischen Direktoren zusammen mit den deutschen Direktoren in Nürnberg vor Gericht gestellt werden müssen - das heißt, wenn der Zweck der Prozesse darin bestand, die Kriegsschuld festzustellen. Wenn der Zweck der Prozesse darin bestand, die Aufmerksamkeit von der Beteiligung der USA an Hitlers Machtübernahme abzulenken, dann haben sie dieses Ziel natürlich sehr gut erreicht.

Drittes Kapitel

General Electric Fonds Hitler

Zu den ersten faschistischen Maßnahmen Roosevelts gehörte der National Industry Recovery Act (NRA) vom 16. Juni 1933. Es lohnt sich, die Ursprünge dieser Regelung zu wiederholen. Diese Ideen wurden zuerst von Gerard Swope von der General Electric Company vorgeschlagen... danach wurden sie von der Handelskammer der Vereinigten Staaten übernommen...

(Herbert Hoover, The Memoirs of Herbert Hoover: The Great Depression, 1929-1941, New York: The Macmillan Company, 1952, S. 420)

Der multinationale Gigant General Electric spielt in der Geschichte des zwanzigsten Jahrhunderts eine beispiellose Rolle. Die General Electric Company elektrifizierte die Sowjetunion in den 1920er und 1930er Jahren und erfüllte für die Sowjets Lenins Diktum "Sozialismus = Elektrifizierung".[49] Der Swope-Plan, der vom damaligen Präsidenten von General Electric, Gerard Swope, entwickelt wurde, wurde zum New Deal von Franklin D. Roosevelt, und zwar in einem Prozess, den der damalige Präsident Herbert Hoover beklagte und der in *Wall Street und FDR* beschrieben wurde.[50] Zwischen Swope und Young von der General Electric Company und der Familie Roosevelt bestand eine lang anhaltende,

---

[49] Zu den technischen Einzelheiten siehe die dreibändige Studie Antony C. Sutton, *Western Technology and Soviet Economic Development*, (Stanford, Kalifornien: Hoover Institution Press, 1968, 1971), 1973), nachstehend zitiert als *Western Technology Series*.

[50] (New York: Arlington House Publishers, 1975)

intime Beziehung, ebenso wie zwischen General Electric und der Sowjetunion. 1936 wurde Senator James A. Reed aus Missouri, ein früher Roosevelt-Anhänger, auf Roosevelts Verrat an liberalen Ideen aufmerksam und griff Roosevelts New-Deal-Programm als "tyrannische" Maßnahme an, "die zum Despotismus führt, [und] die von ihren Befürwortern unter dem kommunistischen Ruf der 'sozialen Gerechtigkeit' angestrebt wird." Senator Reed warf dem Senat ferner vor, dass Franklin D. Roosevelt ein "Handlanger der Wirtschaftsroyalisten" an der Wall Street sei und dass die Familie Roosevelt "einer der größten Aktionäre der General Electric Company" sei.[51]

Wenn wir hinter die Kulissen der deutschen Zwischenkriegsgeschichte und die Geschichte von Hitler und dem Nationalsozialismus blicken, finden wir sowohl Owen D. Young als auch Gerard Swope von General Electric in Verbindung mit dem Aufstieg des Hitlerismus und der Unterdrückung der deutschen Demokratie. Die Tatsache, dass die Direktoren von General Electric in jeder dieser drei unterschiedlichen historischen Kategorien zu finden sind - d.h. der Entwicklung der Sowjetunion, der Schaffung von Roosevelts New Deal und dem Aufstieg des Hitlerismus - zeigt, wie sehr Teile des Big Business an der Sozialisierung der Welt interessiert sind, und zwar für ihre eigenen Zwecke und Ziele und nicht für die Aufrechterhaltung des unparteiischen Marktes in einer freien Gesellschaft.[52] General Electric hat vom Bolschewismus, von Roosevelts New-Deal-Sozialismus und, wie wir weiter unten sehen werden, vom Nationalsozialismus in Hitlerdeutschland reichlich profitiert.

---

[51] *New York Times*, 6. Oktober 1936. Siehe auch Antony C. Sutton, *Wall Street und FDR*, op. cit.

[52] Natürlich gibt es immer noch sozialistische Vorstöße von Geschäftsleuten. Man denke nur an die verletzten Schreie, als Präsident Ford die Deregulierung der Fluggesellschaften und des LKW-Verkehrs vorschlug. Siehe zum Beispiel *Wall Street Journal*, 25. November 1975.

General Electric in Weimar Deutschland

Walter Rathenau war bis zu seiner Ermordung im Jahr 1922 Geschäftsführer der Allgemeinen Elektrizitätsgesellschaft (A.E.G.), und wie Owen Young und Gerard Swope, seine Kollegen in den USA, war er ein prominenter Verfechter des Unternehmenssozialismus. Walter Rathenau sprach sich öffentlich gegen Wettbewerb und freies Unternehmertum aus, warum? Weil sowohl Rathenau als auch Swope den Schutz und die Kooperation des Staates für ihre eigenen Unternehmensziele und ihren Profit wollten. (Aber natürlich nicht für die Ziele und Gewinne anderer.) Rathenau brachte sein Plädoyer in *The New Political Economy* zum Ausdruck:

> *Die neue Wirtschaft wird, wie wir gesehen haben, keine Staats- oder Regierungswirtschaft sein, sondern eine Privatwirtschaft, die einer bürgerlichen Entschlusskraft verpflichtet ist, die sicherlich eine staatliche Zusammenarbeit zur organischen Konsolidierung erfordert, um innere Reibungen zu überwinden und die Produktion und Ausdauer zu steigern.*[53]

Wenn man die schwülstige Rathenau-Prosa entwirrt, bedeutet dies, dass die Macht des Staates den privaten Unternehmen für ihre eigenen unternehmerischen Zwecke zur Verfügung gestellt werden sollte, *also* das, was im Volksmund als Nationalsozialismus bezeichnet wird. Rathenau sprach sich öffentlich gegen Wettbewerb und freies Unternehmertum aus. Erbschaft".[54] Nicht ihr *eigener* Reichtum, soweit sich das feststellen lässt, sondern der Reichtum anderer, die keinen politischen Einfluss im Staatsapparat hatten.

Owen D. Young von General Electric war einer der drei US-Delegierten auf der Tagung zum Dawes-Plan von 1923, auf der das

---

[53] Vervielfältigte Übersetzung in der Hoover Institution Library, S. 67. Siehe auch Walter Rathenau, *In Days to Come*, (London: Allen & Unwin, n.d.)

[54] Ebd., S. 249.

deutsche Reparationsprogramm festgelegt wurde. In den Dawes- und Young-Plänen können wir sehen, wie einige Privatunternehmen von der Macht des Staates profitieren konnten. Die größten Einzeldarlehen der Wall Street an Deutschland in den 1920er Jahren waren Reparationsdarlehen; letztlich war es der US-Investor, der die deutschen Reparationen bezahlte. Die Kartellierung der deutschen Elektroindustrie unter der A.E.G. (sowie der Stahl-und Chemieindustrie, die in den Kapiteln eins und zwei behandelt wurden) wurde durch diese Wall-Street-Kredite ermöglicht:

Datum des Angebotes	Darlehensnehmer	Geschäftsführen de Bank in den USA.	Nennwert der Emission
Jan. 26, 1925	Allgemeine Elektrizitats-Gesellschaft (A. E, G.)	National City Co.	$10,000,000
Dez. 9, 1925	Allgemeine National City Co. Elektrizitats-Gesellschaft (A. E.G.)		$10,000,000
22. Mai 1928	Allgemeine Elektrizitats-Gesellschaft (A.E.G.)	National City Co.	$10,000,000
7. Juni 1928	Allgemeine Elektrizitats-Gesellschaft (A. E.G.)	National City Co.	$5,000,000

1928 saß bei den Reparationsverhandlungen im Rahmen des Young-Plans der Präsident von General Electric, Owen D. Young, als oberster US-Delegierter auf dem Podium. Er wurde von der US-Regierung ernannt, um die Macht und das Prestige der US-Regierung zu nutzen, um über internationale Finanzangelegenheiten zu entscheiden, die die Gewinne der Wall Street und von General Electric erhöhten. 1930 wurde Owen D. Young, nach dem der Young-Plan für die deutschen Reparationen benannt wurde, Vorsitzender des Vorstands der General Electric Company in New York City. Young war auch Vorsitzender des Exekutivausschusses der Radio Corporation of America und Mitglied des Verwaltungsrats der German General Electric (A.E.G.) und von Osram in Deutschland. Young saß auch in den Vorständen anderer großer US-Unternehmen, darunter General Motors, NBC und RKO; er war Ratsmitglied des National Industrial Conference Board,

Direktor der Internationalen Handelskammer und stellvertretender Vorsitzender des Vorstands der Federal Reserve Bank of New York.

Gerard Swope war Präsident und Direktor der General Electric Company sowie französischer und deutscher Beteiligungsgesellschaften, darunter A.E.G. und Osram in Deutschland. Swope war auch Direktor von RCA, NBC und der National City Bank of New York. Andere Direktoren von International General Electric zu dieser Zeit spiegeln die Kontrolle von Morgan über das Unternehmen wider, und sowohl Young als auch Swope waren allgemein als die Morgan-Vertreter im G.E.-Vorstand bekannt, zu dem auch Thomas Cochran gehörte, ein weiterer Partner der Firma J.P. Morgan. Der Direktor von General Electric, Clark Haynes Minor, war in den 1920er Jahren Präsident von International General Electric. Ein weiterer Direktor war Victor M. Cutter von der First National Bank of Boston und eine Figur in den "Bananenrevolutionen" in Mittelamerika.

In den späten 1920er Jahren stiegen Young, Swope und Minor von International General Electric in die deutsche Elektroindustrie ein und erlangten, wenn auch nicht die Kontrolle, wie einige berichtet haben, so doch zumindest ein erhebliches Mitspracherecht bei den internen Angelegenheiten sowohl von A.E.G. als auch von Osram. Im Juli 1929 wurde eine Vereinbarung zwischen General Electric und drei deutschen Firmen - A.E.G., Siemens & Halske und Koppel and Company - getroffen, die zusammen alle Aktien des Glühlampenherstellers Osram besaßen. General Electric erwarb 16 % der Osram-Aktien und schloss eine gemeinsame Vereinbarung über die internationale Kontrolle der Produktion und Vermarktung von Glühlampen. Clark Minor und Gerard Swope wurden Direktoren von Osram.[55]

Im Juli 1929 wurden in deutschen Finanzkreisen Gerüchte laut, dass General Electric ebenfalls in die A.E.G. einsteigen wolle und dass zu diesem Zweck Gespräche zwischen A.E.G. und G.E. geführt

---

[55] *New York Times*, 2. Juli 1929.

würden.[56] Im August wurde bestätigt, dass 14 Millionen Mark A.E.G.-Stammaktien an General Electric ausgegeben werden sollten. Diese Aktien, die zu den auf dem freien Markt gekauften Aktien hinzukamen, verschafften General Electric eine 25-prozentige Beteiligung an A.E.G. Ein engeres Arbeitsabkommen zwischen den beiden Unternehmen wurde unterzeichnet, das dem deutschen Unternehmen US-Technologie und Patente zur Verfügung stellte. In den Zeitungsberichten wurde betont, daß A.E.G. nicht an G.E. beteiligt sein würde, daß aber andererseits G.E. die Expansion der A.E.G. in Deutschland finanzieren würde.[57] In der deutschen Finanzpresse wurde auch darauf hingewiesen, daß die A.E.G. nicht im Vorstand der G.E. in den Vereinigten Staaten vertreten war, daß aber fünf Amerikaner im Vorstand der A.E.G. saßen, wie *die Vossische Zeitung* berichtete,

> *Die amerikanische Elektroindustrie hat die Welt erobert, und nur wenige der verbliebenen gegnerischen Bastionen konnten dem Ansturm standhalten...*[58]

Bis 1930 hatte General Electric, ohne dass dies von der deutschen Finanzpresse bemerkt wurde, ein effektives technisches Monopol in der sowjetischen Elektroindustrie erlangt und war im Begriff, auch in die verbleibenden Bastionen in Deutschland einzudringen, insbesondere in den Siemens-Konzern. Im Januar 1930 wurden drei G.E.-Männer in den Vorstand der A.E.G. gewählt - Clark H. Minor, Gerard Swope und E. H. Baldwin - und die International General Electric (I.G.E.) setzte ihre Bemühungen fort, die weltweite Elektroindustrie zu einem riesigen Kartell unter der Kontrolle der Wall Street zu verschmelzen.

Im Februar konzentrierte sich General Electric auf den verbleibenden deutschen Elektrizitätsriesen Siemens & Halske und konnte zwar ein großes Paket von Schuldverschreibungen erwerben,

---

[56] Ebd., 28. Juli 1929.

[57] Ibid, 2. August 1929 und 4. August 1929.

[58] Ebd., 6. August 1929.

die im Namen des deutschen Unternehmens von Dillon, Read aus New York ausgegeben wurden, doch war G.E. nicht in der Lage, eine Beteiligung oder einen Sitz im Siemens-Vorstand zu erlangen. Während die deutsche Presse selbst diese begrenzte Kontrolle als "ein historisches wirtschaftliches Ereignis ersten Ranges und einen wichtigen Schritt in Richtung eines zukünftigen elektrischen Welttrusts" würdigte,[59] behielt Siemens seine Unabhängigkeit von General Electric - und diese Unabhängigkeit ist für unsere Geschichte wichtig. Die *New York Times* berichtete,

> *Die gesamte Presse betont, dass Siemens im Gegensatz zur A.E.G. seine Unabhängigkeit für die Zukunft bewahrt und weist darauf hin, dass kein Vertreter von General Electric im Aufsichtsrat von Stemen sitzen wird.[60]*

Es gibt keine Anhaltspunkte dafür, dass Siemens, weder über Siemens & Halske noch über Siemens-Schukert, direkt an der Finanzierung Hitlers beteiligt war. Siemens unterstützte Hitler nur in geringem Umfang und indirekt über eine Beteiligung an Osram. Andererseits finanzierten sowohl die A.E.G. als auch Osram Hitler direkt über die Nationale Treuhand in erheblichem Umfang. Siemens behielt seine Unabhängigkeit in den frühen 1930er Jahren, während sowohl A.E.G. als auch Osram unter amerikanischer Dominanz und mit amerikanischen Direktoren standen. *Es gibt keinen Beweis dafür, dass Siemens ohne amerikanische Direktoren Hitler finanziert hat. Auf der anderen Seite haben wir unwiderlegbare dokumentarische Beweise (siehe Seite 56), dass sowohl die deutsche General Electric als auch Osram, beide mit amerikanischen Direktoren, Hitler finanziert haben.*

In den Monaten nach der versuchten Übernahme von Siemens durch die Wall Street klärte sich das Muster eines sich entwickelnden Weltvertrauens in der Elektroindustrie; es gab ein Ende der internationalen Patentstreitigkeiten und die Beteiligung der G.E. an

---

[59] Ebd., 2. Februar 1930.

[60] Ebd., 2. Februar 1930.

der A.E.G. stieg auf fast 30 Prozent.[61]

Folglich befand sich die German General Electric (A.E.G.) Anfang der 1930er Jahre, als Hitler sich anschickte, die diktatorische Macht in Deutschland zu ergreifen - unterstützt von einigen, aber keineswegs allen deutschen und amerikanischen Industriellen - im Besitz von International General Electric (etwa 30 Prozent), der Gesellschaft für Elektrische Unternemungen (25 Prozent) und Ludwig Lowe (25 Prozent). International General Electric war auch mit etwa 16 2/3 Prozent an Osram beteiligt und hatte über die Common Electric Directors einen zusätzlichen indirekten Einfluss auf die mit German General Electric verbundenen Unternehmen:

Unternehmen, die mit der deutschen General Electric durch gemeinsame Direktoren von Electric verbunden sind	Direktoren von German General Electric (A.E.G.)	Beziehung zwischen der verbundenen Firma und der Finanzierung von Hitler
Akkumulatoren-Fabrik	Quandt Pfeffer	Direkte Finanzierung
Osram	Mamroth Peierls	Direkte Finanzierung
Deutsche Babcock-Wilcox	Landau	Nicht bekannt

---

[61] Ebd., 11. Mai 1930. Zu den Vorkriegsintrigen von General Electric, Osram und der holländischen Firma N.V. Philips Gloeilampenfabrieken in Eindhoven, Holland, siehe Kapitel 11, *"Electric* Eels", in James Stewart Martin, *op cit.* Martin war Leiter der Economic Warfare Division des US-Justizministeriums und stellt fest, dass "die A.E.G. of Germany weitgehend von der amerikanischen Firma General Electric kontrolliert wurde". Der Autor geht davon aus, dass der Einfluss von G.E. etwas geringer als die Kontrolle war, wenn auch erheblich genug. Aufgrund von Martins offizieller Position und seines Zugangs zu offiziellen Dokumenten, die dem Autor nicht bekannt sind, kann seine Aussage, dass die A.E.G. "weitgehend" von der amerikanischen General Electric kontrolliert wurde, nicht leichtfertig abgetan werden. Wenn wir jedoch akzeptieren, dass G.E. die A.E.G. "weitgehend kontrollierte", dann stellen sich die schwerwiegendsten Fragen, die nach einer Untersuchung schreien. A.E.G. war ein Hauptfinanzier Hitlers, und "Kontrolle" würde die US-Muttergesellschaft tiefer verwickeln, als es die hier vorgelegten Beweise nahelegen.

Vereinigte Stahlwerke	Wolff Nathan Kirdorf Goldschmidt	Direkte Finanzierung
Krupp	Nathan Klotzbach	Direkte Finanzierung
I.G. Farben	Bucher Flechtheim von Rath	Direkte Finanzierung
Allianz u. Stuttgarten Verein	von Rath Wolff	Berichtet, aber nicht belegt
Phoenix	Fahrenhorst	Direkte Finanzierung
Thyssen	Fahrenhorst	Direkte Finanzierung
Demag	Fahrenhorst Flick	Direkte Finanzierung
Gelsenkirchener Dynamit	Flechtheim Kirdorf	Durch I.G. Farben
Bergwerk	Flechtheim	Direkte Finanzierung
Internationale General Electric	Junge Swope Kleinere Baldwin	Durch A.E.G.
Amerikanische I.G. Farben	von Rath	Durch I.G. Farben
Internationale Bank (Amsterdam)	H. Furstenberg Goldschmidt	Nicht bekannt

Osram durch A.E.G.-Direktoren. Im Vorstand der A.E.G. finden wir neben den vier amerikanischen Direktoren (Young, Swope, Minor und Baldwin) auch Pferdmenges von Oppenheim & Co. (ein weiterer Hitler-Finanzier) und Quandt, der 75 Prozent der Accumlatoren- Fabrik besaß, einem wichtigen direkten Finanzier Hitlers. Mit anderen Worten: Unter den deutschen Vorstandsmitgliedern der A.E.G. finden wir Vertreter mehrerer deutscher Firmen, die Hitler in den 1920er und 1930er Jahren finanzierten.

General Electric und die Finanzierung von Hitler

Die Pfahlwurzel des modernen Unternehmenssozialismus verläuft tief im Management von zwei verbundenen multinationalen Unternehmen: General Electric Company in den Vereinigten Staaten und ihre ausländischen Partner, einschließlich German General Electric (A.E.G.), und Osram in Deutschland. Wir haben festgestellt, dass Gerard Swope, zweiter Präsident und Vorsitzender von General Electric, und Walter Rathenau von A.E.G. radikale Ideen zur Kontrolle des Staates durch private Geschäftsinteressen vertraten.

Ab 1915 fungierte die International General Electric (I.G.E.) mit Sitz am 120 Broadway in New York City als ausländische Investitions-, Produktions- und Verkaufsorganisation für die General Electric Company. Die I.G.E. hielt Beteiligungen an ausländischen Produktionsunternehmen, darunter eine 25- bis 30-prozentige Beteiligung an der deutschen General Electric (A.E.G.), sowie Anteile an der Osram G.m.b.H. Kommanditgesellschaft, ebenfalls in Berlin. Diese Beteiligungen verschafften International General Electric vier Direktoren im Vorstand der A.E.G. und einen weiteren Direktor bei Osram sowie einen erheblichen Einfluss auf die Innenpolitik dieser deutschen Unternehmen. Die Bedeutung dieser General Electric-Beteiligung liegt darin, dass A.E.G. und Osram wichtige Geldgeber für Hitlers Aufstieg zur Macht in Deutschland 1933 waren. Ein Überweisungsbeleg vom 2. März 1933 von A.E.G. an Delbruck Schickler & Co. in Berlin bittet um die Einzahlung von 60.000 Reichsmark auf das Konto der "Nationalen Treuhand" für Hitlers Verwendung. Dieser Beleg ist im Folgenden wiedergegeben.

Die I.G. Farben war der wichtigste inländische Geldgeber Hitlers, und (wie an anderer Stelle erwähnt) kontrollierte die I.G. Farben die amerikanische I.G. Darüber hinaus saßen mehrere Direktoren der A.E.G. auch im Vorstand der I.G. Farben - z.B. Hermann Bucher, Vorsitzender der A.E.G., im Vorstand der I.G. Farben; ebenso die A.E.G.-Direktoren Julius Flechtheim und Walter von Rath. Die I.G. Farben beteiligte sich 1933 mit 30 Prozent am Hitler-Nationaltreuhandfonds (oder Übernahmefonds).

Walter Fahrenhorst von der A.E.G. war auch im Vorstand der Phoenix A-G, der Thyssen A-G und der Demag A-G - und alle waren Spender für Hitlers Fonds. Die Demag A-G zahlte 50.000 RM an Hitlers Fonds und hatte einen Direktor bei der A.E.G. - den berüchtigten Friedrich Flick, einen frühen Hitler-Unterstützer, der später bei den Nürnberger Prozessen verurteilt wurde. Die Accumulatoren Fabrik A-G war ein Beitragszahler Hitlers (25.000 RM, siehe Seite 60) mit zwei Direktoren im Vorstand der A.E.G., August Pfeffer und Gunther Quandt. Quandt besaß persönlich 75 Prozent der Accumulatoren Fabrik.

Die Osram Gesellschaft, an der International General Electric eine direkte Beteiligung von 16 2/3 hielt, hatte auch zwei Direktoren im Vorstand der A.E.G.: Paul Mamroth und Heinrich Pferls. Osram zahlte 40.000 RM direkt an den Hitler-Fonds. Der Otto-Wolff-Konzern, Vereinigte Stahlwerke A-G, der in den 1920er Jahren umfangreiche New Yorker Kredite erhielt, hatte drei Direktoren im A.E.G.-Vorstand: Otto Wolff, Henry Nathan und Jakob Goldschmidt. Alfred Krupp von Bohlen, Alleininhaber der Krupp-Organisation und ein früher Unterstützer Hitlers, war Mitglied des Aufsichsrats der A.E.G. Robert Pferdmenges, Mitglied von Himmlers Freundeskreis, war ebenfalls Direktor der A.E.G.

Mit anderen Worten, fast alle deutschen Direktoren von German General Electric waren finanzielle Unterstützer Hitlers und nicht nur mit der A.E.G. verbunden, sondern auch mit anderen Unternehmen, die Hitler finanzierten.

Walter Rathenau[62] wurde 1899 Direktor der A.E.G. und war zu Beginn des zwanzigsten Jahrhunderts Direktor von mehr als 100 Unternehmen. Rathenau war auch der Verfasser des "Rathenau-Plans", der eine bemerkenswerte Ähnlichkeit mit dem "Swope-Plan" aufweist - d.h. FDRs New Deal, aber geschrieben von Swope von G.E. *Mit anderen Worten, wir haben den außergewöhnlichen Zufall, dass die Verfasser von New-Deal-ähnlichen Plänen in den USA und Deutschland auch die wichtigsten Unterstützer ihrer*

---

[62] Sohn von Emil Rathenau, dem Gründer der A.E.G., geboren 1867 und 1922 ermordet.

Umsetzer waren: Hitler in Deutschland und Roosevelt in den USA.

Swope war Vorsitzender des Vorstands der General Electric Company und der International General Electric. Im Jahr 1932 waren die amerikanischen Direktoren der A.E.G. wie folgt mit amerikanischen Banken und politischen Kreisen verbunden:

GERARD SWOPE	Vorsitzender von International General Electric und Präsident der General Electric Company, Direktor der National City Bank (und anderer Unternehmen), Direktor von A.E.G. und Osram in Deutschland. Autor von FDR's New Deal und Mitglied zahlreicher Roosevelt-Organisationen.
Owen D. Young	Vorsitzender des Vorstands von General Electric und stellvertretender Vorsitzender der Federal Reserve Bank of New York. Zusammen mit J. P. Morgan Verfasser des Young-Plans, der 1929 den Dawes-Plan ablöste. (Siehe Kapitel Eins.)
CLARK H. Minor	Präsident und Direktor von International General Electric, Direktor von British Thomson Houston, Compania Generale di Electtricita (Italien) und Japan Electric Bond & Share Company (Japan).

Kurz gesagt, wir haben stichhaltige Beweise von unbestrittener Authentizität (siehe S. 56), die zeigen, dass die deutsche General Electric erhebliche Summen zu Hitlers politischem Fonds beigetragen hat. Es gab vier amerikanische Direktoren der A.E.G. (Baldwin, Swope, Minor und Clark), die zu 80 Prozent im Besitz der International General Electric war. Außerdem waren die I.G.E. und die vier amerikanischen Direktoren die größten Einzelinteressen und hatten folglich den größten Einfluss auf die Aktionen und die Politik der A.E.G.. Darüber hinaus waren fast alle anderen Direktoren der A.E.G. mit Firmen verbunden (I.G. Farben, Accumulatoren Fabrik, *etc.*), die direkt - als Firmen - zu Hitlers politischem Fonds beitrugen. Allerdings wurden nur die deutschen Direktoren der A.E.G. 1945 in Nürnberg vor Gericht gestellt.

Technische Zusammenarbeit mit Krupp

Abgesehen von der finanziellen Unterstützung Hitlers leistete General Electric auch Hilfe bei Kartellabsprachen mit anderen

Hitler-Unterstützern zum gegenseitigen Nutzen und zum Nutzen des NS-Staates. Gesintertes Wolframkarbid ist ein Beispiel für diese Zusammenarbeit zwischen G.E. und den Nazis. Vor November 1928 verfügte die amerikanische Industrie über mehrere Bezugsquellen für Wolframkarbid sowie für Werkzeuge und Matrizen mit dieser Hartmetallzusammensetzung. Zu diesen Quellen gehörten die Firma Krupp in Essen, Deutschland, und zwei amerikanische Firmen, an die Krupp damals lieferte und verkaufte, die Union Wire Die Corporation und Thomas Prosser & Son. 1928 verpflichtete sich Krupp, der Firth-Sterling Steel Company und der Ludlum Steel Company Lizenzen für US-Patente zu erteilen, die in seinem Besitz waren. Vor 1928 wurde dieses Wolframkarbid zur Verwendung in Werkzeugen und Matrizen in den Vereinigten Staaten für etwa 50 Dollar pro Pfund verkauft.

Die amerikanischen Patente, die Krupp zu besitzen behauptete, wurden von der Osram Kommanditgesellschaft abgetreten und waren zuvor von der deutschen Osram-Gesellschaft an General Electric abgetreten worden. General Electric hatte jedoch auch eigene Patente entwickelt, vor allem die Hoyt- und Gilson-Patente, die konkurrierende Verfahren für gesintertes Wolframkarbid abdecken. General Electric glaubte, diese Patente unabhängig nutzen zu können, ohne die Krupp-Patente zu verletzen oder mit ihnen zu konkurrieren. Doch anstatt die G.E.-Patente unabhängig im Wettbewerb mit Krupp zu nutzen oder seine Rechte gemäß den Patentgesetzen zu testen, arbeitete General Electric eine Kartellvereinbarung mit Krupp aus, um die Patente beider Parteien zusammenzulegen und General Electric eine Monopolkontrolle über Wolframcarbid in den Vereinigten Staaten zu geben.

Der erste Schritt in diesem Kartell wurde von der Carboloy Company, Inc. unternommen, einer Tochtergesellschaft von General Electric, die mit dem Ziel gegründet wurde, Wolframkarbid zu vermarkten. Der Preis der 1920er Jahre von etwa 50 Dollar pro Pfund wurde von Carboloy auf 458 Dollar pro Pfund angehoben. Natürlich konnte kein Unternehmen große Mengen an Wolframcarbid zu diesem Preis verkaufen, aber der Preis würde den Gewinn für G.E. maximieren. 1934 konnten General Electric und Carboloy auch die von Krupp an die Ludlum Steel Company vergebene Lizenz erwerben und damit einen Konkurrenten ausschalten. 1936 wurde Krupp veranlasst, von weiteren Einfuhren in die Vereinigten Staaten abzusehen. Ein Teil des Preises, der für die Verdrängung von im Ausland hergestelltem Wolframkarbid vom amerikanischen Markt gezahlt wurde, war die gegenseitige Verpflichtung, dass General Electric und Carboloy nicht aus den USA exportieren würden. Die Carboloy Company erwarb daraufhin das Geschäft von Thomas Prosser & Son, und 1937 erwarb Carboloy für fast 1 Million Dollar das konkurrierende Geschäft der Union Wire Die Corporation. Durch seine Weigerung zu verkaufen, arbeitete Krupp mit General Electric und Carboloy zusammen, um die Union Wire Die Corporation zum Ausverkauf zu bewegen.

Lizenzen für die Herstellung von Wolframkarbid wurden damals verweigert. Ein Antrag der Crucible Steel Company auf Erteilung einer Lizenz wurde 1936 abgelehnt. Ein Antrag der Chrysler Corporation auf Erteilung einer Lizenz wurde 1938 abgelehnt. Eine Lizenz für die Triplett Electrical Instrument Company wurde am 25. April 1940 abgelehnt. Eine Lizenz wurde auch der General Cable Company verweigert. Die Ford Motor Company lehnte die von der Carboloy Company verfolgte Hochpreispolitik mehrere Jahre lang entschieden ab und beantragte einmal das Recht, für den eigenen Bedarf zu produzieren. Dies wurde abgelehnt. Diese Taktik führte dazu, dass General Electric und seine Tochtergesellschaft Carboloy 1936 oder 1937 praktisch ein vollständiges Monopol für Wolframkarbid in den Vereinigten Staaten erlangten.

Kurz gesagt, General Electric - in Zusammenarbeit mit einem anderen Hitler-Unterstützer, Krupp - erwirkte gemeinsam für G.E. ein Monopol für Wolframkarbid in den USA. Als der Zweite Weltkrieg begann, hatte General Electric also ein Monopol zu einem festgesetzten Preis von 450 Dollar pro Pfund - fast zehnmal mehr als der Preis von 1928 - und die Verwendung in den USA wurde entsprechend eingeschränkt, A.E.G. Avoids the Bombs in World War II.

Bis 1939 war die deutsche Elektroindustrie eng mit zwei US-amerikanischen Unternehmen verbunden: International General Electric und International Telephone and Telegraph. Die größten

Unternehmen der deutschen Elektroindustrie und ihre Verbindungen waren in der Reihenfolge ihrer Bedeutung:

Firma und Art der Produktion	Prozentsatz der deutschen Produktion von 1939	U.S. Verbundenes Unternehmen
Starkstromindustrie		
General Electric (A.E.G.)	40 Prozent	Internationale General Electric
Siemens Schukert A.G	40 Prozent	Keine
Braun Boveri et Cie	17 Prozent	Keine
Telefon und Telegraf		
Siemens und Halske	60 Prozent	Keine
Lorenz A.G.	85 Prozent	I.T.T.
Radio		
Telefunken (A.E.G. nach 1941)	60 Prozent	Internationale General Electric
Lorenz	35 Prozent	I.T.T.
Draht und Kabel		
Felton & Guilleaume A.G.	20 Prozent	I.T.T.
Siemens	20 Prozent	Keine
A.E.G.	20 Prozent	Internationale General Electric

Mit anderen Worten: 1939 war die deutsche Elektroindustrie auf einige wenige Großunternehmen konzentriert, die in einem internationalen Kartell und durch Aktienbesitz mit zwei großen US-Konzernen verbunden waren. Dieser Industriekomplex war im Zweiten Weltkrieg nie ein Hauptziel für Bombenangriffe. Die A.E.G.- und I.T.T.-Werke wurden nur gelegentlich bei Angriffen in der Umgebung getroffen, und dann auch nur selten. Die als Ziele bombardierten Elektroausrüstungswerke waren nicht mit US-Firmen verbunden. Es waren Brown Boveri in Mannheim und Siemensstadt in Berlin, die *nicht* mit den USA verbunden waren, die bombardiert wurden. Infolgedessen stieg die deutsche Produktion von elektrischer Kriegsausrüstung während des gesamten Zweiten Weltkriegs stetig an und erreichte erst 1944 ihren Höhepunkt. In den Berichten des U.S. Strategic Bombing Survey heißt es: "Nach Meinung von Speers' Assistenten und Werksbeamten wurden die Kriegsanstrengungen in Deutschland nie durch einen Mangel an elektrischen Geräten in nennenswerter Weise behindert."[63]

Ein Beispiel für die Nichtbombardierungspolitik der deutschen General Electric war das A.E.G.-Werk in der Nürnberger Muggenhofer Straße 185. Die Untersuchung der Produktion dieses Werks während des Zweiten Weltkriegs ist von Interesse, weil sie zeigt, in welchem Umfang die reine Friedensproduktion auf Kriegsarbeit umgestellt wurde. In der Vorkriegszeit stellte das Werk Haushaltsgeräte wie Kochplatten, Elektroherde, Bügeleisen, Toaster, industrielle Backöfen, Heizkörper, Warmwasserbereiter, Küchenöfen und Industrieheizungen her. In den Jahren 1939, 1940 und 1941 wurde der größte Teil der Produktionsanlagen des Nürnberger Werks für die Herstellung von Friedensprodukten genutzt. Im Jahr 1942 wurde die Produktion des Werks auf die Herstellung von Kriegsgerät umgestellt. Es wurden Metallteile für Kommunikationsgeräte und Munition wie Bomben und Minen hergestellt. Weitere Kriegsprodukte waren Teile für Suchscheinwerfer und Verstärker. Die folgende Tabelle zeigt sehr anschaulich die Umstellung auf die Kriegsproduktion:

Jahr	Gesamtumsatz in 1000 RM	Prozente für Krieg	Prozentsatz der normalen Produktion
1939	12,469	5	95
1940	11,754	15	85
1941	21,194	40	60
1942	20,689	61	39
1948	31,455	67	33
1944	31,205	69	31

Die tatsächlichen physischen Schäden durch Bombenangriffe auf diese Anlage waren unbedeutend. Bis zu den Angriffen vom 20. und

---

[63] The United States Strategic Bombing Survey, *German Electrical Equipment Industry/Report,* (Equipment Division, Januar 1947), S. 4.

21. Februar 1945, kurz vor Kriegsende, traten keine ernsthaften Schäden auf, und zu diesem Zeitpunkt war der Schutz bereits recht gut entwickelt. Die Angriffe, bei denen Bomben auf das Werksgelände fielen, und die dabei entstandenen geringfügigen Schäden sind im Folgenden aufgeführt:

Datum der Razzia	Bomben treffen Anlage	Geschehener Schaden
8. März 1943	30 Stick Typ I.B.	Geringfügig, aber 3 Lagerhäuser außerhalb der Hauptanlage zerstört.
9. September 1944	Keine (Explosionsschäden)	Bagatellschäden, Schäden an Glas und Verdunkelungsvorhängen.
26. November 1944	14000 lb. HE im Freiraum auf dem Werksgelände	Holzwerkstatt zerstört, Wasserleitung gebrochen.
20. Februar 1945	2 HE	3 Gebäude beschädigt.
21. Februar 1945	5 HE, viele I.B.'s	Verwaltungsgebäude zerstört und Emaillierwerk durch HE beschädigt.

Ein weiteres Beispiel für ein deutsches General Electric-Werk, das nicht bombardiert wurde, ist das A.E.G.-Werk in Koppelsdorf, das Radargeräte und Bomberantennen herstellte. Andere A.E.G.-Werke, die nicht bombardiert wurden[64] und deren Kriegsgeräteproduktion waren:

LISTE DER A.E.G.-FABRIKEN, DIE IM ZWEITEN WELTKRIEG NICHT BOMBARDIERT WURDEN

Name der Niederlassung	Standort	Produkt
1. Werk Reiehmannsdoff mit Unterabteilungen in Wallendorf und	Kries Saalfeld	Messgeräte

---

[64] U.S. Strategic Bombing Survey, Werksbericht der A.E.G. (Allgemeine Elektrizitats Gesellschaft), Nürnberg, Deutschland: Juni 1945), S. 6.

Unterweissbach

2. Werk Marktschorgast	Bayreuth	Vorspeisen
3. Werk F18ha	Sachsen	Kurzwellen-Sendegeräte
4. Werk Reichenbach	Vogtland	Trockenzellen-Batterien
5. Werk Burglengefeld	Sachsen/S.E. Chemnitz	Schwere Vorspeisen
6. Werk Nürnberg	Belringersdorf/Nürnberg	Kleine Komponenten
7. Werk Zirndorf	Nürnberg	Schwere Vorspeisen
8. Werk Mattinghofen	Oberdonau	1 KW-Sender 250 Meter & Langwelle für Torpedoboote & U-Boote
9. Unterwerk Neustadt	Coburg	Radargeräte

Dass die A.E.G.-Fabriken in Deutschland im Zweiten Weltkrieg nicht bombardiert wurden, wurde von der United States Strategic Bombing Survey bestätigt, die von Wissenschaftlern wie John K. Galbraith und Wall Streetern wie George W. Ball und Paul H. Nitze geleitet wurde. Ihr "German Electrical Equipment Industry Report" vom Januar 1947 kommt zu dem Schluss:

> *Die Industrie wurde nie als grundsätzliches Zielsystem angegriffen, aber einige Werke, z. B. Brown Boveri in Mannheim, Bosch in Stuttgart und Siemenstadt in Berlin, waren Gegenstand von Präzisionsangriffen; viele andere wurden bei Flächenangriffen getroffen.*[65]

---

[65] S. 3. Folglich "war die Produktion während des Krieges bis November 1944 ausreichend" und "nach Meinung der Speer-Assistenten und Werksbeamten wurden die Kriegsanstrengungen in Deutschland nie durch einen Mangel an elektrischen Geräten in nennenswerter Weise behindert." Schwierigkeiten traten erst ganz am Ende des Krieges auf, als die gesamte Wirtschaft vom Zusammenbruch bedroht war. Der Bericht kam zu dem Schluss: "Alle wichtigen Bedürfnisse an elektrischen Ausrüstungen im Jahr 1944 können

Am Ende des Zweiten Weltkriegs wurde ein alliiertes Untersuchungsteam, bekannt als FIAT, entsandt, um die Bombenschäden an den Anlagen der deutschen Elektroindustrie zu untersuchen. Das Team für die Elektroindustrie bestand aus Alexander G.P.E. Sanders von International Telephone and Telegraph in New York, Whit-worth Ferguson von der Ferguson Electric Company, New York, und Erich J. Borgman von Westinghouse Electric. Obwohl das erklärte Ziel dieser Teams darin bestand, die Auswirkungen der alliierten Bombenangriffe auf deutsche Ziele zu untersuchen, bestand das Ziel dieses speziellen Teams darin, die deutsche Elektroindustrie so schnell wie möglich wieder in Produktion zu bringen. Whirworth Ferguson schrieb am 31. März 1945 einen Bericht über die A.E.G. Ostland-Werke und kam zu dem Schluss, dass "dieses Werk sofort für die Produktion von Feinmetallteilen und Baugruppen zur Verfügung steht".[66]

Abschließend stellen wir fest, dass sowohl Rathenau von der A.E.G. als auch Swope von General Electric in den USA ähnliche Vorstellungen davon hatten, den Staat für ihre eigenen Unternehmenszwecke zu instrumentalisieren. General Electric war maßgeblich an der Finanzierung Hitlers beteiligt, profitierte beträchtlich von der Kriegsproduktion - und schaffte es dennoch, sich im Zweiten Weltkrieg der Bombardierung zu entziehen. Es liegt auf der Hand, dass die hier kurz skizzierte Geschichte eine viel gründlichere - und offizielle - Untersuchung verdient.

---

daher als gedeckt angesehen werden, da die Planungen stets optimistisch waren."

[66] U.S. Strategic Bombing Survey, AEG-Ostlandwerke GmbH, von Whitworth Ferguson, 31. Mai 1945.

Viertes Kapitel

Standard Oil als Treibstoff für den Zweiten Weltkrieg

In zwei Gängen wird Deutschland genug Öl und Gas aus Weichkohle für einen langen Krieg herstellen. Die Standard Oil of New York stellt Millionen von Dollar zur Verfügung, um zu helfen.

(Bericht des Handelsattachés der US-Botschaft in Berlin, Deutschland, Januar 1933, an das Außenministerium in Washington, D.C.)

Die Unternehmensgruppe Standard Oil, an der die Familie Rockefeller zu einem Viertel (und damit mehrheitlich) beteiligt war[67], leistete entscheidende Hilfe bei der Vorbereitung Nazi-Deutschlands auf den Zweiten Weltkrieg. Diese Hilfe bei der militärischen Vorbereitung kam zustande, weil Deutschlands relativ unbedeutende Vorräte an Rohöl für die moderne mechanisierte Kriegsführung völlig unzureichend waren; 1934 beispielsweise wurden etwa 85 Prozent der deutschen Erdölfertigprodukte importiert. Die Lösung, die das nationalsozialistische Deutschland fand, war die Herstellung von synthetischem Benzin aus den reichlich vorhandenen heimischen Kohlevorräten. Es war das Hydrierungsverfahren zur Herstellung von synthetischem Benzin und Iso-Oktan-Eigenschaften in Benzin, das es Deutschland ermöglichte, 1940 in den Krieg zu ziehen - und dieses Hydrierungsverfahren wurde von den Standard Oil Laboratorien in

---

[67] Im Jahr 1935 besaß John D. Rockefeller, Jr. Aktien im Wert von 245 Millionen Dollar an Standard Oil of New Jersey, Standard Oil of California und Socony-Vacuun Company, *New York Times*, 10. Januar 1935.

den Vereinigten Staaten in Zusammenarbeit mit der I.G. Farben entwickelt und finanziert.

Nach dem Zweiten Weltkrieg wurden dem Truman-, dem Bone- und dem Kilgore-Ausschuss Beweise vorgelegt, die bestätigten, dass Standard Oil zur gleichen Zeit "die Kriegsvorbereitungen der Vereinigten Staaten ernsthaft gefährdet" hatte.[68] Allen drei Kongressausschüssen wurden Dokumente vorgelegt, die belegen, dass Standard Oil vor dem Zweiten Weltkrieg mit I.G. Farben im so genannten Jasco-Abkommen vereinbart hatte, dass synthetischer Kautschuk in den Einflussbereich von Farben fällt, während Standard Oil *nur dann* ein absolutes Monopol in den USA haben sollte, *wenn* Farben die Entwicklung von synthetischem Kautschuk in den USA zulässt:

> *Dementsprechend [kam der Kilgore-Ausschuss zu dem Schluss] hat der Standard den Zweck der I.G., die Produktion in den Vereinigten Staaten zu verhindern, voll und ganz erfüllt, indem er die amerikanischen Kautschukunternehmen davon abhielt, unabhängige Forschungen zur Entwicklung synthetischer Kautschukverfahren durchzuführen.[69]*

Bedauerlicherweise unterließen es die Kongressausschüsse, einen noch unheilvolleren Aspekt dieser Absprachen zwischen Standard Oil und I.G. Farben zu untersuchen: dass nämlich die Direktoren von Standard Oil of New Jersey zu dieser Zeit nicht nur Verbindungen zur I.G. Farben im Bereich der strategischen Kriegsführung hatten, sondern auch andere Verbindungen zu Hitler-Deutschland unterhielten - und zwar so weit, dass sie über deutsche Tochtergesellschaften noch 1944 Beiträge zu Heinrich Himmlers persönlichem Fonds leisteten und Mitglied in Himmlers Freundeskreis waren.

---

[68] *Beseitigung der deutschen Ressourcen*, a.a.O., S. 1085.

[69] Ebd.

Während des Zweiten Weltkriegs wurde Standard Oil of New Jersey wegen dieser Vorkriegsallianz mit den Farben des Hochverrats bezichtigt, auch wenn die fortgesetzten Kriegsaktivitäten innerhalb von Himmlers Freundeskreis unbekannt waren. Die Vorwürfe des Verrats wurden von Standard Oil vehement zurückgewiesen. Eine der prominentesten dieser Verteidigungen wurde von R.T. Haslam, einem Direktor von Standard Oil of New Jersey, in der *Petroleum Times* (25. Dezember 1943) unter dem Titel "Secrets Turned into Mighty War Weapons Through I.G. Farben Agreement" veröffentlicht.[70] Dies war ein Versuch, den Spieß umzudrehen und die Vorkriegsabsprachen als vorteilhaft für die Vereinigten Staaten darzustellen.

Wie auch immer die Kriegserinnerungen und die eilige Verteidigung von Standard Oil ausgesehen haben mögen, die Verhandlungen und Verträge von 1929 zwischen Standard und I.G. Farben wurden in der zeitgenössischen Presse aufgezeichnet und beschreiben die Vereinbarungen zwischen Standard Oil of New Jersey und I.G. Farben und deren Absichten. Im April 1929 wurde Walter C. Teagle, Präsident von Standard Oil of New Jersey, Direktor der neu organisierten amerikanischen I.G. Farben. Nicht, weil Teagle an der chemischen Industrie interessiert war, sondern weil,

> *Sie unterhält seit einigen Jahren sehr enge Beziehungen zu bestimmten Zweigen der Forschungsarbeit der I.G. Farben-Industrie, die eng mit der Erdölindustrie zusammenhängen.*[71]

Teagle kündigte an, dass seit einiger Zeit gemeinsame Forschungsarbeiten zur Gewinnung von Öl aus Kohle durchgeführt wurden und dass *in den Vereinigten Staaten* ein Forschungslabor für diese Arbeiten eingerichtet werden sollte.[72] Im November 1929

---

[70] *NMT*, Fall I.G. Farben, S. 1304.

[71] *New York Times*, 28. April 1929.

[72] Ebd.

wurde dieses gemeinsame Forschungsunternehmen von Standard und Farben *unter der Leitung der Standard Oil Company of New Jersey* gegründet, und alle Forschungen und Patente von I.G. und Standard im Bereich der Ölgewinnung aus Kohle wurden zusammengelegt. Zuvor, in den Jahren 1926 bis 1929, hatten die beiden Unternehmen bei der Entwicklung des Hydrierungsverfahrens zusammengearbeitet und sowohl in den USA als auch in Deutschland Versuchsanlagen in Betrieb genommen. Es wurde nun vorgeschlagen, in den USA neue Anlagen in Bayway, New Jersey, und Baytown, Texas, zu errichten und zusätzlich die frühere Versuchsanlage in Baton Rouge zu erweitern. Standard kündigt an:

> *... die Bedeutung des neuen Vertrages für dieses Land lag in der Tatsache, dass er sicherstellte, dass das Hydrierverfahren in diesem Land unter der Leitung von amerikanischen Ölinteressen kommerziell entwickelt werden würde.*[73]

Im Dezember 1929 wurde das neue Unternehmen, die Standard I.G. Company, gegründet. F.A. Howard wurde zum Präsidenten ernannt, und die deutschen und amerikanischen Direktoren wurden wie folgt bekannt gegeben: E.M. Clark, Walter Duisberg, Peter Hurll, R.A. Reidemann, H.G. Seidel, Otto von Schenck, und Guy Wellman.

Die Mehrheit der Aktien des Forschungsunternehmens befand sich im Besitz von Standard Oil. Die technischen Arbeiten, die Verfahrensentwicklung und der Bau von drei neuen Öl-aus-Kohle-Anlagen in den Vereinigten Staaten lagen in den Händen der Standard Oil Development Company, der technischen Tochtergesellschaft von Standard Oil. Aus diesen zeitgenössischen Berichten geht eindeutig hervor, dass die Entwicklungsarbeiten für Öl aus Kohle von Standard Oil of New Jersey in den Vereinigten Staaten, in Anlagen von Standard Oil und unter mehrheitlicher Finanzierung und Kontrolle von Standard durchgeführt wurden. Die Ergebnisse dieser Forschung wurden der I.G. Farben zur Verfügung

---

[73] Ebd., 24. November 1929.

gestellt und bildeten die Grundlage für die Entwicklung von Hitlers Öl-aus-Kohle-Programm, das den Zweiten Weltkrieg ermöglichte.

Der Haslam-Artikel, verfasst von einem ehemaligen Professor für Chemieingenieurwesen am M.I.T. (damals Vizepräsident von Standard Oil of New Jersey), behauptete - im Gegensatz zu den aufgezeichneten Tatsachen -, dass Standard Oil durch seine Farben-Abkommen in der Lage war, *deutsche* Technologie für die Vereinigten Staaten zu erhalten. Haslam nannte die Herstellung von Toluol und Paraton (Op-Panol), die zur Stabilisierung der Viskosität von Öl verwendet wurden, ein wichtiges Material für den Wüsten- und russischen Wintertankbetrieb, sowie Buna-Kautschuk. Dieser Artikel mit seinen falschen Behauptungen gelangte jedoch nach Deutschland und wurde zum Gegenstand eines geheimen" Memorandums der I.G. Farben vom 6. Juni 1944, das der Nürnberger Angeklagte und damalige Farben-Beamte von Knieriem an seine Kollegen in der Unternehmensleitung schrieb. Dieses geheime" Memo von Knieriem enthielt die Fakten, die Haslam in seinem Artikel in *der Petroleum Times* verschwieg. Das Memo war in der Tat eine Zusammenfassung dessen, was Standard Oil nicht bereit war, der amerikanischen Öffentlichkeit zu offenbaren - nämlich den bedeutenden Beitrag von Standard Oil of New Jersey zur Kriegsmaschinerie der Nazis. In dem Farben-Memorandum heißt es, dass die Standard Oil-Vereinbarungen für die I.G. Farben *absolut notwendig* waren:

Der Abschluss einer Vereinbarung mit Standard war aus technischen, kommerziellen und finanziellen Gründen notwendig: Technisch, weil die spezialisierte Erfahrung, die nur in einer großen Erdölgesellschaft vorhanden war, für die Weiterentwicklung unseres Verfahrens notwendig war, und eine solche Industrie in Deutschland nicht existierte; kaufmännisch, weil die IG in Ermangelung einer staatlichen Wirtschaftskontrolle in Deutschland zu dieser Zeit einen Konkurrenzkampf mit den großen Erdölmächten vermeiden musste, die auf umkämpften Märkten stets das beste Benzin zum niedrigsten Preis verkauften; finanziell, weil die IG, die bereits außerordentlich hohe Summen für die Entwicklung des Verfahrens ausgegeben hatte, eine finanzielle Entlastung

> *anstreben musste, um die Entwicklung auf anderen neuen technischen Gebieten, wie z. B. Buna, fortsetzen zu können.*[74]

Das Farben-Memorandum beantwortete dann die Schlüsselfrage: Was hat die I.G. Farben von Standard Oil erworben, das für die Kriegsführung lebenswichtig" war? Das Memorandum untersucht die von Haslam genannten Produkte - Iso-Oktan, Tuluol, Oppanol-Paratone und Buna - und zeigt, dass entgegen der öffentlichen Behauptung von Standard Oil deren Technologie zu einem großen Teil aus den USA und nicht aus Deutschland kam. Zum Iso-Oktan heißt es in dem Farben-Memorandum unter anderem,

> *Aufgrund ihrer jahrzehntelangen Arbeit an Kraftstoffen waren uns die Amerikaner in ihrem Wissen über die Qualitätsanforderungen, die sich aus den verschiedenen Verwendungszwecken von Kraftstoffen ergeben, voraus. Insbesondere hatten sie mit großem Aufwand eine Vielzahl von Methoden entwickelt, um Benzin für verschiedene Verwendungszwecke zu testen. Auf der Grundlage ihrer Experimente hatten sie die gute Anti-Klopf-Qualität von Iso-Oktan erkannt, lange bevor sie unser Hydrierverfahren kannten. Dies wird durch die einzige Tatsache bewiesen, dass in Amerika Kraftstoffe in Oktanzahlen eingestuft werden und Iso-Oktan als bester Kraftstoff mit der Nummer 100 eingetragen wurde. All dieses Wissen haben wir natürlich durch das Abkommen erhalten, was uns viel Mühe erspart und uns vor vielen Fehlern bewahrt hat.*

Die I.G. Farben fügt hinzu, dass die Behauptung Haslams, die Herstellung von Iso-Oktan sei in Amerika erst durch das Farben-Hydrierverfahren bekannt geworden, nicht zutreffend sei:

> *Gerade bei Iso-Oktan zeigt sich, dass wir den Amerikanern viel zu verdanken haben, denn wir konnten*

---

[74] NMT, Fall I.G. Farben, Bände VII und VIII, S. 1304-1311.

bei unserer eigenen Arbeit weitgehend auf amerikanische Informationen über das Verhalten von Kraftstoffen in Motoren zurückgreifen. Außerdem wurden wir von den Amerikanern laufend über den Fortschritt ihres Produktionsverfahrens und dessen Weiterentwicklung informiert.

Kurz vor dem Krieg wurde in Amerika ein neues Verfahren zur Herstellung von Iso-Oktan gefunden - die Alkylierung mit Isomerisierung als Vorstufe. Dieses Verfahren, das Herr Haslain mit keinem Wort erwähnt, stammt in der Tat ausschließlich von den Amerikanern und ist uns durch unsere Vereinbarungen mit ihnen in seinen einzelnen Stufen im Detail bekannt geworden und wird von uns in großem Umfang genutzt.

In Bezug auf Toluol weist die I.G. Farben auf eine sachliche Ungenauigkeit des Haslam-Artikels hin: Toluol wurde *nicht*, wie von Professor Haslam behauptet, durch Hydrierung in den USA hergestellt. Im Falle von Oppanol bezeichnet das I.G.-Memo die Informationen von Haslam als unvollständig", und was Buna-Kautschuk betrifft, so *haben wir* den Amerikanern nie technische Informationen gegeben, noch hat eine technische Zusammenarbeit auf dem Gebiet von Buna stattgefunden". Vor allem aber werden in dem Memo einige Produkte beschrieben, die Haslam in seinem Artikel nicht erwähnt:

Infolge unserer Verträge mit den Amerikanern haben wir von ihnen über das Abkommen hinaus viele sehr wertvolle Beiträge zur Synthese und Verbesserung von Motorkraftstoffen und Schmierölen erhalten, die uns gerade jetzt während des Krieges sehr nützlich sind; und wir haben auch andere Vorteile von ihnen erhalten. In erster Linie ist hier die zu nennen:

Vor allem die Verbesserung der Brennstoffe durch den Zusatz von Tetraethylblei und die Herstellung dieses Produkts. Es braucht nicht besonders erwähnt zu werden, dass ohne Tetraethylblei die heutigen Methoden der Kriegsführung unmöglich wären. Dass wir seit

Kriegsbeginn Tetraethylblei herstellen konnten, ist einzig und allein dem Umstand zu verdanken, dass uns die Amerikaner kurz zuvor die Produktionspläne mit ihrem Know-how vorgelegt hatten. Es war außerdem das erste Mal, dass die Amerikaner beschlossen, eine Lizenz für dieses Verfahren in einem fremden Land zu erteilen (abgesehen von der Weitergabe ungeschützter Geheimnisse), und dies nur auf unsere dringenden Bitten an Standard Oil hin, unseren Wunsch zu erfüllen. Vertraglich konnten wir das nicht verlangen, und wir fanden später heraus, dass das Kriegsministerium in Washington seine Erlaubnis erst nach langen Überlegungen erteilte.

Umwandlung von niedermolekularen ungesättigten Stoffen in brauchbares Benzin (Polymerisation). Auf diesem Gebiet ist sowohl hier als auch in Amerika viel gearbeitet worden. Aber die Amerikaner waren die ersten, die das Verfahren in großem Maßstab durchführten, was uns nahelegte, das Verfahren auch großtechnisch zu entwickeln. Darüber hinaus funktionieren in Deutschland aber auch Anlagen, die nach amerikanischen Verfahren gebaut wurden.

Auch auf dem Gebiet der Schmieröle hat Deutschland durch den Vertrag mit Amerika Erfahrungen gesammelt, die für die heutige Kriegsführung außerordentlich wichtig sind.

In diesem Zusammenhang haben wir nicht nur die Erfahrungen von Standard, sondern über Standard auch die Erfahrungen von General Motors und anderen großen amerikanischen Automobilherstellern gewonnen.

Als weiteres bemerkenswertes Beispiel für die für uns vorteilhafte Wirkung des Vertrages zwischen IG und Standard Oil sei folgendes erwähnt: In den Jahren 1934 / 1935 hatte unsere Regierung größtes Interesse daran, aus dem Ausland einen Bestand an besonders wertvollen Mineralölprodukten (insbesondere Flugbenzin und Flugschmieröl) zu beschaffen und in einer Höhe von etwa

20 Millionen Dollar zum Marktwert in Reserve zu halten. Die deutsche Regierung fragte bei der IG an, ob es nicht möglich sei, auf der Grundlage ihrer freundschaftlichen Beziehungen zu Standard Oil diese Menge im Namen der Farben zu kaufen, allerdings als Treuhänder der deutschen Regierung. Dass es uns tatsächlich gelang, in schwierigsten Verhandlungen die von unserer Regierung gewünschte Menge von der amerikanischen Standard Oil Company und dem niederländisch - englischen Royal - Dutch - Shell Konzern zu kaufen und nach Deutschland zu transportieren, war nur durch die Hilfe der Standard Oil Co. möglich.

Ethylblei für die Wehrmacht

Ein weiteres herausragendes Beispiel für die Unterstützung Nazi-Deutschlands durch Standard Oil - in Zusammenarbeit mit General Motors - war die Lieferung von Ethylblei. Ethylflüssigkeit ist eine Antiklopfverbindung, die sowohl in Flug- als auch in Kraftstoffen für Kraftfahrzeuge verwendet wird, um das Klopfen zu beseitigen und so die Effizienz der Motoren zu verbessern; ohne solche Antiklopfverbindungen wäre die moderne mobile Kriegsführung nicht durchführbar.

1924 wurde in New York City die Ethyl Gasoline Corporation gegründet, die sich im gemeinsamen Besitz der Standard Oil Company of New Jersey und der General Motors Corporation befand, um die US-Patente für die Herstellung und den Vertrieb von Tetraethylblei und Ethylfluid in den USA und im Ausland zu kontrollieren und zu nutzen. Bis 1935 wurden diese Produkte *nur* in den Vereinigten Staaten hergestellt. 1935 transferierte die Ethyl Gasoline Corporation ihr Know-how nach Deutschland, um es im Rahmen des Aufrüstungsprogramms der Nazis einzusetzen. Dieser Transfer erfolgte gegen die Proteste der US-Regierung.[75]

---

[75] Siehe Schreiben des US-Kriegsministeriums, das in Anhang D wiedergegeben ist.

Die Absicht von Ethyl, seine Antiklopftechnologie nach Nazi-Deutschland zu transferieren, wurde dem Army Air Corps in Washington, D.C., mitgeteilt. Am 15. Dezember 1934 wurde E. W. Webb, Präsident von Ethyl Gasoline, darüber informiert, dass Washington von der Absicht erfahren hatte, "mit der I.G. eine deutsche Firma zu gründen, um Ethylblei in diesem Land herzustellen". Das Kriegsministerium wies darauf hin, dass es erhebliche Kritik an diesem Technologietransfer gab, der "schwerste Auswirkungen" auf die USA haben könnte; dass die kommerzielle Nachfrage nach Ethylblei in Deutschland zu gering war, um von Interesse zu sein; und,

> ... es wurde behauptet, dass Deutschland heimlich aufrüstet [und] Ethylblei wäre zweifellos eine wertvolle Hilfe für Militärflugzeuge.[76]

Die Ethyl Company wurde daraufhin vom Army Air Corps darauf hingewiesen, dass "Sie oder der Vorstand der Ethyl Gasoline Corporation unter keinen Umständen irgendwelche Geheimnisse oder 'Know-how' im Zusammenhang mit der Herstellung von Tetraethylblei an Deutschland weitergeben sollten.[77]

Am 12. Januar 1935 sandte Webb dem Chef des Army Air Corps eine "Sachverhaltsdarstellung", in der er die Weitergabe von technischem Wissen bestritt und anbot, eine entsprechende Klausel in den Vertrag aufzunehmen, um eine solche Weitergabe zu verhindern. Entgegen seiner Zusage gegenüber dem Army Air Corps unterzeichnete Ethyl jedoch später eine Vereinbarung über die gemeinsame Produktion mit I.G. Farben in Deutschland zur Gründung der Ethyl G.m.b.H. und mit Montecatini im

---

[76] Kongress der Vereinigten Staaten. Senat. Hearings before a subcommittee of the Committee on Military Affairs. *Scientific and Technical Mobilization*, (78th Congress, 1st session, S. 702), Part 16, (Washington: Government Printing Office, 1944), S. 939. Nachfolgend zitiert als *Scientific and Technical Mobilization*.

[77] Ebd.

faschistischen Italien zum gleichen Zweck.

Es ist erwähnenswert, dass die Direktoren der Ethyl Gasoline Corporation zum Zeitpunkt dieser Übertragung[78] waren: E.W. Webb, Präsident und Direktor; C.F. Kettering; R.P. Russell; W.C. Teagle, Standard Oil of New Jersey und Treuhänder von FDR's Georgia Warm Springs Foundation; F. A. Howard; E. M. Clark, Standard Oil of New Jersey; A. P. Sloan, Jr.; D. Brown; J. T. Smith; und W.S. Parish von Standard Oil of New Jersey.

Die bei Kriegsende erbeuteten I.G. Farben-Akten bestätigen die Bedeutung dieses technischen Transfers für die deutsche Wehrmacht:

> *Wir waren seit Kriegsbeginn nur deshalb in der Lage, Bleitetraethyl zu produzieren, weil die Amerikaner kurz vor Kriegsausbruch für uns produktionsreife Anlagen errichtet und uns alle Erfahrungen zur Verfügung gestellt hatten. Auf diese Weise brauchten wir die schwierige Entwicklungsarbeit nicht zu leisten, weil wir auf der Grundlage aller Erfahrungen, die die Amerikaner seit Jahren hatten, sofort mit der Produktion beginnen konnten.[79]*

Im Jahr 1938, kurz vor Ausbruch des Krieges in Europa, benötigte die deutsche Luftwaffe dringend 500 Tonnen Tetraethylblei. Ein Beamter von DuPont wies Ethyl darauf hin, dass solche Mengen von Deutschland für militärische Zwecke verwendet werden würden.[80] Diese 500 Tonnen wurden von der Ethyl Export Corporation of New York an die deutsche Ethyl G.m.b.H. ausgeliehen, eine Transaktion, die das Reichsluftfahrtministerium mit dem I.G. Farben-Direktor Mueller-Cunradi vereinbart hatte. Die Sicherheiten wurden in einem

---

[78] *Erdöl- und Petroleum-Jahrbuch, 1938, S. 89.*

[79] *New York Times, 19. Oktober 1945, S. 9.*

[80] George W. Stocking & Myron W. Watkins, *Cartels in Action,* (New York: The Twentieth Century Fund, 1946), S. 9.

Schreiben vom 21. September 1938[81] durch Brown Brothers, Harriman & Co. in New York gestellt.

Standard Oil of New Jersey und Synthetischer Kautschuk

Der Transfer der Ethyltechnologie für die Kriegsmaschinerie der Nazis wiederholte sich im Falle des synthetischen Kautschuks. Es steht außer Frage, dass die Fähigkeit der deutschen Wehrmacht, den Zweiten Weltkrieg zu führen, vom synthetischen Kautschuk - wie auch vom synthetischen Erdöl - abhing, denn Deutschland verfügt über keinen Naturkautschuk, und ohne die Produktion von synthetischem Kautschuk durch Farben wäre ein Krieg unmöglich gewesen. Die Farben hatten praktisch ein Monopol auf diesem Gebiet, und das Programm zur Herstellung der erforderlichen großen Mengen wurde vom Reich finanziert:

> *Der Umfang der geplanten Produktion in diesem Bereich ging weit über die Bedürfnisse der Friedenswirtschaft hinaus. Die enormen Kosten, die damit verbunden waren, entsprachen nur militärischen Erwägungen, bei denen die Notwendigkeit der Autarkie ohne Rücksicht auf die Kosten entscheidend war.[82]*

Wie bei den Transfers der Ethyltechnologie war Standard Oil of New Jersey eng mit dem synthetischen Kautschuk der I.G. Farben verbunden. In den späten 1920er Jahren wurden eine Reihe gemeinsamer Kartellvereinbarungen getroffen, die auf ein gemeinsames Weltmonopol für synthetischen Kautschuk abzielten. Hitlers Vierjahresplan trat 1937 in Kraft, und 1938 stellte Standard der I.G. Farben ihr neues Butylkautschukverfahren zur Verfügung. Andererseits hielt Standard das deutsche Buna-Verfahren in den Vereinigten Staaten geheim, und erst im Juni 1940 durften Firestone und U.S. Rubber an den Butyl-Tests teilnehmen und erhielten Lizenzen für die Buna-Herstellung. Selbst dann versuchte Standard,

---

[81] Für Originaldokumente siehe *NMT*, Fall I.G. Farben, Band VIII, S. 1189-94.

[82] *NMT*, Fall I.G. Farben, Band VIII, S. 1264-5.

die US-Regierung dazu zu bringen, ein groß angelegtes Buna-Programm zu finanzieren, während sie ihre eigenen Mittel für das vielversprechendere Butyl-Verfahren reservierte.[83]

Folglich beschränkte sich die Unterstützung von Standard in Nazi-Deutschland nicht auf Öl aus Kohle, obwohl dies der wichtigste Transfer war. Nicht nur wurde das Verfahren zur Herstellung von Tetraethyl an die I.G. Farben übertragen und eine Anlage in Deutschland gebaut, die sich im gemeinsamen Besitz von I.G., General Motors und Standard-Tochtergesellschaften befand, sondern noch 1939 entwarf die deutsche Tochtergesellschaft von Standard eine deutsche Anlage für Fluggas. Tetraethyl wurde in Notfällen für die Wehrmacht geliefert, und bei der Produktion von Butylkautschuk wurde große Unterstützung geleistet, während das Farben-Verfahren für Buna in den USA geheim gehalten wurde. Mit anderen Worten: Standard Oil of New Jersey (zunächst unter Präsident W.C. Teagle und dann unter W.S. Farish) unterstützte konsequent die Kriegsmaschinerie der Nazis, während es sich weigerte, den Vereinigten Staaten zu helfen.

Diese Abfolge von Ereignissen war kein Zufall. Präsident W.S. Farish argumentierte, dass es "... ungerechtfertigt gewesen wäre, der Wehrmacht diese technische Hilfe nicht zu gewähren."[84] Die Hilfe war sachkundig, erstreckte sich über mehr als ein Jahrzehnt und war so umfangreich, dass die Wehrmacht ohne sie 1939 nicht in den Krieg hätte ziehen können.

Die Deutsche-Amerikanische Petroleum A.G. (DAPAG)

Die Tochtergesellschaft von Standard Oil in Deutschland, die Deutsche-Amerikanische Petroleum A.G. (DAPAG), befand sich zu 94 % im Besitz von Standard Oil of New Jersey. Die DAPAG verfügte über Niederlassungen in ganz Deutschland, eine Raffinerie

---

[83] *Wissenschaftliche und technische Mobilisierung*, S. 543.

[84] Robert Engler, *The Politics of Oil*, (New York: The MacMillan Company, 1961), S. 102.

in Bremen und eine Hauptverwaltung in Hamburg. Über die DAPAG war Standard Oil of New Jersey in den inneren Kreisen des Nationalsozialismus vertreten - dem Keppler-Kreis und Himmlers Freundeskreis. Ein Direktor der DAPAG war Karl Lindemann, der auch Vorsitzender der Internationalen Handelskammer in Deutschland war, sowie Direktor mehrerer Banken, darunter die Dresdner Bank, die Deutsche Reichsbank und die private, nationalsozialistisch orientierte Bank C. Melchior & Company, und zahlreicher Unternehmen, darunter die HAPAG (Hamburg-Amerika-Linie). Lindemann war noch 1944 Mitglied in Kepplers Freundeskreis und verschaffte Standard Oil of New Jersey damit einen Vertreter im Zentrum des Nationalsozialismus. Ein weiteres Vorstandsmitglied der DAPAG war Emil Helfrich, der ursprünglich zum Keppler-Kreis gehörte.

Insgesamt hatte Standard Oil of New Jersey zwei Mitglieder des Keppler-Kreises als Direktoren ihrer deutschen hundertprozentigen Tochtergesellschaft. Die Zahlungen an den Kreis durch die Standard Oil-Tochtergesellschaft und durch Lindemann und Helffrich als einzelne Direktoren wurden bis 1944, ein Jahr vor Ende des Zweiten Weltkriegs, fortgesetzt.[85]

---

[85] Siehe Kapitel Neun für weitere Einzelheiten.

Fünftes Kapitel

I.T.T. arbeitet auf beiden Seiten des Krieges

Während also I.T.T.-Flugzeuge der Focke-Wolfe alliierte Schiffe bombardierten und I.T.T.-Leitungen Informationen an deutsche U-Boote weitergaben, retteten I.T.T.-Peiler andere Schiffe vor Torpedos.

(Anthony Sampson, The Sovereign State of I.T.T., New York: Stein & Day, 1973, S. 40.)

Der multinationale Gigant International Telephone and Telegraph (I.T.T.)[86] wurde 1920 von dem auf den Jungferninseln geborenen Unternehmer Sosthenes Behn gegründet. Zu Lebzeiten war Behn der Inbegriff des politisierten Geschäftsmannes, der seine Gewinne und den Aufbau des I.T.T.-Imperiums eher durch politische Manöver als durch Wettbewerb auf dem Markt erwirtschaftete. Im Jahr 1923 erwarb Behn durch politisches Geschick das spanische Telefonmonopol, Compania Telefonica de Espana. 1924 kaufte die I.T.T., die nun von der Firma J.P. Morgan unterstützt wurde, das, was später die International Standard Electric Gruppe mit ihren Produktionsstätten in der ganzen Welt wurde.

Der Verwaltungsrat von I.T.T. spiegelte die Interessen von J.P. Morgan wider, mit den Morgan-Partnern Arthur M. Anderson und Russell Leffingwell. Die Anwaltskanzlei Davis, Polk, Wardwell, Gardiner & Reed war durch die beiden Juniorpartner Gardiner &

---

[86] Einen hervorragenden Überblick über die weltweiten Aktivitäten von I.T.T. bietet Anthony Sampson, *The Sovereign State of I.T.T.,* (New York: Stein & Day, 1973).

Reed vertreten.

DIREKTOREN VON I.T.T. IM JAHR 1933:

Direktoren	Verbindungen zu anderen Wall-Street-Firmen
Arthur M. ANDERSON	Partner, J.P. MORGAN und New York Trust Company
Hernand BEHN	Bank von Amerika
Sosthenes BEHN	NATIONALE STADTBANK
F. Wilder BELLAMY	Partner bei Dominick & Dominicik
John W. CUTLER	GRACE NATIONAL BANK, Lee Higginson
George H. GARDINER	Partner bei Davis, Polk, Wardwell, Gardiner & Reed
Allen G. HOYT	NATIONALE STADTBANK
Russell C. LEFFINGWELL	Partner J.P. MORGAN und CARNEGIE CORP.
Bradley W. PALMER	Vorsitzender, Exekutivausschuss, UNITED FRUIT
Lansing P. REED	Partner bei Davis, Polk Wardwell, Gardiner & Reed

Die National City Bank (NCB) war in der Morgan-Gruppe durch zwei Direktoren vertreten, Sosthenes Behn und Allen G. Hoyt. Kurz gesagt, I.T.T. war ein von Morgan kontrolliertes Unternehmen, und wir haben bereits auf das Interesse der von Morgan kontrollierten Unternehmen an Krieg und Revolution im Ausland und an politischen Manövern in den Vereinigten Staaten hingewiesen.[87]

1930 erwarb Behn die deutsche Holdinggesellschaft der Standard Elekrizitäts A.G., die von I.T.T. (62,0 Prozent der stimmberechtigten Aktien), A.E.G. (81,1 Prozent der stimmberechtigten Aktien) und Felton & Guilleaume (sechs Prozent der stimmberechtigten Aktien) kontrolliert wurde. Mit dieser Transaktion erwarb Standard zwei deutsche Produktionsstätten und eine Mehrheitsbeteiligung an der Telefonfabrik Berliner A.G.I.T.T.

---

[87] Siehe auch Sutton, *Wall Street and the Bolshevik Revolution, op. cit.*

Außerdem erwarb Standard die Tochtergesellschaften in Deutschland, Ferdinand Schuchardt Berliner Fernsprech-und Telegraphenwerk A,G., sowie Mix & Genest in Berlin, und die Suddeutsche Apparate Fabrik G,m.b.H. in Nürnberg.

Am Rande sei bemerkt, dass Sosthenes Behns I.T.T. zwar Telefongesellschaften und Produktionsstätten in Deutschland kontrollierte, der Kabelverkehr zwischen den USA und Deutschland jedoch unter der Kontrolle der Deutsch-Atlantischen Telegraphengesellschaft (German Atlantic Cable Company) stand. Dieses Unternehmen hatte zusammmen mit der Commercial Cable Company und der Western Union Telegraph Company ein Monopol für den transatlantischen amerikanisch-deutschen Kabelverkehr. W.A. Harriman & Company übernahm 1925 ein Paket von 625.000 Aktien der Deutsch-Atlantischen, und im Vorstand des Unternehmens saßen ungewöhnliche Persönlichkeiten, von denen wir viele bereits an anderer Stelle kennen gelernt haben. Dazu gehörten zum Beispiel H. F. Albert, der deutsche Spionageagent in den Vereinigten Staaten im Ersten Weltkrieg, Franklin D. Roosevelts ehemaliger Geschäftspartner Yon Berenberg-Gossler und Dr. Cuno, ein ehemaliger deutscher Bundeskanzler der Inflationszeit von 1923. Das I.T.T. in den Vereinigten Staaten war im Vorstand durch yon Guilleaume und Max Warburg von der Bankiersfamilie Warburg vertreten.

Baron Kurt von Schroder und das I.T.T.

Es gibt keine Aufzeichnungen darüber, dass I.T.T. vor der Machtergreifung der Nazis im Jahr 1933 direkte Zahlungen an Hitler geleistet hat. Andererseits wurden in den späten 1930er Jahren und im Zweiten Weltkrieg selbst zahlreiche Zahlungen an Heinrich Himmler über deutsche Tochtergesellschaften der I.T.T. getätigt. Das erste Treffen zwischen Hitler und I.T.T.-Funktionären - soweit wir wissen - wurde im August 1933[88] berichtet, als sich Sosthenes Behn und der deutsche I.T.T.-Vertreter Henry Manne mit Hitler in Berchesgaden trafen. In der Folge nahm Behn Kontakt mit

---

[88] *New York Times*, 4. August 1933.

dem Keppler-Kreis auf (siehe Kapitel 9), und durch Kepplers Einfluss wurde der Nazi-Baron Kurt von Schröder zum Hüter der I.T.T.-Interessen in Deutschland. Schröder leitete 1944, als *der Zweite Weltkrieg im Gange war und die Vereinigten Staaten sich im Krieg mit Deutschland befanden*, I.T.T.-Gelder an Heinrich Himmlers SS-Organisation weiter. [89]

Über Kurt Schröder verschafften sich Behn und seine I.T.T. Zugang zur profitablen deutschen Rüstungsindustrie und erwarben erhebliche Anteile an deutschen Rüstungsunternehmen, darunter Focke-Wolfe-Flugzeuge. Diese Rüstungsbetriebe erzielten ansehnliche Gewinne, die an die Muttergesellschaft in den Vereinigten Staaten hätten zurückfließen können. Sie wurden jedoch in die deutsche Aufrüstung reinvestiert. Diese Reinvestition von Gewinnen in deutsche Rüstungsunternehmen lässt vermuten, dass die Behauptung der Wall Street, sie habe sich bei der deutschen Aufrüstung nichts zu Schulden kommen lassen - ja sie habe nicht einmal von Hitlers Absichten gewusst - trügerisch ist. Wie Anthony Sampson hervorgehoben hat, bedeutete der Kauf eines wesentlichen Anteils an Focke-Wolfe durch I.T.T., dass I.T.T. deutsche Flugzeuge herstellte, die zur Tötung von Amerikanern und ihren Verbündeten eingesetzt wurden - und dass I.T.T. mit diesem Unternehmen ausgezeichnete Gewinne erzielte.

Mit Kurt von Schröder hatte I.T.T. Zugang zum Herzen der Nazi-Machtelite. Wer war Schröder? Baron Kurt von Schröder wurde 1889 in Hamburg als Sohn einer alten, etablierten deutschen Bankiersfamilie geboren. Ein früheres Mitglied der Familie Schröder zog nach London, änderte seinen Namen in Schroder (ohne den Zusatz dierisis) und gründete die Bankgesellschaft J. Henry Schroder in London und die J. Henry Schroder Banking Corporation in New York. Kurt von Schröder wurde auch Partner des privaten Kölner Bankhauses J. H. Stein & Company, das im späten achtzehnten Jahrhundert gegründet worden war. Sowohl Schröder als auch Stein waren zusammen mit französischen

---

[89] Siehe auch Kapitel Neun für dokumentarische Belege für diese I.T.T.-Zahlungen an die SS.

Finanziers Förderer der deutschen Separatistenbewegung von 1919 gewesen, die versuchte, das reiche Rheinland von Deutschland und seinen Problemen abzuspalten. Bei dieser Eskapade trafen sich prominente rheinische Industrielle am 7. Januar 1919 im Haus von J. H. Stein und organisierten einige Monate später eine Versammlung mit Stein als Vorsitzendem, um die öffentliche Unterstützung für die Separatistenbewegung zu gewinnen. Die Aktion von 1919 scheiterte. Die Gruppe versuchte es 1923 erneut und führte eine weitere Bewegung an, um das Rheinland von Deutschland abzutrennen und unter den Schutz Frankreichs zu stellen. Auch dieser Versuch scheiterte. Kurt yon Schrader schloss sich daraufhin Hitler und den frühen Nazis an, und wie bei den rheinischen Separatistenbewegungen von 1919 und 1923 vertrat und arbeitete Schröder für deutsche Industrielle und Rüstungshersteller.

Im Gegenzug für die von Yon Schrader vermittelte finanzielle und industrielle Unterstützung erlangte er später politisches Prestige. Unmittelbar nach der Machtübernahme der Nazis 1933 wurde Schrader deutscher Vertreter bei der Bank für Internationalen Zahlungsausgleich, die Quigley als Spitze des internationalen Kontrollsystems bezeichnet, und Leiter der Gruppe der Privatbankiers, die die Deutsche Reichsbank beriet. Heinrich Himmler ernannte Sehroder zum Senior Group Leader der SS, und Himmler wurde seinerseits ein prominentes Mitglied von Kepplers Kreis. (Siehe Kapitel Neun.)

Im Jahr 1938 wurde die Schroder Bank in London zum deutschen Finanzagenten in Großbritannien und wurde bei Finanztreffen durch ihren Geschäftsführer (und Direktor der Bank of England), F.C. Tiarks, vertreten. Bis zum Zweiten Weltkrieg hatte Baron Schrader auf diese Weise eine beeindruckende Liste politischer und banktechnischer Verbindungen erworben, die einen weitreichenden Einfluss widerspiegelten; dem Kilgore-Ausschuss in den USA wurde sogar berichtet, dass Schrader 1940 einflussreich genug war, um Pierre Laval in Frankreich an die Macht zu bringen. Laut Auflistung des Kilgore-Ausschusses erwarb Sehroder in den frühen 1940er Jahren die folgenden politischen Positionen:

SS Senior Group Leader.

Handelsgruppe für Groß- und Außenhandel - Leiter.

Eisernes Kreuz der ersten und zweiten Klasse.

Akademie für Deutsches Recht (Akademie des deutschen Rechts) - Mitglied

Schwedischer Generalkonsul.

Stadt Köln - Ratsmitglied.

Internationale Handelskammer - Mitglied des Verwaltungsausschusses.

Universität zu Köln - Mitglied des Kuratoriums.

Rat des Reichspostamtes - Mitglied des Beirats.

Kaiser-Wilhelm-Stiftung - Senatorin.

Deutsche Industrie- und Handelsversammlung - Präsidiumsmitglied.

Beirat der Deutsch-Albaner.

Reichsrat für Wirtschaftsfragen Mitglied.

Warenverrechnungsstelle - Mitglied.

Deutsche Reichsbahn - Präsident des Verwaltungsrats.

Arbeitsausschuss der Reichsgruppe Industrie und Handel - Stellvertretender Vorsitzender[90]

Schröders Bankverbindungen waren ebenso beeindruckend und seine Geschäftsverbindungen (hier nicht aufgeführt) würden zwei Seiten füllen:

Bank für Internationalen Zahlungsausgleich - Mitglied der Direktion.

Deutsche Verkehrs-Kredit-Bank, A.G., Berlin (unter der Kontrolle der Deutschen Reichsbank) - Vorsitzender des Verwaltungsrats.

J.H. Stein & Co, Köln - Partner (die Banque Worms war französischer Korrespondent).

Deutsche Ueberseeische Bank (unter der Kontrolle der Deutschen Bank, Berlin) - Direktor[91]

Deutsche Reichsbank, Berlin. Beraterin des Verwaltungsrats.

Wirtschaftsgruppe Private Bankegewerbe - Leiter.

Das war der Schröder, der nach 1933 Sosthenes Behn von I.T.T. und I.T.T.-Interessen in Nazi-Deutschland vertrat. Gerade weil Schröder über diese ausgezeichneten politischen Verbindungen zu Hitler und dem NS-Staat verfügte, berief Behn Schröder in die Vorstände aller

---

[90] *Beseitigung der deutschen Ressourcen*, S. 871.

[91] Ebd.

deutschen I.T.T.-Firmen: Standard Electrizitatswerke A.G. in Berlin, C. Lorenz A.G. in Berlin und Mix & Genest A.G. (an der Standard eine 94-prozentige Beteiligung hielt).

Mitte der 1930er Jahre wurde eine weitere Verbindung zwischen der Wall Street und Schröder hergestellt, dieses Mal durch die Rockefellers. 1936 wurde das Emissions- und allgemeine Wertpapiergeschäft der J. Henry Schroder Banking Corporation in New York in einer neuen Investmentbanking-Firma - Schroder, Rockefeller & Company, Inc. in der Wall Street 48 - zusammengeführt. Carlton P. Fuller von der Schroder Banking Corporation wurde Präsident und Avery Rockefeller, Sohn von Percy Rockefeller (Bruder von John D. Rockefeller), wurde Vizepräsident und Direktor der neuen Firma. Zuvor war Avery Rockefeller hinter den Kulissen mit der J. Henry Schroder Banking Corporation verbunden gewesen; die neue Firma brachte ihn an die Öffentlichkeit.[92]

Westrick, Texaco, und I.T.T.

I.T.T. hatte noch eine weitere Verbindung zu Nazi-Deutschland, und zwar durch den deutschen Rechtsanwalt Dr. Gerhard Westrick. Westrick gehörte zu einer ausgewählten Gruppe von Deutschen, die während des Ersten Weltkriegs in den Vereinigten Staaten Spionage betrieben hatten. Zu dieser Gruppe gehörten nicht nur Kurt von Schröder und Westrick, sondern auch Franz yon Papen - den wir in Kapitel 10 zusammen mit James Paul Warburg von der Bank of Manhattan treffen werden - und Dr. Heinrich Albert. Albert, angeblich deutscher Handelsattaché in den USA im Ersten Weltkrieg, war in Wirklichkeit für die Finanzierung des Spionageprogramms von yon Papen zuständig. Nach dem Ersten Weltkrieg gründeten Westrick und Albert die Anwaltskanzlei Albert & Westrick, die sich auf die Reparationsdarlehen der Wall Street spezialisierte und stark davon profitierte. Die Kanzlei Albert & Westrick wickelte den deutschen Teil der J. Henry Schroder Banking-Darlehen ab, während die Kanzlei von John Foster Dulles,

---

[92] *New York Times*, 20. Juli 1936.

Sullivan and Cromwell in New York, den amerikanischen Teil der Schroder-Darlehen abwickelte.

Kurz vor dem Zweiten Weltkrieg begann sich die Albert-Papen-Westrick-Spionageaktion in den Vereinigten Staaten zu wiederholen, nur waren die amerikanischen Behörden diesmal wachsamer. Westrick kam 1940 in die USA, angeblich als Handelsattaché, in Wirklichkeit aber als persönlicher Vertreter Ribbentrops. Ein Besucherstrom bei dem einflussreichen Westrick führte dazu, dass prominente Direktoren von US-amerikanischen Erdöl- und Industrieunternehmen auf Westrick aufmerksam wurden, und das FBI wurde auf ihn aufmerksam.

Westrick wurde zu dieser Zeit Direktor aller I.T.T.-Operationen in Deutschland, um die I.T.T.-Interessen während der erwarteten Beteiligung der USA am europäischen Krieg zu schützen.[93] Neben seinen anderen Unternehmungen ( ) versuchte Westrick, Henry Ford davon zu überzeugen, die Lieferungen an Großbritannien einzustellen, und die bevorzugte Behandlung der Ford-Interessen in Frankreich durch die Nazis lässt vermuten, dass Westrick bei der Neutralisierung der US-Hilfe für Großbritannien teilweise erfolgreich war.

Obwohl Westricks wichtigste Geschäftsverbindung in den Vereinigten Staaten während des Krieges zu International Telephone and Telegraph bestand, vertrat er auch andere US-Firmen, darunter Underwood Elliott Fisher, Eigentümer der deutschen Firma Mercedes Buromaschinen A.G., Eastman Kodak, die eine Kodak-Tochtergesellschaft in Deutschland hatte, und die International Milk Corporation mit einer Hamburger Tochtergesellschaft. Zu Westricks Geschäften (und demjenigen, das am meisten Aufmerksamkeit erregte) gehörte ein Vertrag über die Lieferung von Öl an die deutsche Marine, den er mit Torkild Rieber,

---

[93] Anthony Sampson berichtet von einem Treffen zwischen dem stellvertretenden I.T.T.-Präsidenten Kenneth Stockton und Westrick, bei dem der Erhalt von I.T.T.-Grundstücken geplant wurde. Siehe Anthony Sampson, op. cit., S. 39.

dem Vorstandsvorsitzenden der Texaco Company, abschloss.

1940 besprach Rieber ein Ölgeschäft mit Hermann Göring, und Westrick arbeitete in den Vereinigten Staaten für die Texas Oil Company. Sein Auto wurde mit Texaco-Geldern gekauft, und in Westricks Führerscheinantrag war Texaco als Geschäftsadresse angegeben. Diese Aktivitäten wurden am 12. August 1940 publik gemacht. Rieber trat daraufhin von Texaco zurück, und Westrick kehrte nach Deutschland zurück. Zwei Jahre später war Rieber Vorsitzender von South Carolina Shipbuilding and Dry Docks, wo er den Bau von Schiffen der US-Marine im Wert von mehr als 10 Millionen Dollar überwachte, sowie Direktor der Barber Asphalt Corporation der Familie Guggenheim und der Seaboard Oil Company of Ohio.[94]

I.T.T. im Deutschland der Kriegszeit

1939 kontrollierte I.T.T. in den Vereinigten Staaten Standard Elektrizitats in Deutschland, und Standard Elektrizitats wiederum kontrollierte 94 Prozent von Mix & Genest. Im Vorstand von Standard Elektrizitats saßen Baron Kurt yon Schrader, ein Nazi-Bankier im Zentrum des Nationalsozialismus, und Emil Heinrich Meyer, Schwager von Staatssekretär Keppler (Gründer des Keppler-Kreises) und Direktor von German General Electric. Schrader und Meyer waren auch Direktoren von Mix & Genest und der anderen I.T.T.-Tochtergesellschaft, der C. Lorenz Company; beide I.T.T.-Tochtergesellschaften waren Geldgeber für Himmlers Freundeskreis - *d.h.* für die Nazi-SS-Kasse. Noch 1944 spendete Mix & Genest 5.000 RM an Himmler und Lorenz 20.000 RM. Kurzum, während des Zweiten Weltkriegs leistete International

---

[94] Berichte, wonach Rieber 20.000 Dollar von den Nazis erhalten hat, sind unzutreffend. Diese Berichte wurden vom F.B.I. untersucht, ohne dass Beweise erbracht wurden. Siehe United States Senate, Subcommittee to Investigate the Administration of the. Internal Security Act, Committee on the Judiciary, *Morgenthau Diary (Germany)*, Volume I, 90th Congress, 1st Session, November 20, 1967, (Washington: U.S. Government Printing Office, 1967), S. 316-8. Zu Rieber siehe auch *Appendix to the Congressional Record*, 20. August 1942, S. A 1501-2, Remarks of Hon. John M. Coffee.

Telephone and Telegraph Barzahlungen an SS-Führer Heinrich Himmler. Diese Zahlungen ermöglichten es der I.T.T., ihre Investitionen in Focke-Wolfe zu schützen, einer Flugzeugbaufirma, die Kampfflugzeuge für den Einsatz gegen die Vereinigten Staaten herstellte.

Das Verhör von Kurt von Schröder am 19. November 1945 zeigt, dass die enge und gewinnbringende Beziehung zwischen Oberst Sosthenes Behn vom I.T.T., Westrick, Schröder und der Nazi-Kriegsmaschinerie während des Zweiten Weltkriegs bewusst *und wissentlich war:*

Q. Sie haben uns in Ihrer früheren Zeugenaussage eine Reihe von Unternehmen in Deutschland genannt, an denen die International Telephone and Telegraph Company oder die Standard Electric Company beteiligt waren. Hatte entweder die International Telephone and Telegraph Company oder die Standard Electric Company eine Beteiligung an einem anderen Unternehmen in Deutschland?

A. Ja. Die Firma Lorenz hat sich kurz vor dem Krieg mit etwa 25 Prozent an der Focke-Wolfe A.G. in Bremen beteiligt. Focke-Wolfe stellte Flugzeuge für das deutsche Luftfahrtministerium her. Ich glaube, dass später, als Focke-Wolfe expandierte und mehr Kapital aufnahm, die Beteiligung der Firma Lorenz ein wenig unter diese 25 Prozent sank.

Q. Die Beteiligung der Firma Lorenz an Focke-Wolfe begann also, nachdem die Firma Lorenz über die International Telephone and Telegraph Company fast zu 100 % im Besitz und unter der Kontrolle von Oberst Behn war?

A. Ja.

Q. Hat Oberst Behen *[sic]* diese Investition der Firma Lorenz in Focke-Wolfe gebilligt?

A. Ich bin sicher, dass Oberst Behn zugestimmt hat, bevor seine

Vertreter, die in engem Kontakt mit ihm standen, die Transaktion formell genehmigten.

Q. In welchem Jahr tätigte die Firma Lorenz die Investition, die ihr diese 25-prozentige Beteiligung an Foeke-Wolfe einbrachte?

A. Ich erinnere mich, dass es kurz vor dem Ausbruch des Krieges war, das heißt, kurz vor dem Einmarsch in Polen. [Ed: 1939]

F Weiß Westrick über die Einzelheiten der Beteiligungen der Firma Lorenz an der Foeke-Wolfe, A.G., Bremen, Bescheid?

A. Ja. Besser als ich es tun würde.

Q. Wie hoch war die Investition der Firma Lorenz in die Focke-Wolfe A.G. in Bremen, die ihr die anfängliche 25-prozentige Beteiligung einbrachte?

A. Ursprünglich 250.000 Tausend RM, und diese Summe wurde erheblich aufgestockt, aber ich erinnere mich nicht an den Umfang der zusätzlichen Investitionen, die die Firma Lorenz in diese Focke-Wolfe A.G. in Bremen getätigt hat.

Q. War Oberst Behn von 1055 bis zum Ausbruch des Europäischen Krieges in der Lage, die Gewinne aus den Investitionen seiner Unternehmen in Deutschland auf seine Unternehmen in den Vereinigten Staaten zu übertragen?

A. Ja. Es wäre zwar erforderlich gewesen, dass seine Unternehmen etwas weniger als die volle Dividende erhalten hätten, weil es schwierig war, Devisen zu beschaffen, aber der größte Teil der Gewinne hätte an das Unternehmen von Oberst Behn in den Vereinigten Staaten überwiesen werden können. Oberst Behn entschied sich jedoch nicht dafür, und er fragte mich zu keinem Zeitpunkt, ob ich dies für ihn tun könnte. Stattdessen schien er völlig zufrieden damit zu sein, alle Gewinne der Unternehmen in Deutschland, die er und seine Interessengruppen kontrollierten, in neue Gebäude und Maschinen sowie in andere Unternehmen, die sich mit der Herstellung von Rüstungsgütern befassten, zu reinvestieren.

Ein anderes dieser Unternehmen, Huth und Company, G.m.b.H., in Berlin, stellte Funk- und Radarteile her, von denen viele in der Ausrüstung der deutschen Streitkräfte verwendet wurden. Die Firma Lorenz war, soweit ich mich erinnere, zu 50 Prozent an der Firma Huth und Co. beteiligt. Die Firma Lorenz hatte auch eine kleine Tochtergesellschaft, die als Verkaufsagentur für die Firma Lorenz an Privatkunden fungierte.

Q. Sie waren von etwa 1935 bis heute Mitglied des Verwaltungsrats der Firma Lorenz. In dieser Zeit waren die Firma Lorenz und einige andere Firmen, wie z.B. Foeke-Wolfe, an denen sie in großem Umfang beteiligt war, mit der Herstellung von Ausrüstungen für die Rüstungs- und Kriegsproduktion beschäftigt. Wussten Sie oder haben Sie von irgendwelchen Protesten von Oberst Behn oder seinen Vertretern gegen diese Unternehmen gehört, die sich an diesen Aktivitäten zur Vorbereitung Deutschlands auf den Krieg beteiligten?

A. Nein.

Q. Sind Sie sicher, dass es keine andere Gelegenheit gab, bei der Sie von Westrick, Mann [sic], Oberst Behn oder einer anderen Person, die mit den Interessen der International Telephone and Telegraphic Company in Deutschland verbunden war, gebeten wurden, im Namen des Unternehmens bei den deutschen Behörden zu intervenieren?

A. Ja. Ich kann mich nicht erinnern, dass ich in irgendeiner Angelegenheit, die für die Lorenz-Gesellschaft oder andere internationale Telefon- und Telegrafeninteressen in Deutschland von Bedeutung war, um mein Eingreifen gebeten wurde.

Ich habe das Protokoll dieser Vernehmung gelesen und schwöre, dass die Antworten, die ich auf die Fragen der Herren Adams und Pajus gegeben habe, nach bestem Wissen und Gewissen wahr sind. s/Kurt yon Schröder

Es war diese Geschichte der Zusammenarbeit zwischen I.T.T. und den Nazis während des Zweiten Weltkriegs und die Verbindung zwischen I.T.T. und dem Nazi Kurt von Schröder, die I.T.T. verbergen wollte - und fast erfolgreich verbergen konnte. James Stewart Martin berichtet, wie er während der Planungstreffen der Finanzabteilung der Kontrollkommission mit Captain Norbert A. Bogdan zusammenarbeiten sollte, der außerhalb seiner Uniform Vizepräsident der J. Henry Schroder Banking Corporation in New York war. Martin berichtet, dass "Captain Bogdan sich energisch gegen eine Untersuchung der Stein Bank ausgesprochen hatte, mit der Begründung, dass es sich dabei um 'kleine Kartoffeln' handele."[95] Kurz nachdem er dieses Manöver blockiert hatte, beantragten zwei ständige Mitglieder von Bogdans Stab die Erlaubnis, die Stein Bank zu untersuchen - obwohl Köln noch nicht an die US-Streitkräfte gefallen war. Martin erinnert sich: "Die Geheimdienstabteilung blockierte das", und so blieben einige Informationen über die Stein-Schröder-Bank-I.T.T.-Operation erhalten.

---

[95] James Stewart Martin, op. cit., S. 52.

Sechstes Kapitel

Henry Ford und die Nazis

> *Ich möchte darlegen, wie wichtig es für hohe [Nazi-]Beamte war, den Wunsch zu respektieren und den guten Willen von "Ford" zu erhalten, und mit "Ford" meine ich Ihren Vater, Sie selbst und die Ford Motor Company, Dearborn.*
>
> (Josiah E. Dubois, Jr., Generäle in grauen Anzügen, London: The Bodley Head, 1953, S. 250.)

Henry Ford wird in der Wall Street-Elite oft als eine Art Rätsel betrachtet. In den 20er und 30er Jahren war Ford viele Jahre lang im Volksmund als Feind des Finanzestablishments bekannt. Ford beschuldigte Morgan und andere, Krieg und Revolution als Weg zum Profit und ihren Einfluss in den sozialen Systemen als Mittel zum persönlichen Aufstieg zu nutzen. Bis 1938 hatte Henry Ford in seinen öffentlichen Äußerungen die Finanziers in zwei Klassen eingeteilt: diejenigen, die vom Krieg profitierten und ihren Einfluss nutzten, um einen Krieg aus Profitgründen herbeizuführen, und die "konstruktiven" Finanziers. Zur letzteren Gruppe zählte er nun auch das Haus Morgan. In einem Interview mit *der New York Times* von 1938[96] erklärte Ford, dass:

> *Jemand hat einmal gesagt, dass sechzig Familien die Geschicke der Nation gelenkt haben. Man könnte auch sagen, dass, wenn jemand den Scheinwerfer auf fünfundzwanzig Personen richten würde, die die Finanzen der Nation verwalten, die wirklichen*

---

[96] 4. Juni 1938, 2:2.

Kriegstreiber der Welt in ein klares Licht gerückt würden.

Der Reporter *der Times* fragte Ford, wie er diese Einschätzung mit seiner langjährigen Kritik am Haus Morgan gleichsetze, worauf Ford antwortete:

Es gibt eine konstruktive und eine destruktive Wall Street. Das Haus Morgan repräsentiert die konstruktive. Ich kenne Mr. Morgan seit vielen Jahren. Er unterstützte und förderte Thomas Edison, der auch mein guter Freund war...

Nachdem er die Übel der begrenzten landwirtschaftlichen Produktion - angeblich durch die Wall Street verursacht - dargelegt hatte, fuhr Ford fort,

... wenn es nach diesen Finanziers ginge, wären wir jetzt in einem Krieg. Sie wollen Krieg, weil sie mit solchen Konflikten Geld verdienen - mit dem menschlichen Elend, das Kriege mit sich bringen.

Wenn wir jedoch hinter diese öffentlichen Erklärungen blicken, stellen wir fest, dass Henry Ford und sein Sohn Edsel Ford an der Spitze der amerikanischen Geschäftsleute stehen, die auf der Suche nach Profit versuchen, sich auf beiden Seiten des ideologischen Zauns zu bewegen. Nach Fords eigenen Kriterien gehören die Fords zu den "destruktiven" Elementen.

Henry Ford war es, der in den 1930er Jahren das erste moderne Automobilwerk der Sowjetunion (in Gorki) baute und in den 50er und 60er Jahren die Lastwagen herstellte, die von den Nordvietnamesen zum Transport von Waffen und Munition für den Einsatz gegen die Amerikaner verwendet wurden.[97] Etwa zur

---

[97] Eine Liste dieser Gorki-Fahrzeuge und ihrer Modellnummern findet sich in Antony G. Sutton, *National Suicide: Military Aid to the Soviet Union*, (New York: Arlington House Publishers, 1973), Tabelle 7-2, S. 125.

gleichen Zeit war Henry Ford auch der berühmteste ausländische Unterstützer Hitlers, und er wurde in den 1930er Jahren für diese langjährige Unterstützung mit der höchsten nationalsozialistischen Auszeichnung für Ausländer belohnt.

Diese Gefälligkeit gegenüber den Nazis löste in den Vereinigten Staaten einen Sturm der Entrüstung aus und artete schließlich in einen Austausch diplomatischer Noten zwischen der deutschen Regierung und dem Außenministerium aus. Während Ford öffentlich beteuerte, dass er totalitäre Regierungen nicht mochte, finden wir in der Praxis, dass Ford wissentlich von beiden Seiten des Zweiten Weltkriegs profitierte - von französischen und deutschen Werken, die Fahrzeuge mit Gewinn für die Wehrmacht produzierten, und von US-Werken, die Fahrzeuge mit Gewinn für die US-Armee bauten.

Henry Fords Beteuerungen seiner Unschuld lassen, wie wir in diesem Kapitel sehen werden, darauf schließen, dass er es nicht guthieß, wenn jüdische Finanziers vom Krieg profitierten (wie es einige getan haben), aber wenn der antisemitische Morgan[98] und Ford vom Krieg profitierten, war das akzeptabel, moralisch und "konstruktiv".

Henry Ford: Hitlers erster ausländischer Unterstützer

Am 20. Dezember 1922 berichtete die *New York Times*[99], dass der Automobilhersteller Henry Ford die nationalistischen und antisemitischen Bewegungen Adolf Hitlers in München finanzierte.

Gleichzeitig appellierte das Berliner *Tageblatt* an den amerikanischen Botschafter in Berlin, die Einmischung Henry Fords in die inneren Angelegenheiten Deutschlands zu untersuchen und zu unterbinden. Es wurde berichtet, dass Hitlers ausländische Unterstützer ein "geräumiges Hauptquartier" mit einer "Schar von

---

[98] Das Haus Morgan war für seine antisemitischen Ansichten bekannt.

[99] Seite 2, Spalte 8.

hochbezahlten Leutnants und Beamten" eingerichtet hatten. Das Porträt von Henry Ford prangte an den Wänden von Hitlers persönlichem Büro:

Die Wand hinter seinem Schreibtisch in Hitlers Privatbüro ist mit einem großen Bild von Henry Ford geschmückt. Im Vorzimmer steht ein großer Tisch mit Büchern, von denen fast alle eine Übersetzung eines von Henry Ford geschriebenen und veröffentlichten Buches sind.[100]

In demselben Bericht *der New York Times* heißt es, dass der vorherige Sonntag Hitler überprüft hatte,

Das so genannte Sturmbataillon, 1.000 junge Männer in nagelneuen Uniformen und bewaffnet mit Revolvern und Totschlägern, während Hitler und seine Gefolgsleute in zwei leistungsstarken nagelneuen Autos herumfuhren.

Die *Times* machte einen klaren Unterschied zwischen den deutschen monarchistischen Parteien und Hitlers antisemitischer faschistischer Partei. Henry Ford habe die Hohenzollern-Monarchisten ignoriert und sein Geld in die revolutionäre Hitler-Bewegung gesteckt, hieß es.

Diese Ford-Gelder wurden von Hitler verwendet, um den bayerischen Aufstand anzuzetteln. Der Aufstand scheiterte, und Hitler wurde gefangen genommen und anschließend vor Gericht gestellt. Im Februar 1923 sagte der Vizepräsident des Bayerischen Landtags, Auer, im Prozess aus:

Der Bayerische Landtag ist seit langem darüber informiert, dass die Hitler-Bewegung zum Teil von einem amerikanischen Antisemiten, Henry Ford, finanziert wurde. Fords Interesse an der bayerischen antisemitischen Bewegung begann vor einem Jahr, als

---

[100] Ebd.

> *einer von Fords Agenten, der Traktoren verkaufen wollte, in Kontakt mit Diedrich Eichart, dem berüchtigten Pan-Deutschen, kam. Kurz darauf bat Herr Eichart den Vertreter von Herrn Ford um finanzielle Unterstützung. Der Agent kehrte nach Amerika zurück, und sofort begann das Geld von Herrn Ford nach München zu fließen.*

> *Herr Hitler brüstet sich offen mit der Unterstützung von Herrn Ford und lobt ihn als großen Individualisten und großen Antisemiten. Ein Foto von Herrn Ford hängt in Herrn Hitlers Quartier, das das Zentrum der monarchistischen Bewegung ist.[101]*

Hitler erhielt für seine revolutionären Aktivitäten in Bayern eine milde und angenehme Gefängnisstrafe. Die Pause von aktiveren Tätigkeiten ermöglichte es ihm, *Mein Kampf* zu schreiben. Henry Fords Buch *"Der internationale Jude"*, das zuvor von den Nazis in Umlauf gebracht worden war, wurde von ihnen in ein Dutzend Sprachen übersetzt, und Hitler verwendete Teile des Buches wortwörtlich beim Schreiben von *"Mein Kampf"*.[102]

Wir werden später sehen, dass Hitlers Unterstützung in den späten 20er und frühen 30er Jahren eher von den Kartellen der Chemie-, Stahl- und Elektroindustrie kam als direkt von einzelnen Industriellen. Im Jahr 1928 fusionierte Henry Ford sein deutsches Vermögen mit dem des Chemiekartells I.G. Farben. Ein wesentlicher Anteil, 40 Prozent der Ford Motor A.G. of Germany, wurde an die I.G. Farben übertragen; Carl Bosch von der I.G. Farben wurde Chef der Ford A.G. Motor in Deutschland.

---

[101] Jonathan Leonard, *The Tragedy of Henry Ford*, (New York: G.P. Putnam's Sons, 1932), S. 208. Siehe auch U.S. State Department Decimal File, National Archives Microcopy M 336, Roll 80, Dokument 862.00S/6, "Money sources of Hitler", ein Bericht der US-Botschaft in Berlin.

[102] Siehe hierzu Keith Sward, *The Legend of Henry Ford*, (New York: Rinehart & Co, 1948), S. 139.

Zur gleichen Zeit trat Edsel Ford in den Vereinigten Staaten in den Vorstand der amerikanischen I.G. Farben ein. (Siehe Kapitel zwei.)

Henry Ford erhält eine Nazi-Medaille

Ein Jahrzehnt später, im August 1938 - nachdem Hitler mit Hilfe der Kartelle die Macht errungen hatte - erhielt Henry Ford das Großkreuz des deutschen Adlers, eine nationalsozialistische Auszeichnung für hervorragende Ausländer. Die *New York Times* berichtete, dass dies das erste Mal war, dass das Großkreuz in den Vereinigten Staaten verliehen wurde, und dass damit Henry Fords 75.[103]

Die Dekoration löste in zionistischen Kreisen in den USA einen Sturm der Kritik aus. Ford zog sich daraufhin zurück und traf sich öffentlich mit dem Rabbi Leo Franklin aus Detroit, um sein Mitgefühl für die Notlage der deutschen Juden auszudrücken:

> *Die Annahme einer Medaille des deutschen Volkes [sagte Ford] bedeutet nicht, wie manche Leute zu glauben scheinen, dass ich mit dem Nationalsozialismus sympathisiere. Diejenigen, die mich seit vielen Jahren kennen, wissen, dass alles, was Hass erzeugt, für mich abstoßend ist.[104]*

Das Thema der Nazi-Medaillen wurde in einer Rede des Innenministers Harold Ickes in Cleveland aufgegriffen. Ickes kritisierte sowohl Henry Ford als auch Colonel Charles A. Lindbergh für die Annahme von Nazi-Medaillen. Das Kuriose an der Rede von Ickes, die er auf einem Bankett der Cleveland Zionist Society hielt, war seine Kritik an "reichen Juden" und *deren* Erwerb und Verwendung von Reichtum:

> *Ein Fehler, den ein nichtjüdischer Millionär begeht, fällt*

---

[103] *New York Times*, 1. August 1938.

[104] Ibid., 1. Dezember 1938, 12:2.

> *auf ihn allein zurück, aber ein falscher Schritt eines reichen jüdischen Mannes fällt auf seine ganze Ethnie zurück. Das ist hart und ungerecht, aber es ist eine Tatsache, der man sich stellen muss.[105]*

Vielleicht bezog sich Ickes auf die Rolle der Warburgs im I.G. Farben-Kartell: Die Warburgs saßen im Vorstand der I.G. Farben in den USA und in Deutschland. Im Jahr 1938 wurden die Warburgs von den Nazis aus Deutschland vertrieben. Andere deutsche Juden, wie die Bankiers Oppenheim, schlossen ihren Frieden mit den Nazis und erhielten den "arischen Ehrenstatus".

Ford Motor Company unterstützt die deutschen Kriegsanstrengungen

Ein Unterausschuss des Kongresses, der nach dem Krieg die amerikanische Unterstützung für die militärischen Anstrengungen der Nazis untersuchte, beschrieb die Art und Weise, in der es den Nazis gelang, technische und finanzielle Unterstützung aus den USA zu erhalten, als "ziemlich fantastisch".[106] Neben anderen Beweisen wurde dem Ausschuss ein Memorandum vorgelegt, das am 25. November 1941 in den Büros der Ford-Werke A.G. von Dr. H. F. Albert an R. H. Schmidt, den damaligen Vorstandsvorsitzenden der Ford-Werke A.G., verfasst wurde. Die deutschen Ford-Werke waren in der Lage, Ford-Teile gegen Gummi und kriegswichtige Materialien auszutauschen, die 1938 und 1939 benötigt wurden, "und sie wären dazu nicht in der Lage gewesen, wenn Ford nicht im Besitz der Vereinigten Staaten gewesen wäre". Mit einer amerikanischen Mehrheitsbeteiligung wäre der deutsche Ford außerdem "leichter in der Lage gewesen, einzugreifen und die Ford-Beteiligungen in ganz Europa zu beherrschen." Dem Ausschuss wurde sogar berichtet, dass zwei hochrangige deutsche Ford-Beamte in einer erbitterten persönlichen Fehde darüber lagen, wer die Kontrolle über Ford of England haben sollte, so dass "einer

---

[105] Ibid., 19. Dezember 1938, 5:3.

[106] *Beseitigung der deutschen Ressourcen*, S. 656.

von ihnen schließlich aufstand und angewidert den Raum verließ."

Nach den dem Ausschuss vorgelegten Unterlagen wurden die Ford-Werke A.G. Ende der 1930er Jahre technisch in ein deutsches Unternehmen umgewandelt. Alle Fahrzeuge und ihre Teile wurden in Deutschland von deutschen Arbeitern unter Verwendung deutscher Materialien und unter deutscher Leitung hergestellt und in europäische und überseeische Gebiete der Vereinigten Staaten und Großbritanniens exportiert.

Die benötigten ausländischen Rohstoffe, Gummi und Nichteisenmetalle, wurden über die amerikanische Ford Company bezogen. Der amerikanische Einfluss wurde mehr oder weniger in eine *Hilfsstellung* für die deutschen Ford-Werke umgewandelt.

Bei Kriegsausbruch stellten sich die Ford-Werke der Wehrmacht für die Rüstungsproduktion zur Verfügung. Die Nationalsozialisten gingen davon aus, dass es, solange die Ford-Werke A.G. über eine amerikanische Mehrheit verfügten, möglich sein würde, die übrigen europäischen Ford-Firmen unter deutschen Einfluss - d.h. den der Ford-Werke A.G. - zu bringen und so die nationalsozialistische "groß-europäische" Politik in den Ford-Werken in Amsterdam, Antwerpen, Paris, Budapest, Bukarest und Kopenhagen durchzuführen:

> *Eine, wenn auch nur kleine, Mehrheit von Amerikanern ist unerlässlich für die Übertragung der neuesten amerikanischen Modelle, sowie amerikanischer Produktions- und Verkaufsmethoden. Mit der Abschaffung der amerikanischen Mehrheit ginge dieser Vorteil ebenso verloren wie die Einschaltung der Ford Motor Company zur Beschaffung von Rohstoffen und Exporten, und das deutsche Werk wäre praktisch nur noch seine Maschinenkapazität wert.[107]*

Und natürlich hatte sich diese Art von strikter Neutralität, die eher

---

[107] *Beseitigung der deutschen Ressourcen,* S. 657-8.

einen internationalen als einen nationalen Standpunkt vertrat, schon früher für die Ford Motor Company in der Sowjetunion ausgezahlt, wo Ford als das Nonplusultra technischer und wirtschaftlicher Effizienz angesehen wurde, das die Stachanowiten erreichen konnten.

Im Juli 1942 wurde Washington von Ford aus Frankreich über Fords Aktivitäten zugunsten der deutschen Kriegsanstrengungen in Europa informiert. Die belastenden Informationen wurden umgehend unter Verschluss gehalten, und selbst heute ist nur ein Teil der bekannten Unterlagen in Washington auffindbar.

Wir wissen jedoch, dass der US-Generalkonsul in Algerien im Besitz eines Briefes von Maurice Dollfuss von French Ford - der behauptete, der erste Franzose zu sein, der nach dem Fall Frankreichs nach Berlin ging - an Edsel Ford war, in dem es um einen Plan ging, mit dem Ford Motor zu den Kriegsanstrengungen der Nazis beitragen konnte. French Ford war in der Lage, 20 Lastwagen pro Tag für die Wehrmacht zu produzieren, was [schrieb Dollfuss] besser ist als,

> *... unsere weniger glücklichen französischen Konkurrenten tun. Der Grund dafür ist, dass unsere Lastwagen von den deutschen Behörden sehr stark nachgefragt werden, und ich glaube, dass, solange der Krieg andauert und zumindest für eine gewisse Zeit, alles, was wir produzieren werden, von den deutschen Behörden abgenommen werden wird.... Ich will mich damit begnügen, Ihnen zu sagen, dass... die Haltung, die Sie zusammen mit Ihrem Vater eingenommen haben, nämlich die strikte Neutralität, ein unschätzbarer Vorteil für die Produktion Ihrer Unternehmen in Europa war.*[108]

Dollfuss teilte mit, dass die Gewinne aus diesem deutschen Geschäft bereits 1,6 Millionen Franken betrugen, und der Nettogewinn für

---

[108] Josiah E. Dubois, Jr., *Generäle in grauen Anzügen*, (London: The Bodley Head, 1958), S. 248.

das Jahr 1941 belief sich auf nicht weniger als 58.000.000 Franken - denn die Deutschen zahlten pünktlich für die Ford-Produktion. Nach Erhalt dieser Nachricht telegrafierte Edsel Ford:

> *Es freut mich zu hören, dass Sie Fortschritte machen. Ihre Briefe sind sehr interessant. Mir ist klar, unter welch großem Handicap Sie arbeiten. Ich hoffe, es geht Ihnen und Ihrer Familie gut.*
>
> *Herzliche Grüße.*
>
> *s/ Edsel Ford*[109]

Obwohl es Beweise dafür gibt, dass europäische Fabriken, die im Besitz von Wall-Street-Interessen waren, von der US-Luftwaffe im Zweiten Weltkrieg nicht bombardiert wurden, hat diese Einschränkung das britische Bombenkommando offenbar nicht erreicht. Im März 1942 bombardierte die Royal Air Force das Ford-Werk in Poissy, Frankreich. In einem späteren Brief von Edsel Ford an Ford-Generaldirektor Sorenson über diesen RAF-Angriff hieß es: "In amerikanischen Zeitungen wurden *Fotos* des brennenden Werks veröffentlicht, aber glücklicherweise wurde kein Bezug zur Ford Motor Company hergestellt.[110] Auf jeden Fall zahlte die Vichy-Regierung der Ford Motor Company 38 Millionen Francs als Entschädigung für den Schaden, der dem Werk in Poissy entstanden war. Dies wurde in der amerikanischen Presse nicht berichtet und würde von den Amerikanern, die sich im Krieg mit dem Nationalsozialismus befanden, kaum gewürdigt werden. Dubois behauptet, dass diese *privaten* Nachrichten von Ford in Europa durch den stellvertretenden Außenminister Breckenridge Long an Edsel Ford weitergeleitet wurden. Dies war derselbe Staatssekretär Long, der ein Jahr später über das Außenministerium *private* Nachrichten über die Vernichtung der Juden in Europa unterdrückte. 16 Die Offenlegung dieser Nachrichten hätte möglicherweise

---

[109] Ebd., S. 249.

[110] Ebd., S. 251.

genutzt werden können, um diesen verzweifelten Menschen zu helfen.

In einem 1943 verfassten Bericht des Bombenaufklärungsdienstes der US-Luftwaffe heißt es dazu,

> *Die Hauptaktivitäten [des Ford-Werks] während des Krieges sind wahrscheinlich die Herstellung von leichten Lastkraftwagen und Ersatzteilen für alle Ford-Lastkraftwagen und -Pkw, die im Europa der Achsenmächte im Einsatz sind (einschließlich erbeuteter russischer Molotows).[111]*

Die russischen Molotovs wurden natürlich in den Ford-Werken in Gorki, Russland, hergestellt. In Frankreich wurde während des Krieges die Produktion von Personenkraftwagen vollständig durch Militärfahrzeuge ersetzt, und zu diesem Zweck wurden dem Werk in Poissy drei große zusätzliche Gebäude hinzugefügt. Das Hauptgebäude beherbergte etwa 500 Werkzeugmaschinen, "die alle aus den Vereinigten Staaten importiert wurden, darunter auch einige der komplexeren Typen wie Gleason-Zahnradfräsen, Bullard-Automaten und Ingersoll-Bohrmaschinen.[112]

Ford dehnte seine Aktivitäten während des Krieges auch auf Nordafrika aus. Im Dezember 1941 wurde eine neue Ford-Gesellschaft, Ford-Afrique, in Frankreich registriert und erhielt alle Rechte der ehemaligen Ford Motor Company, Ltd. aus England in Algerien, Tunesien, Französisch-Marokko, Französisch-Äquatorial- und Französisch-Westafrika. Nordafrika war für die britische Ford Company nicht zugänglich, so dass diese neue Ford Company - mit Sitz im deutsch besetzten Frankreich - gegründet wurde, um die Lücke zu schließen. Die Direktoren waren pro-nazistisch eingestellt, darunter Maurice Dollfuss (Edsel Fords Korrespondent) und Roger Messis (der vom US-Generalkonsul in Algier als "diesem Büro als

---

[111] Ebd.

[112] U.S. Army Air Force, *Zielpunktbericht Nr. I.E.2*, 29. Mai 1943.

skrupellos bekannt ist und als 100-prozentig pro-deutsch gilt").[113]

Der U.S. Generalkonsul berichtete auch, dass in Algier Propaganda über

> ... *die Zusammenarbeit des deutsch-französisch-amerikanischen Kapitals und die fragwürdige Ernsthaftigkeit der amerikanischen Kriegsanstrengungen, [es] wird bereits mit dem Finger auf eine Transaktion gezeigt, die seit langem in Handelskreisen diskutiert wird.[114]*

Kurz gesagt, es gibt Beweise dafür, dass die Ford Motor Company auf beiden Seiten des Zweiten Weltkriegs tätig war. Wenn die Nazi-Industriellen, die in Nürnberg vor Gericht gestellt wurden, sich der Verbrechen gegen die Menschheit schuldig gemacht haben, dann müssen das auch ihre Mitstreiter in der Ford-Familie, Henry und Edsel Ford, sein. Die Ford-Geschichte wurde jedoch von Washington verschwiegen - offenbar wie fast alles, was den Namen und den Lebensunterhalt der Finanzelite der Wall Street berühren könnte.

---

[113] Dezimaldatei des US-Außenministeriums, 800/610.1.

[114] Ebd.

Kapitel Sieben

Wer finanzierte Adolf Hitler?

Die Finanzierung Hitlers und der nationalsozialistischen Bewegung ist noch nicht erschöpfend untersucht worden. Die einzige veröffentlichte Untersuchung von Hitlers persönlichen Finanzen ist ein Artikel von Oron James Hale, "Adolph Hitler: Taxpayer",[115], der Adolphs Auseinandersetzungen mit den deutschen Steuerbehörden dokumentiert, bevor er *Reichskanzler* wurde. In den 1920er Jahren präsentierte sich Hitler den deutschen Steuerbeamten lediglich als verarmter Schriftsteller, der von Bankkrediten lebte und ein auf Kredit gekauftes Auto besaß. Leider geht aus den von Hale verwendeten Originalunterlagen nicht hervor, woher Hitlers Einkommen, Darlehen oder Kredite stammten, und nach deutschem Recht waren Selbstständige oder Freiberufler nicht verpflichtet, die Quellen ihres Einkommens oder die Art der erbrachten Dienstleistungen im Einzelnen offenzulegen."[116] Offensichtlich kamen die Mittel für die Autos, den Privatsekretär Rudolf Hess, einen weiteren Assistenten, einen Chauffeur und die Ausgaben für die politische Tätigkeit von irgendwoher.

Aber wie bei Leo Trotzkis Aufenthalt in New York 1917 ist es schwierig, Hitlers bekannte Ausgaben mit der genauen Quelle seiner Einkünfte in Einklang zu bringen.

Einige frühe Hitler-Unterstützer

Wir wissen, dass prominente europäische und amerikanische

---

[115] *The American Historical Review*, Band LC, NO. 4, Juli. 1955. p, 830.

[116] Ibid, fn. (2).

Industrielle zu dieser Zeit alle möglichen totalitären politischen Gruppen sponserten, einschließlich Kommunisten und verschiedene Nazi-Gruppen. Das U.S. Kilgore Committee berichtet darüber:

> *Bereits 1919 leistete Krupp finanzielle Unterstützung für eine der reaktionären politischen Gruppierungen, die den Keim für die heutige Nazi-Ideologie legten. Hugo Stinnes war ein früher Spender für die Nationalsozialistische Deutsche Arbeiter Partei (NSDAP). Bis 1924 spendeten weitere prominente Industrielle und Finanziers, darunter Fritz Thyssen, Albert Voegler, Adolph [sic] Kirdorf und Kurt von Schroder, heimlich erhebliche Summen an die Nazis. 1931 verpflichteten sich die Mitglieder des von Kirdorf geleiteten Kohlenbesitzerverbandes, für jede verkaufte Tonne Kohle 50 Pfennig zu zahlen, die an die von Hitler aufgebaute Organisation gehen sollten.[117]*

In Hitlers Münchner Prozess von 1924 wurde nachgewiesen, dass die Nazipartei 20.000 Dollar von Nürnberger Industriellen erhalten hatte. Der interessanteste Name aus dieser Zeit ist der von Emil Kirdorf, der zuvor als Finanzier der deutschen Beteiligung an der bolschewistischen Revolution fungiert hatte.[118] Kirdorfs Rolle bei der Finanzierung Hitlers war, in seinen eigenen Worten:

> *1923 kam ich zum ersten Mal in Kontakt mit der nationalsozialistischen Bewegung.... Ich hörte den Führer zum ersten Mal in der Essener Messehalle. Seine klaren Ausführungen haben mich völlig überzeugt und überwältigt. Im Jahre 1927 lernte ich den Führer zum ersten Mal persönlich kennen. Ich reiste nach München und hatte dort im Hause Bruckmann eine Unterredung*

---

[117] *Beseitigung der deutschen Ressourcen*, S. 648. Der in der Liste der frühen Hitler-Unterstützer des Kilgore-Komitees erwähnte Albert Voegler war der deutsche Vertreter in der Dawes-Plan-Kommission. Owen Young von General Electric (siehe Kapitel drei) war ein US-Vertreter für den Dawes-Plan und formulierte dessen Nachfolger, den Young-Plan.

[118] Antony C. Sutton, *Wall Street and the Bolshevik Revolution, op. cit.*

mit dem "Führer". Viereinhalb Stunden lang erläuterte mir Adolf Hitler sein Programm in aller Ausführlichkeit. Ich habe dann den Führer gebeten, den Vortrag, den er mir gehalten hat, in Form einer Broschüre zusammenzustellen. Diese Broschüre habe ich dann in meinem Namen in Geschäfts- und Produktionskreisen verteilt.

Kurz nach unserer Münchener Unterredung und infolge der Broschüre, die der Führer verfasste und die ich verteilte, kam es zu einer Reihe von Zusammenkünften zwischen dem Führer und führenden Persönlichkeiten der Industrie. Zum letzten Mal vor der Machtübernahme trafen sich die Führer der Industrie mit Adolf Hitler, Rudolf Heß, Hermann Göring und anderen führenden Persönlichkeiten der Partei in meinem Hause.[119]

1925 stellte die Familie Hugo Stinnes Mittel zur Verfügung, um die nationalsozialistische Wochenzeitung *Volkischer Beobachter* in eine Tageszeitung umzuwandeln. Putzi Hanfstaengl, der Freund und Protegé von Franklin D. Roosevelt, stellte die restlichen Mittel zur Verfügung. Tabelle 7-1 gibt einen Überblick über die gegenwärtig bekannten finanziellen Beiträge und die Geschäftsverbindungen der Spender aus den Vereinigten Staaten. Putzi ist in Tabelle 7-1 nicht aufgeführt, da er weder Industrieller noch Financier war.

Anfang der 1930er Jahre begann die finanzielle Unterstützung Hitlers leichter zu fließen. In Deutschland kam es zu einer Reihe von Treffen zwischen deutschen Industriellen, Hitler selbst und häufiger Hitlers Vertretern Hjalmar Schacht und Rudolf Hess, die in mehreren Quellen unwiderlegbar dokumentiert sind. Der entscheidende Punkt ist, dass die deutschen Industriellen, die Hitler finanzierten, in erster Linie Direktoren von Kartellen waren, die mit den Amerikanern in Verbindung standen, ihnen gehörten, an ihnen beteiligt waren oder in irgendeiner Form mit ihnen verbunden waren. Die Geldgeber Hitlers waren im Großen und Ganzen keine

---

[119] *Preussiche Zettung*, 3. Januar 1937.

Firmen rein deutschen Ursprungs oder repräsentativ für deutsche Familienunternehmen. Mit Ausnahme von Thyssen und Kirdoff handelte es sich in den meisten Fällen um die deutschen multinationalen Unternehmen - *d.h. I.G.* Farben, A.E.G., DAPAG, *usw.* Diese multinationalen Unternehmen waren in den 1920er Jahren mit amerikanischen Krediten aufgebaut worden und hatten in den frühen 1930er Jahren amerikanische Direktoren und eine starke amerikanische Finanzbeteiligung.

Ein Fluss ausländischer politischer Gelder, der hier nicht berücksichtigt wird, ist der von der in Europa ansässigen Royal Dutch Shell, dem großen Konkurrenten von Standard Oil in den 20er und 30er Jahren und dem riesigen Geistesprodukt des anglo-holländischen Geschäftsmanns Sir Henri Deterding. Es ist weithin behauptet worden, dass Henri Deterding Hitler persönlich finanziert hat. Dieses Argument wird beispielsweise von dem Biographen Glyn Roberts in *The Most Powerful Man in the World* vorgebracht. Roberts stellt fest, dass Deterding bereits 1921 von Hitler beeindruckt war:

> *... und die niederländische Presse berichtete, dass er [Deterding] über den Agenten Georg Bell Hitler nicht weniger als vier Millionen Gulden zur Verfügung gestellt hatte, während die Partei "noch in langen Kleidern" war.*[120]

Roberts berichtet, dass Georg Bell, Deterdings Agent, 1931 an Treffen ukrainischer Patrioten in Paris "als gemeinsamer Delegierter von Hitler und Deterding" teilnahm.[121] Roberts berichtet auch:

> *Deterding wurde beschuldigt, wie Edgar Ansell Mowrer in seinem Buch "Germany Puts the Clock Back" bezeugt, eine große Summe Geld für die Nazis bereitgestellt zu haben, da er davon ausging, dass ein Erfolg ihm eine*

---

[120] Glyn Roberts, *The Most Powerful Man in the World*, (New York: Covicl, Friede, 1938), S. 305.

[121] Ebd., S. 313.

> *bevorzugte Stellung auf dem deutschen Ölmarkt verschaffen würde. Bei anderen Gelegenheiten wurden Zahlen von bis zu 55.000.000 £ genannt.*[122]

Der Biograf Roberts fand Deterdings entschiedenen Antibolschewismus wirklich geschmacklos, und anstatt stichhaltige Beweise für die Finanzierung vorzulegen, neigt er dazu, eher anzunehmen als zu beweisen, dass Deterding pro-Hitler war. Aber Pro-Hitlerismus ist keine notwendige Folge von Antibolschewismus; auf jeden Fall bietet Roberts keine Beweise für die Finanzierung an, und harte Beweise für Deterdings Beteiligung wurden von diesem Autor nicht gefunden.

Mowrers Buch enthält weder ein Inhaltsverzeichnis noch Fußnoten, aus denen die Quelle seiner Informationen hervorgeht, und Roberts hat keine konkreten Beweise für seine Anschuldigungen. Es gibt Indizien dafür, dass Deterding pro-nazistisch war. Er lebte später in Hitlerdeutschland und vergrößerte seinen Anteil am deutschen Erdölmarkt. Es mag also einige Beiträge gegeben haben, die jedoch nicht bewiesen sind.

In Frankreich beschuldigte Paul Faure, Mitglied der *Chambre des Députés*, am 11. Januar 1932 das französische Industrieunternehmen Schneider-Creuzot, Hitler zu finanzieren - und verwickelte nebenbei die Wall Street in andere Finanzierungskanäle.[123]

Die Schneider-Gruppe ist ein berühmtes französisches Rüstungsunternehmen. Nachdem Paul Fauré den Einfluss der Schneiders bei der Errichtung des Faschismus in Ungarn und ihre umfangreichen internationalen Rüstungsgeschäfte in Erinnerung gerufen hat, wendet er sich Hitler zu und zitiert aus der französischen Zeitung *Le Journal*, "dass Hitler 300.000 Schweizer Goldfranken" aus Zeichnungen erhalten habe, die in Holland unter

---

[122] Ebd., S. 322.

[123] Siehe *Chambre des Deputes - Debatten*, 11. Februar 1932, S. 496-500.

dem Fall eines Universitätsprofessors namens von Bissing eröffnet wurden. Das Skoda-Werk in Pilsen, so Paul Fauré, wurde von der französischen Familie Schneider kontrolliert, und es waren die Skoda-Direktoren von Duschnitz und von Arthaber, die die Zeichnungen an Hitler tätigten. Fauré schloss daraus:

> ... *Es beunruhigt mich zu sehen, dass die Direktoren von Skoda, die von Schneider kontrolliert werden, die Wahlkampagne von M. Hitler subventionieren; es beunruhigt mich zu sehen, dass Ihre Firmen, Ihre Finanziers, Ihre Industriekartelle sich mit dem nationalistischsten aller Deutschen vereinigen...*

Auch für diesen angeblichen Fluss von Hitler-Geldern wurden keine stichhaltigen Beweise gefunden.

Fritz Thyssen und W.A. Harriman Company of New York

Ein weiterer schwer fassbarer Fall von angeblicher Finanzierung Hitlers ist der von Fritz Thyssen, dem deutschen Stahlmagnaten, der sich Anfang der 20er Jahre mit der Nazibewegung verband. Als er 1945 im Rahmen von Project Dustbin verhört wurde, erinnerte sich[124] Thyssen daran, dass General Ludendorf 1923 bei der Räumung des Ruhrgebiets durch die Franzosen an ihn herangetreten war. Kurz nach diesem Treffen wurde Thyssen Hitler vorgestellt und stellte über General Ludendorf Gelder für die Nazis bereit. In den Jahren 1930-1931 trat Emil Kirdorf an Thyssen heran und schickte anschließend Rudolf Hess, um weitere Finanzmittel für die NSDAP auszuhandeln. Diesmal vermittelte Thyssen einen Kredit von 250.000 Mark bei der Bank Voor Handel en Scheepvaart N.V. in der Zuidblaak 18 in Rotterdam, Holland, die 1918 mit H.J. Kouwenhoven und D.C. Schutte als geschäftsführende

---

[124] U.S. Group Control Council (Germany0 Office of the Director of Intelligence, Field Information Agency, Technical). Geheimdienstbericht Nr. EF/ME/1, 4. September 1945. "Examination of Dr. Fritz Thyssen", S. 13, im Folgenden zitiert als Examination of Dr. Fritz Thyssen.

Gesellschafter gegründet worden war.[125] Diese Bank war eine Tochtergesellschaft der August Thyssen Bank of Germany (ehemals von der Heydt's Bank A.G.). Es handelte sich um Thyssens persönliches Bankgeschäft, das mit den Finanzinteressen von W. A. Harriman in New York verbunden war. Thyssen berichtete seinen Project Dustbin-Vernehmungsbeamten, dass:

> *Ich habe mich für eine niederländische Bank entschieden, weil ich in meiner Position nicht mit deutschen Banken zu tun haben wollte, und weil ich dachte, dass es besser ist, mit einer niederländischen Bank Geschäfte zu machen, und ich dachte, dass ich die Nazis ein wenig mehr in der Hand habe.[126]*

Thyssens Buch *"Ich habe Hitler bezahlt"*, das 1941 erschien, wurde angeblich von Fritz Thyssen selbst geschrieben, obwohl Thyssen die Urheberschaft bestreitet. In dem Buch wird behauptet, dass die Mittel für Hitler - etwa eine Million Mark - hauptsächlich von Thyssen selbst stammten. *I Paid Hitler* enthält weitere unbewiesene Behauptungen, zum Beispiel, dass Hitler in Wirklichkeit von einem unehelichen Kind der Familie Rothschild abstammte. Angeblich war Hitlers Großmutter, Frau Schickelgruber, Dienerin im Rothschild-Haushalt gewesen und dort schwanger geworden:

> *... eine Untersuchung, die einst vom verstorbenen österreichischen Bundeskanzler Engelbert Dollfuß in Auftrag gegeben wurde, brachte einige interessante Ergebnisse, da die Dossiers der Polizeiabteilung des österreichisch-ungarischen Monarchen bemerkenswert vollständig waren.[127]*

Diese Behauptung über Hitlers Unehelichkeit wird in einem

---

[125] Die Bank war in Deutschland als *Bank für Handel und Schiff* bekannt.

[126] Untersuchung von Dr. Fritz Thyssen.

[127] Fritz Thyssen, *I Paid Hitler*, (New York: Farrar & Rinehart, Inc., 1941). S. 159.

fundierteren Buch von Eugene Davidson vollständig widerlegt, in dem die Familie Frankenberger und nicht die Familie Rothschild angeführt wird.

Auf jeden Fall, und das ist für uns von größerer Bedeutung, kontrollierte die August-Thyssen-Frontbank in Holland - *d.h.* die Bank voor Handel en Scheepvaart N.V. - die Union Banking Corporation in New York. Die Harrimans hatten ein finanzielles Interesse an dieser Union Banking Corporation, und E. Roland Harriman (Averells Bruder) war deren Direktor. Die Union Banking Corporation of New York City war ein gemeinsames Unternehmen von Thyssen und Harriman mit den folgenden Direktoren im Jahr 1932 :[128]

E. Roland HARRIMAN	Vizepräsident von W. A. Harriman & Co. in New York
H.J. KOUWENHOVEN	Nazi-Bankier, geschäftsführender Gesellschafter der August Thyssen Bank und der Bank voor Handel Scheepvaart N.V. (Transferbank für die Thyssen-Gelder)
J. G. GROENINGEN	Vereinigte Stahlwerke (das Stahlkartell, das auch Hitler finanzierte)
C. LIEVENSE	Präsident, Union Banking Corp., New York City
E. S. JAMES	Partner bei Brown Brothers, später Brown Brothers, Harriman & Co.

Bei der Abwicklung dieser russischen Geschäfte im Jahr 1929 erhielt Averell Harriman einen unerwarteten Gewinn in Höhe von 1 Million Dollar von den gewöhnlich hartgesottenen Sowjets, die in dem Ruf stehen, nichts ohne irgendeine gegenwärtige oder spätere *Gegenleistung zu verschenken.* Parallel zu diesen erfolgreichen Schritten in der internationalen Finanzwelt hat sich Averell Harriman stets für den so genannten "öffentlichen" Dienst interessiert. Im Jahr 1913 begann Harrimans "öffentlicher" Dienst mit der Berufung in die Palisades Park Commission. 1933 wurde

---

[128] Entnommen aus *Bankers Directory*, Ausgabe !932, S. 2557 und Poors, *Directory of Directors.* J.L. Guinter und Knight Woolley waren ebenfalls Direktoren.

Harriman zum Vorsitzenden des Beschäftigungsausschusses des Staates New York ernannt, und 1934 wurde er Verwaltungsbeamter von Roosevelts NRA - dem Mussolini-ähnlichen Geistesprodukt von Gerard Swope von General Electric.[129] Es folgte eine Reihe von "öffentlichen" Ämtern, zunächst das Lend-Lease-Programm, dann als Botschafter in der Sowjetunion, später als Handelsminister.

Bei der Abwicklung dieser russischen Geschäfte im Jahr 1929 erhielt Averell Harriman einen unerwarteten Gewinn in Höhe von 1 Million Dollar von den gewöhnlich hartgesottenen Sowjets, die in dem Ruf stehen, nichts ohne irgendeine gegenwärtige oder spätere *Gegenleistung zu verschenken.* Parallel zu diesen erfolgreichen Schritten in der internationalen Finanzwelt hat sich Averell Harriman stets für den so genannten "öffentlichen" Dienst interessiert. Im Jahr 1913 begann Harrimans "öffentlicher" Dienst mit der Berufung in die Palisades Park Commission. 1933 wurde Harriman zum Vorsitzenden des Beschäftigungsausschusses des Staates New York ernannt, und 1934 wurde er Verwaltungsbeamter von Roosevelts NRA - dem Mussolini-ähnlichen Geistesprodukt von Gerard Swope von General Electric.[130] Es folgte eine Reihe von "öffentlichen" Ämtern, zunächst das Lend-Lease-Programm, dann als Botschafter in der Sowjetunion, später als Handelsminister.

---

[129] Siehe Antony C. Sutton, *Wall Street und FDR.* Kapitel Neun, "Swope's Plan", *op. cit.*

[130] Siehe Antony C. Sutton, *Wall Street und FDR.* Kapitel Neun, "Swope's Plan", *op. cit.*

TABELLE 7-1: FINANZIELLE VERBINDUNGEN ZWISCHEN US-INDUSTRIELLEN UND ADOLF HITLER

		Datum	Amerikanische Bankiers und Industrielle	U.S. Verbundenes Unternehmen	Deutsche Quelle		Intermediär für Fonds/Agent
35.000 RM	"Nationale Treuhand"						
300.000 RM	"Nationale Treuhand"	1923	Henry FORD	FORD MOTOR COMPANY	-		-
200.000 RM	"Nationale Treuhand"	1931	E.R. HARRIMAN	UNION BANKING CORP	Fritz THYSSEN	250.000 RM	Bank voor Handel en Scheepvaart N.V. (Tochtergesellschaft der August Thyssen Bank)
50.000 RM	"Nationale Treuhand"	1932		Flick (ein Direktor von	Friedrich FLICK	150.000 RM	Direkt zur NSDAP
36.000 RM	"Nationale"			KEINE	Emil KIRDORF	600.000 RM	"Nationale"
		Februar-März 1933	Edsel B. FORD C.E. MITCHELL	AMERICAN I.G.	I.G. FARBEN	400.000 RM	"Nationale Treuhand"
	Heinrich Himmler S.S. über Kepplers Kreis	Februar-März 1933	Walter TEAGLE Paul M. WARBURG	KEINE	Reichsverband der Automobilindustrie	100.000 RM	"Nationale Treuhand"
	Heinrich Himmler S.S. über Kepplers Kreis	Februar-März 1933	Gerard SWOPE Owen D. YOUNG C.H. MINOR	INTERNATIONALE ALLGEMEINE ELEKTRISCHE	A.E.G.	60.000 RM	"Nationale Treuhand"
		Februar-März 1933	E. Arthur BALDWIN	KEINE	DEMAG	50.000 RM	
		Februar-März 1933	Owen D. YOUNG	INTERNATIONALE ALLGEMEINE ELEKTRISCHE	OSRAM G.m.b.H.	40.000 RM	"Nationale Treuhand"

Telefunken	I.T.T.	Sosthenes BEHN	Februar-März 1933
Karl Herrmann	KEINE		Februar-März 1933
A. Steinke (Direktor der BYBUAG)	KEINE		Februar-März 1933
Karl Lange (Maschinenindust)	KEINE		Februar-März 1933
F. Springorum	KEINE		Februar-März 1933
Carl BOSCH (I.G. Farben & Ford Motor A.G.)	Ford Motor Co.	Edsel B. FORD	Februar-März 1933
Emil HELFFRICH (Deutsch-Amerikanische)	Standard Oil of N.J.	Walter TEAGLE J.A. MOFFETT W.S. FARISH	1932-1944
Kurt von SCHRÖDER Mix & Genest Lorenz	I.T.T.	Sosthenes BEHN	1932-1944

Im Gegensatz dazu beschränkte E. Roland Harriman seine Aktivitäten auf private Geschäfte im internationalen Finanzwesen, ohne sich, wie sein Bruder Averell, in den "öffentlichen" Dienst zu wagen. Im Jahr 1922 gründeten Roland und Averell die W. A. Harriman & Company. Noch später wurde Roland Harriman Vorstandsvorsitzender der Union Pacific Railroad und Direktor der Zeitschrift *Newsweek*, der Mutual Life Insurance Company of New York, Mitglied des Verwaltungsrats des Amerikanischen Roten Kreuzes und Mitglied des American Museum of Natural History.

Der Nazi-Finanzier Hendrik Jozef Kouwenhoven, Roland Harrimans Geschäftsführerkollege bei der Union Banking Corporation in New York, war Geschäftsführer der Bank voor Handel en Scheepvaart N.V. (BHS) in Rotterdam. Im Jahr 1940 hielt die BHS ein Vermögen von rund 2,2 Millionen Dollar an der Union Banking Corporation, die ihrerseits den größten Teil ihrer Geschäfte mit der BHS abwickelte.[131] In den 1930er Jahren war Kouwenhoven auch Direktor der Vereinigten Stahlwerke A.G., des Stahlkartells, das Mitte der 1920er Jahre mit Mitteln der Wall Street gegründet worden war. Wie Baron Schroder war er ein prominenter Hitler-Anhänger.

Ein weiterer Direktor der New York Union Banking Corporation war Johann Gröninger, ein Deutscher mit zahlreichen industriellen und finanziellen Verbindungen zu den Vereinigten Stahlwerken, dem August-Thyssen-Konzern und einer Position als Direktor der August Thyssen Hutte A.G.[132]

Diese Verbindung und das gegenseitige geschäftliche Interesse zwischen Harriman und den Thyssen-Interessen lässt nicht darauf schließen, dass die Harrimans Hitler direkt finanzierten. Andererseits zeigt es aber, dass die Harrimans eng mit den prominenten Nazis Kouwenhoven und Groeninger und einer Nazi-Tarnbank, der Bank voor Handel en Scheepvaart, verbunden waren. Es gibt allen Grund zu der Annahme, dass die Harrimans von Thyssens Unterstützung für die Nazis wussten. Im Falle der Harrimans ist es wichtig, ihre langjährigen und engen Beziehungen zur Sowjetunion und die Stellung der Harrimans im Zentrum von Roosevelts New Deal und der Demokratischen Partei zu berücksichtigen. Die Beweise deuten darauf hin, dass einige Mitglieder der Wall-Street-Elite mit *allen* bedeutenden politischen Gruppierungen des zeitgenössischen sozialistischen Spektrums der Welt - dem sowjetischen Sozialismus, Hitlers nationalem Sozialismus und Roosevelts New-Deal-Sozialismus - verbunden sind und mit Sicherheit Einfluss auf sie haben.

---

[131] Siehe *Beseitigung der deutschen Ressourcen*, S. 728-30.

[132] Zu weiteren Verbindungen zwischen der Union Banking Corp. und deutschen Unternehmen siehe ebd., S. 728-30.

Finanzierung von Hitler bei den Parlamentswahlen im März 1933

Lassen wir die Fälle Georg Bell-Deterding und Thyssen-Harriman beiseite und betrachten wir nun den Kern von Hitlers Unterstützung. Im Mai 1932 fand das so genannte "Kaiserhof-Treffen" zwischen Schmitz von der I.G. Farben, Max Ilgner von der amerikanischen I.G. Farben, Kiep von der Hamburg-Amerika-Linie und Diem von der Deutschen Kalitreuhand statt. Bei diesem Treffen wurden mehr als 500.000 Mark gesammelt und zu Gunsten von Rudolf Hess bei der Deutschen Bank eingezahlt. Bemerkenswert im Hinblick auf den in Kapitel 10 beschriebenen "Warburg-Mythos" ist, dass Max Ilgner von der amerikanischen I.G. Farben 100.000 RM beisteuerte, also ein Fünftel der Summe. Das Buch "Sidney Warburg" behauptet, Warburg sei an der Finanzierung Hitlers beteiligt gewesen, und Paul Warburg war Direktor der amerikanischen I.G. Farben[133], während Max Warburg Direktor der I.G. Farben war.

Es gibt unwiderlegbare dokumentarische Belege für eine weitere Rolle internationaler Bankiers und Industrieller bei der Finanzierung der NSDAP und der *Volkspartei* für die deutschen Wahlen im März 1933. Insgesamt drei Millionen Reichsmark wurden von prominenten Firmen und Geschäftsleuten gezeichnet, über ein Konto bei der Delbruck-Schickler-Bank entsprechend "gewaschen" und dann in die Hände von Rudolf Hess zur Verwendung durch Hitler und die NSDAP übergeben. Diesem Geldtransfer folgten der Reichstagsbrand, die Aufhebung der verfassungsmäßigen Rechte und die Konsolidierung der NS-Macht. Die Brandstifter verschafften sich durch einen Tunnel von einem Haus aus, in dem Putzi Hanfstaengel wohnte, Zugang zum Reichstag; der Reichstagsbrand selbst diente Hitler als Vorwand, um die verfassungsmäßigen Rechte aufzuheben. Kurz gesagt, innerhalb weniger Wochen nach der großen Finanzierung Hitlers kam es zu einer Abfolge wichtiger Ereignisse: die finanzielle Beteiligung prominenter Bankiers und Industrieller an den Wahlen 1933, der Reichstagsbrand, die Aufhebung der verfassungsmäßigen

---

[133] Siehe Kapitel Zehn.

Rechte und die anschließende Machtergreifung durch die NSDAP.

Die Spendensammlung fand am 20. Februar 1933 in der Wohnung des damaligen Reichstagspräsidenten Göring statt, Gastgeber war Hjalmar Horace Greeley Schacht. Zu den Anwesenden gehörten nach Angaben von Schnitzler von der I.G. Farben:

> *Krupp von Bohlen, der Anfang 1933 Präsident des Reichsverbandes der Deutschen Industrie war; Dr. Albert Voegler, der führende Mann der Vereinigten Stahlwerke; von Loewenfeld; Dr. Stein, Leiter der Gewerkschaft Auguste-Victoria, einem Bergwerk, das zur IG gehört.*[134]

Hitler erläuterte den versammelten Geschäftsleuten in einer zweieinhalbstündigen Rede seine politischen Ansichten, wobei er die Bedrohung durch den Kommunismus und eine kommunistische Machtübernahme mit großer Wirkung einsetzte:

> *Es reicht nicht aus zu sagen, wir wollen keinen Kommunismus in unserer Wirtschaft. Wenn wir unseren alten politischen Kurs fortsetzen, dann werden wir untergehen.... Es ist die vornehmste Aufgabe des Führers, Ideale zu finden, die stärker sind als die Faktoren, die das Volk zusammenhalten. Ich habe schon im Krankenhaus erkannt, dass man nach neuen Idealen suchen muss, die dem Wiederaufbau dienen. Ich fand sie im Nationalismus, im Wert der Persönlichkeit und in der Verweigerung der Versöhnung zwischen den Nationen...*
>
> *Nun stehen wir vor der letzten Wahl. Unabhängig vom Ergebnis wird es keinen Rückzug geben, auch wenn die kommenden Wahlen keine Entscheidung bringen, so oder so. Wenn die Wahl nicht entscheidet, muss die Entscheidung auf anderem Wege herbeigeführt werden. Ich habe interveniert, um dem Volk noch einmal die*

---

[134] *NMT*, Band VII, S. 555.

Chance zu geben, sein Schicksal selbst zu bestimmen....

Es gibt nur zwei Möglichkeiten, entweder den Gegner aus verfassungsrechtlichen Gründen zurückzudrängen, und zu diesem Zweck noch einmal diese Wahl; oder es wird ein Kampf mit anderen Waffen geführt werden, der größere Opfer fordern kann. Ich hoffe, das deutsche Volk erkennt so die Größe der Stunde.[135]

Nach Hitlers Rede drückte Krupp von Bohlen die Unterstützung der versammelten Industriellen und Bankiers in der konkreten Form eines politischen Fonds von drei Millionen Mark aus. Es stellte sich heraus, dass dies mehr als genug war, um die Macht zu erlangen, denn 600.000 Mark blieben nach der Wahl ungenutzt.

Hjalmar Schacht organisierte dieses historische Treffen. Wir haben bereits Schachts Verbindungen zu den Vereinigten Staaten beschrieben: Sein Vater war Kassierer der Berliner Niederlassung der Equitable Assurance, und Hjalmar hatte fast monatlich engen Kontakt zur Wall Street.

Größter Beitragszahler war die I.G. Farben, die sich mit 80 Prozent (oder 500.000 Mark) an der Gesamtsumme beteiligte. Direktor A. Steinke von der BUBIAG (Braunkohlen-u. Brikett-Industrie A.G.), einer Tochtergesellschaft der I.G. Farben, steuerte persönlich weitere 200.000 Mark bei. Kurzum: 45 Prozent der Mittel für die Wahl 1933 kamen von der I.G. Farben. Wenn wir uns die Direktoren der American I.G. Farben - der amerikanischen Tochtergesellschaft der I.G. Farben - ansehen, kommen wir den Wurzeln der Verstrickung der Wall Street mit Hitler näher. Im Vorstand der American I.G. Farben saßen zu dieser Zeit einige der renommiertesten Namen unter den amerikanischen Industriellen: Edsel B. Ford von der Ford Motor Company, C.E. Mitchell von der Federal Reserve Bank of New York und Walter Teagle, Direktor der Federal Reserve Bank of New York, der Standard Oil Company of New Jersey und der Georgia Warm Springs Foundation von

---

[135] Josiah E. Dubois, Jr., *Generäle in grauen Anzügen*, a. a. O., S. 323.

Präsident Franklin D. Roosevelt.

Paul M. Warburg, erster Direktor der Federal Reserve Bank of New York und Vorsitzender der Bank of Manhattan, war ein Direktor der Farben, und in Deutschland war sein Bruder Max Warburg ebenfalls Direktor der I.G. Farben. H. A. Metz von I.G. Farben war ebenfalls Direktor der Warburg's Bank of Manhattan. Schließlich war Carl Bosch von der amerikanischen I.G. Farben auch Direktor der Ford Motor Company A-G in Deutschland.

Drei Vorstandsmitglieder der amerikanischen I.G. Farben wurden bei den Nürnberger Kriegsverbrecherprozessen für schuldig befunden: Max Ilgner, F. Ter Meer und Hermann Schmitz. Wie wir bereits festgestellt haben, wurden die amerikanischen Vorstandsmitglieder - Edsel Ford, C. E. Mitchell, Walter Teagle und Paul Warburg - in Nürnberg nicht vor Gericht gestellt, und soweit es die Akten betrifft, wurden sie offenbar nicht einmal zu ihrem Wissen über den Hitler-Fonds von 1933 befragt.

Die politischen Beiträge von 1933

Wer waren die Industriellen und Bankiers, die der NSDAP 1933 Wahlkampfspenden zur Verfügung stellten? Die Liste der Spender und die Höhe ihrer Beiträge lautet wie folgt:

FINANZIELLE BEITRÄGE FÜR HITLER: 23. Februar - 13. 13, 1933:

(Das Konto von Hjalmar Schacht bei der Delbruck, Schickler Bank)

Politische Beiträge von Unternehmen (mit ausgewählten angeschlossenen Direktoren)	Verpfändeter Betrag	Prozentsatz der Firma insgesamt
Verein für die bergbaulichen Interessen (Kitdorf)	$600,000	45.8

I.G. Farbenindustrie (Edsel Ford, C.E. Mitchell, Walter Teagle, Paul Warburg)	400,000	30.5
Automobilausstellung, Berlin (Reichsverbund der Automobilindustrie S.V.)	100,000	7.6
A.E.G., Deutsche General Electric (Gerard Swope, Owen Young, C.H. Minor, Arthur Baldwin)	60,000	4.6
Demag	50,000	3.8
Osram G.m.b.H. (Owen Young)	40,000	3.0
Telefunken Gesellsehaft ruer drahtlose Telegrafie	85,000	2.7
Accumulatoren-Fabrik A.G. (Quandt von A.E.G.)	25,000	1.9
Insgesamt von der Industrie	1,310,000	99.9

Plus politische Beiträge einzelner Geschäftsleute:

Karl Hermann	300,000
Direktor A. Steinke (BUBIAG- Braunkohlen-u. Brikett - Industrie A.G.)	200,000
Dir. Karl Lange (Geschaftsführendes Vostandsmitglied des Vereins Deutsches Maschinenbau-Anstalten)	50,000
Dr. F. Springorum (Vorsitzender: Eisenund Stahlwerke Hoesch A.G.)	36,000

Quelle: Siehe Anhang für die Übersetzung des Originaldokuments.

Wie können wir beweisen, dass diese politischen Zahlungen tatsächlich stattgefunden haben? Die Zahlungen an Hitler bei diesem letzten Schritt auf dem Weg zum diktatorischen Nationalsozialismus erfolgten über die Privatbank Delbruck Sehickler. Die Delbruck Schickler Bank war eine Tochtergesellschaft der Metallgesellschaft A.G. ("Metall"), einem Industriegiganten, dem größten Nichteisenmetallunternehmen in Deutschland und dem beherrschenden Einfluss im weltweiten Nichteisenmetallhandel. Die Hauptaktionäre der *Metall"* waren die I.G. Farben und die British Metal Corporation. Nebenbei sei erwähnt, dass die britischen Direktoren im *Aufsichsrat* der Metall" Walter Gardner (Amalgamated Metal Corporation) und Captain Oliver Lyttelton (ebenfalls im Vorstand der Amalgamated Metal und paradoxerweise später im Zweiten Weltkrieg britischer Produktionsminister) waren.

Unter den Akten des Nürnberger Prozesses befinden sich die Original-Überweisungsbelege der Bankabteilung der I.G. Farben und anderer auf Seite 110 aufgeführter Firmen an die Delbruck Schickler Bank in Berlin, die die Bank über die Überweisung von Geldern der Dresdner Bank und anderer Banken auf das Konto der *Nationalen Treuhand* informieren. Dieses Konto wurde von Rudolf Hess für die Ausgaben der Nazipartei während der Wahl ausgezahlt. Der Überweisungsbeleg der I.G. Farben, der als Muster ausgewählt wurde, lautet wie folgt:

Übersetzung des Schreibens der I.G. Farben vom 27. Februar 1933, in dem die Überweisung von 400.000 Reichsmark auf das Konto der Nationalen Treuhand angekündigt wird:

I.G. FARBENINDUSTRIE AKTIENGESELLSCHAFT

Abteilung Bank

Firma: Delbruck Schickler & Co, BERLIN W.8

Mauerstraße 63/65, Frankfurt (Main) 20

Unsere Referenz: (in der Antwort erwähnen)

27. Februar 1933 B./Goe.

> *Wir teilen Ihnen hiermit mit, daß wir die Dresdner Bank in Frankfurt/M. ermächtigt haben, Ihnen morgen vormittag: RM 400.000, die Sie zugunsten des Kontos "NATIONALE TREUHAND" verwenden werden.*
>
> *Hochachtungsvoll,*
>
> *I.G. Farbenindustrie Aktiengesellschaft im Auftrag:*
>
> *(Gezeichnet) SELCK (Gezeichnet) BANGERT*
>
> *Per Sonderzustellung.*[136]

An dieser Stelle sollten wir die Bemühungen zur Kenntnis nehmen, die unternommen wurden, um unsere Aufmerksamkeit von den amerikanischen Finanziers (und den deutschen Finanziers, die mit den amerikanischen Unternehmen verbunden sind) abzulenken, die an der Finanzierung von Hitler beteiligt waren. In der Regel wurde die Schuld für die Finanzierung Hitlers ausschließlich Fritz Thyssen oder Emil Kirdorf zugeschoben. Im Falle von Thyssen wurde diese Schuld in einem Buch weit verbreitet, das Thyssen angeblich in der Mitte des Zweiten Weltkriegs verfasst hatte ( ) und das er später zurückwies.[137] Warum Thyssen solche Taten vor der Niederlage des Nationalsozialismus zugeben wollte, ist ungeklärt.

Emil Kirdorf, der 1937 starb, war immer stolz auf seine Verbindung mit dem Aufstieg des Nationalsozialismus. Der Versuch, die Finanzierung Hitlers auf Thyssen und Kirdorf zu beschränken, zog sich bis zu den Nürnberger Prozessen im Jahr 1946 hin und wurde nur vom sowjetischen Delegierten in Frage gestellt. Selbst der sowjetische Delegierte war nicht bereit, Beweise für amerikanische Verbindungen vorzulegen; dies ist nicht überraschend, da die Sowjetunion auf das Wohlwollen eben dieser Finanziers

---

[136] *NMT*, Band VII, S. 565.

[137] Fritz Thyssen, *Ich habe Hitler bezahlt*, (New York: Toronto: Farrat & Rinehart, Inc., 1941).

angewiesen ist, um dringend benötigte westliche Spitzentechnologie in die UdSSR zu transferieren.

In Nürnberg wurden Aussagen gemacht und unwidersprochen gelassen, die im direkten Widerspruch zu den oben dargelegten direkten Beweisen standen. So wurde zum Beispiel Buecher, Generaldirektor der deutschen General Electric, von seiner Sympathie für Hitler freigesprochen:

> *Thyssen hat seinen Fehler wie ein Mann eingestanden und mutig eine schwere Strafe dafür bezahlt. Auf der anderen Seite stehen Männer wie Reusch von der Gutehoffnungshütte, Karl Bosch, der verstorbene Vorsitzende des I.G.-Farben-Aufsichtsrats, der sehr wahrscheinlich ein trauriges Ende gefunden hätte, wenn er nicht rechtzeitig gestorben wäre. Ihre Gefühle wurden vom stellvertretenden Aufsichtsratsvorsitzenden Kalle geteilt. Die Unternehmen Siemens und AEG, die neben der I.G. Farben die mächtigsten deutschen Konzerne waren, waren entschiedene Gegner des Nationalsozialismus.*

> *Ich weiß, dass diese unfreundliche Haltung des Siemens-Konzerns gegenüber den Nazis dazu führte, dass die Firma ziemlich hart behandelt wurde. Der Generaldirektor der AEG (Allgemeine Elektrizitats Gesellschaft), Geheimrat Buecher, den ich von meinem Aufenthalt in den Kolonien her kannte, war alles andere als ein Nazi. Ich kann General Taylor versichern, dass es sicherlich falsch ist zu behaupten, dass die führenden Industriellen als solche Hitler vor seiner Machtergreifung begünstigt haben.*[138]

Auf Seite 56 dieses Buches ist jedoch ein Dokument abgedruckt, das von General Electric stammt und in dem die Gelder von General Electric auf das Konto der Nationalen Treuhand überwiesen werden, das von Rudolf Hess im Namen Hitlers kontrolliert und für die

---

[138] *NMT*, Band VI, S. 1169-1170.

Wahlen 1933 verwendet wurde.

Auch von Schnitzler, der bei der Sitzung im Februar 1933 im Namen der I.G. Farben anwesend war, bestritt die Beiträge der I.G. Farben zur Nationalen Treuhand 1933:

> *Ich habe von der ganzen Angelegenheit [der Finanzierung Hitlers] nie wieder etwas gehört, aber ich glaube, dass entweder das Büro von Göring oder Schacht oder der Reichsverband der Deutschen Industrie das Büro von Bosch oder Schmitz um die Auszahlung des Anteils der IG an der Wahlkampfkasse gebeten hatte. Da ich die Angelegenheit nicht wieder aufgriff, wusste ich auch damals nicht, ob und welcher Betrag von der IG gezahlt worden war. Nach dem Umfang der IG würde ich den Anteil der IG auf etwa 10 Prozent der Wahlkampfkasse schätzen, aber meines Wissens gibt es keinen Hinweis darauf, dass die I.G. Farben an den Zahlungen beteiligt war.[139]*

Wie wir gesehen haben, gibt es unwiderlegbare Beweise für politische Geldspenden an Hitler zum entscheidenden Zeitpunkt der Machtübernahme in Deutschland - und Hitlers frühere Rede an die Industriellen zeigte deutlich, dass eine Zwangsübernahme beabsichtigt war.

Wir wissen genau, wer, wie viel und über welche Kanäle beigetragen hat. Es ist bemerkenswert, dass die größten Spender - I.G. Farben, German General Electric (und das mit ihr verbundene Unternehmen Osram) und Thyssen - mit Wall Street-Finanziers verbunden waren. Diese Finanziers der Wall Street bildeten den Kern der Finanzelite und waren in der zeitgenössischen amerikanischen Politik prominent vertreten. Gerard Swope von General Electric war der Autor von Roosevelts New Deal, Teagle war einer der Top-Administratoren der NRA, Paul Warburg und

---

[139] *NMT*, Band VII, S. 565.

seine Mitarbeiter bei American

Die I.G. Farben waren Roosevelts Berater. Es ist vielleicht kein außergewöhnlicher Zufall, dass Roosevelts New Deal - von Herbert Hoover als "faschistische Maßnahme" bezeichnet - Hitlers Programm für Deutschland so sehr ähnelte und dass sowohl Hitler als auch Roosevelt im selben Monat desselben Jahres - März 1933 - an die Macht kamen.

Achtes Kapitel

Putzi: Freund von Hitler und Roosevelt

Ernst Sedgewiek Hanfstaengl (oder Hanfy oder Putzi, wie er meist genannt wurde) war wie Hjalmar Horaee Greeley Sehacht ein weiterer Deutsch-Amerikaner, der im Zentrum des Aufstiegs des Hitlerismus stand. Hanfstaengl stammte aus einer bekannten Familie aus Neuengland; er war ein Cousin des Bürgerkriegsgenerals John Sedgewiek und ein Enkel eines anderen Bürgerkriegsgenerals, William Heine. Anfang der 1920er Jahre wurde er von Captain Truman-Smith, dem US-Militärattaché in Berlin, mit Hitler bekannt gemacht. Putzi wurde zu einem glühenden Hitler-Anhänger, finanzierte gelegentlich die Nazis und soll laut Botschafter William Dodd "... Hitler 1923 das Leben gerettet haben".[140]

Zufälligerweise war der Vater des SS-Führers Heinrich Himmler auch Putnis Klassenlehrer am Königlich Bayerischen Wilhelms-Gymnasium. Zu Putzis Studienfreunden an der Harvard University gehörten "so herausragende zukünftige Persönlichkeiten" wie Walter Lippman, John Reed (der in *Wall Street und der bolschewistischen Revolution* eine wichtige Rolle spielt) und Franklin D. Roosevelt. Nach einigen Jahren in Harvard gründete Putzi das Kunstgeschäft der Familie in New York; es war eine reizvolle Kombination aus Geschäft und Vergnügen, denn, wie er sagt, "die berühmten Namen, die mich besuchten, waren Legion, Pierpont Morgan, Toscanini, Henry Ford, Caruso, Santos-Dumont, Charlie Chaplin, Paderewski und eine Tochter von Präsident

---

[140] William E. Dodd, *Ambassador Dodd's Diary, 1933-1938*, (New York: Harcourt, Brace & Co., 1941), S. 360.

Wilson".[141] In Harvard schloss Putzi auch Freundschaft mit dem zukünftigen Präsidenten Franklin Delano Roosevelt:

> *Die meisten meiner Mahlzeiten nahm ich im Harvard Club ein, wo ich mich mit dem jungen Franklin D. Roosevelt anfreundete, damals ein aufstrebender Senator des Staates New York. Außerdem erhielt ich mehrere Einladungen, seinen entfernten Cousin Teddy, den ehemaligen Präsidenten, zu besuchen, der sich auf sein Anwesen in Sagamore Hill zurückgezogen hatte.[142]*

Aus diesen vielfältigen Freundschaften (oder vielleicht wird der Leser nach der Lektüre dieses Buches und seiner Vorgänger, *Wall Street und FDR* und *Wall Street und die bolschewistische Revolution*, der Meinung sein, dass Putzis Freundschaft auf einen besonders elitären Kreis beschränkt war) wurde Putzi nicht nur ein früher Freund, Unterstützer und Finanzier Hitlers, sondern unter diesen frühen Hitler-Unterstützern war er "fast die einzige Person, die die Grenzen seines (Hitlers) Bekanntenkreises überschritt".[143]

Kurz gesagt, war Putzi ein amerikanischer Staatsbürger, der von den frühen 1920er bis zu den späten 1930er Jahren zum Kern der Hitler-Entourage gehörte. Nachdem er bei den Nazis in Ungnade gefallen und von den Alliierten interniert worden war, wurde Putzi 1943 von seinem Freund und Beschützer, Präsident Franklin D. Roosevelt, aus dem Elend eines kanadischen Kriegsgefangenenlagers gerettet. Als das Vorgehen von FDR zu einem innenpolitischen Problem in den Vereinigten Staaten zu werden drohte, wurde Putzi in England erneut interniert. Als ob es nicht schon überraschend genug wäre, dass sowohl Heinrich Himmler als auch Franklin D. Roosevelt in Putzis Leben eine wichtige Rolle spielen, erfahren wir auch, dass die Marschlieder der Nazi-Sturmtruppen von Hanfstaengl

---

[141] Ernst Hanfstaengl, *Unheard Witness*, (New York: J.B. Lippincott, 1957), S. 28.

[142] Ebd.

[143] Ebd., S. 52.

komponiert wurden, "einschließlich desjenigen, das von den Kolonnen der Braunhemden gespielt wurde, als sie am Tag der Machtübernahme Hitlers durch das Brandenburger Tor marschierten.[144] Als Krönung dieses Augenöffners behauptete Putzi, dass der Ursprung des in den Massenkundgebungen der Nazis verwendeten Gesangs "Sieg Heil, Sieg Heil" kein anderer war als "Harvard, Harvard, Harvard, rah, rah, rah".[145]

Auf jeden Fall half Putzi bei der Finanzierung der ersten nationalsozialistischen Tageszeitung, des *Volkischen Beobachters*. Ob er Hitler das Leben vor den Kommunisten rettete, ist weniger nachprüfbar, und obwohl er aus dem eigentlichen Schreibprozess von *Mein Kampf* herausgehalten wurde - sehr zu seinem Widerwillen - hatte Putzi die Ehre, dessen Veröffentlichung zu finanzieren, "und die Tatsache, dass Hitler einen funktionierenden Stab vorfand, als er aus dem Gefängnis entlassen wurde, war ganz und gar unseren Bemühungen zu verdanken."[146]

Als Hitler im März 1933 zeitgleich mit Franklin Delano Roosevelt in Washington an die Macht kam, wurde ein privater "Abgesandter" von Roosevelt in Washington, D.C. an Hanfstaengl in Berlin geschickt, mit der Nachricht, dass, da es den Anschein habe, dass Hitler bald die Macht in Deutschland erlangen werde, Roosevelt angesichts ihrer langen Bekanntschaft hoffe, dass Putzi sein Bestes tun werde, um jegliche Unbesonnenheit und Hitzköpfigkeit zu verhindern. "Denken Sie an Ihr Klavierspiel und versuchen Sie, das leise Pedal zu benutzen, wenn es zu laut wird", lautete die Botschaft von FDR. "*Wenn* die Dinge unangenehm werden, setzen Sie sich bitte sofort mit unserem Botschafter in Verbindung.[147]

Hanfstaengl stand in engem Kontakt mit dem amerikanischen

---

[144] Ebd., S. 53.

[145] Ebd., S. 59.

[146] Ebd., S. 122.

[147] Ebd., S. 197-8.

Botschafter in Berlin, William E. Dodd - offenbar sehr zu dessen Missfallen, denn Putzis aufgezeichnete Kommentare über Dodd sind ausgesprochen wenig schmeichelhaft:

> *In vielerlei Hinsicht war er [Dodd] ein unbefriedigender Vertreter. Er war ein bescheidener kleiner Geschichtsprofessor aus den Südstaaten, der seine Botschaft auf Sparflamme betrieb und wahrscheinlich versuchte, Geld von seinem Gehalt zu sparen. In einer Zeit, in der es eines robusten Millionärs bedurfte, um mit der Extravaganz der Nazis zu konkurrieren, taumelte er selbstgefällig umher, als befände er sich noch auf seinem College-Campus. Sein Verstand und seine Vorurteile waren klein.[148]*

Tatsächlich versuchte Botschafter Dodd, die Ernennung Roosevelts zum Botschafter abzulehnen. Dodd hatte kein Erbe und zog es vor, von seinem Gehalt im Außenministerium zu leben und nicht von der politischen Beute; anders als der Politiker war Dodd wählerisch, von wem er Geld erhielt. Auf jeden Fall äußerte sich Dodd ebenso harsch über Putzi, "... er gab Hitler 1923 Geld, half ihm bei der Abfassung von *Mein Kampf* und war in jeder Hinsicht mit Hitlers Motiven vertraut....".

War Hanfstaengl ein Agent für das liberale Establishment in den USA? Diese Möglichkeit können wir wahrscheinlich ausschließen, denn laut Ladislas Farago war es Putzi, der die britische Durchdringung des Hitler-Kommandos auf höchster Ebene aufdeckte. Farago berichtet, dass Baron William S. de Ropp in den Tagen vor dem Zweiten Weltkrieg in die höchsten Ränge der Nazis eingedrungen war und Hitler de Ropp "... als seinen vertraulichen Berater in britischen Angelegenheiten benutzte.[149] De Ropp wurde nur von Putzi verdächtigt, ein Doppelagent zu sein. Laut Farago:

> *Die einzige Person..., die ihn jemals einer solchen*

---

[148] Ebd., S. 214.

[149] Ladislas Farago, *Das Spiel der Füchse*, (New York: Bantam, 1973), S. 97.

> *Doppelzüngigkeit verdächtigte und den Führer vor ihm warnte, war der unberechenbare Putzt Hanfstaengl, der in Harvard ausgebildete Leiter von Hitlers Büro für die ausländische Presse.*

Wie Farago feststellt, "spielte Bill de Ropp in beiden Lagern das Spiel mit - ein Doppelagent an der Spitze."[150] Putzi warnte seine Freunde, die Hermann Goerings, ebenso gewissenhaft vor möglichen Spionen in *ihrem* Lager. Der folgende Auszug aus Putzis Memoiren, in dem er den Gärtner der Goerings der Spionage bezichtigt, ist ein Beleg dafür...

> *"Herman", sagte ich eines Tages, "ich wette um jedes Geld, dass der Kerl Greinz ein Polizeispitzel ist". "Also wirklich, Putzi", warf Karin [Frau Herman Goertng] ein, "er ist so ein netter Kerl und ein wunderbarer Gärtner." "Er macht genau das, was ein Spion tun sollte", sagte ich ihr, "er hat sich unentbehrlich gemacht."[151]*

Im Jahr 1941 war Putzi bei Hitler und den Nazis in Ungnade gefallen, floh aus Deutschland und wurde in einem kanadischen Kriegsgefangenenlager interniert. Da sich Deutschland und die Vereinigten Staaten nun im Krieg befanden, rechnete Putzi die Chancen neu aus und kam zu dem Schluss: *"Jetzt* wusste ich mit Sicherheit, dass Deutschland besiegt werden würde."[152] Die Freilassung von Putzi aus dem Kriegsgefangenenlager erfolgte durch die persönliche Intervention des alten Freundes Präsident Roosevelt:

> *Eines Tages erhielt ein Korrespondent der Hearst-Presse namens Kehoe die Erlaubnis, Fort Hens zu besuchen. Es gelang mir, in einer Ecke ein paar Worte mit ihm zu wechseln. "Ich kenne Ihren Chef gut", sagte ich ihm.*

---

[150] Ebd., S. 106.

[151] Ernst Hanfstaengl, *Unerhörter Zeuge, a.a.O.,* S. 76.

[152] Ebd.

*"Würden Sie mir einen kleinen Dienst erweisen?"
Glücklicherweise erkannte er meinen Namen.*

*Ich gab ihm einen Brief, den er in seine Tasche steckte.
Er war an den amerikanischen Außenminister, Cordell
Hull, gerichtet. Einige Tage später lag er auf dem
Schreibtisch meines Freundes im Harvard Club,
Franklin Delano Roosevelt. Darin bot ich an, als Berater
für politische und psychologische Kriegsführung im
Krieg gegen Deutschland zu fungieren.*[153]

Die Antwort und das Angebot, für die amerikanische Seite zu
"arbeiten", wurde angenommen. Putzi wurde in einer komfortablen
Umgebung untergebracht, in der auch sein Sohn, U.S. Army
Sergeant Egon Hanfstaengl, als persönlicher Adjutant tätig war.
Unter dem Druck einer republikanischen Drohung, Roosevelts
Bevorzugung eines ehemaligen Nazis auffliegen zu lassen, wurde
Egon 1944 nach Neuguinea verlegt und Putzi nach England
verschleppt, wo die Briten ihn prompt für die Dauer des Krieges
internierten, Roosevelt hin oder her.

Die Rolle von Putzi beim Reichstagsbrand

Putzis Freundschaften und politische Manipulationen mögen von
großer Bedeutung sein oder nicht, aber seine Rolle beim
Reichstagsbrand ist bedeutend. Der Brand des Reichstags am 27.
Februar 1933 ist eines der wichtigsten Ereignisse der Neuzeit. Adolf
Hitler nutzte den Brand, um die drohende kommunistische
Revolution auszurufen, die verfassungsmäßigen Rechte außer Kraft
zu setzen und die totalitäre Macht zu ergreifen. Von diesem
Zeitpunkt an gab es für Deutschland kein Zurück mehr; die Welt
war auf dem Weg zum Zweiten Weltkrieg.

Damals wurde der Brand des Reichstages den Kommunisten
angelastet, doch aus historischer Sicht besteht kaum ein Zweifel
daran, dass der Brand von den Nazis absichtlich gelegt wurde, um

---

[153] Ebd., S. 310-11.

einen Vorwand für die Übernahme der politischen Macht zu schaffen. Fritz Thyssen kommentierte dies in den Verhören der Nachkriegszeit in der Mülltonne:

> *Als der Reichstag brannte, waren sich alle sicher, dass es die Kommunisten gewesen waren. Später erfuhr ich in der Schweiz, dass das alles eine Lüge war.*[154]

Schacht erklärt dies mit Nachdruck:

> *Heute wäre klar, dass diese Tat nicht der Kommunistischen Partei angelastet werden kann. Inwieweit einzelne Nationalsozialisten an der Planung und Durchführung der Tat mitgewirkt haben, wird schwer festzustellen sein, aber nach allem, was inzwischen bekannt geworden ist, muss man davon ausgehen, dass Goebbels und Göring jeweils eine führende Rolle gespielt haben, der eine bei der Planung, der andere bei der Durchführung des Plans.*[155]

Der Reichstagsbrand wurde von einer Gruppe von Experten vorsätzlich gelegt, wahrscheinlich unter Verwendung einer brennbaren Flüssigkeit. An dieser Stelle kommt Putzi Hanfstaengl ins Spiel. Die Schlüsselfrage lautet: Wie verschaffte sich diese Gruppe, die auf Brandstiftung aus war, Zugang zum Reichstag, um ihre Arbeit zu verrichten? Nach 20 Uhr war nur noch eine Tür des Hauptgebäudes unverschlossen, und diese wurde bewacht. Kurz vor 21 Uhr wurde bei einem Rundgang durch das Gebäude von Wachleuten festgestellt, dass alles in Ordnung war; es wurden keine brennbaren Flüssigkeiten festgestellt, und im Sitzungssaal, in dem das Feuer ausbrach, war nichts Ungewöhnliches zu beobachten. Offensichtlich konnte sich niemand nach 21 Uhr Zugang zum Reichstagsgebäude verschaffen, und zwischen 21 Uhr und dem Ausbruch des Brandes wurde niemand beim Betreten oder

---

[154] Müllbericht EF/Me/1. Interview mit Thyssen, S. 13.

[155] Hjalmar Horace Greeley Schacht, *Bekenntnisse eines "alten Zauberers"*, (Boston: Houghton Mifflin, 1956), S. 276.

Verlassen des Gebäudes gesehen.

Es gab nur einen Weg, wie eine Gruppe mit brennbarem Material in den Reichstag hätte gelangen können - durch einen Tunnel, der zwischen dem Reichstag und dem Palast des Reichstagspräsidenten verlief. Hermann Göring war Reichstagspräsident und wohnte im Palast, und es war bekannt, dass sich zahlreiche SA- und SS-Leute im Palast aufhielten. Mit den Worten eines Autors:

> *Die Benutzung des unterirdischen Ganges mit all seinen Komplikationen war nur Nationalsozialisten möglich, der Vormarsch und die Flucht des Brandstifters nur mit Duldung hochgestellter Reichstagsmitarbeiter. Alle Indizien, alle Wahrscheinlichkeiten weisen eindeutig in eine Richtung: Der Reichstagsbrand war das Werk von Nationalsozialisten.[156]*

Wie passt Putzi Hanfstaengl in dieses Bild von Brandstiftung und politischer Intrige? Putzi war - nach eigener Aussage - im Palastzimmer am anderen Ende des Tunnels, der zum Reichstag führte. Und laut *"Der Reichstagsbrandprozess"* war Putzi Hanfstaengl während des Brandes tatsächlich im Palast selbst:

> *Der Propagandaapparat stand bereit, und die Anführer der Sturmtruppen waren auf ihren Plätzen. Die offiziellen Bulletins waren im Voraus geplant, die Verhaftungsbefehle vorbereitet, Karwahne, Frey und Kroyer warteten geduldig in ihrem Café, die Vorbereitungen waren abgeschlossen, der Plan nahezu perfekt.[157]*

Dimitrov behauptet außerdem, dass:

> *Die nationalsozialistischen Führer Hitler, Göring und*

---

[156] George Dimitrov, *The Reichstag Fire Trial*, (London: The Bodley Head, 1934), S. 309.

[157] Ebd., S. 310.

> *Goebbels sowie die hohen nationalsozialistischen Funktionäre Daluege, Hanfstaengl und Albrecht waren am Tag des Brandes zufällig in Berlin anwesend, obwohl der Wahlkampf sechs Tage vor der Wahl in ganz Deutschland auf dem Höhepunkt war. Göring und Goebbels gaben unter Eid widersprüchliche Erklärungen für ihre "zufällige" Anwesenheit in Berlin mit Hitler an diesem Tag ab. Der Nationalsozialist Hanfstaengl war als "Gast" Görings zum Zeitpunkt des Brandausbruchs im unmittelbar an den Reichstag angrenzenden Palais des Reichstagspräsidenten anwesend, obwohl sein "Gastgeber" zu diesem Zeitpunkt nicht anwesend war.*[158]

Nach Angaben des Nazis Kurt Ludecke gab es einst ein Dokument, das von SA-Führer Karl Ernst - der den Brand gelegt haben soll und später von anderen Nazis ermordet wurde - unterzeichnet war und Göring, Goebbels und Hanfstaengl in die Verschwörung verwickelte.

Roosevelts New Deal und Hitlers neue Ordnung

Hjalmar Schacht forderte seine Vernehmungsbeamten nach dem Krieg in Nürnberg mit der Bemerkung heraus, dass Hitlers Programm der Neuen Ordnung dasselbe sei wie Roosevelts Programm des New Deal in den Vereinigten Staaten. Die Vernehmungsbeamten schnaubten verständlicherweise und wiesen die Bemerkung zurück. Ein wenig Recherche legt jedoch nahe, dass die beiden Programme nicht nur inhaltlich recht ähnlich sind, sondern dass die Deutschen keine Schwierigkeiten hatten, die Ähnlichkeiten zu erkennen. In der Roosevelt-Bibliothek befindet sich ein kleines Buch, das FDR im Dezember 1933 von Dr. Helmut Magers überreicht wurde.[159] Auf dem Vorsatzblatt dieses Geschenk-Exemplars steht die Inschrift,

---

[158] Ebd., S. 311.

[159] Helmut Magers, *Ein Revolutionär aus Common Sense*, (Leipzig: R. Kittler Verlag, 1934).

An den Präsidenten der Vereinigten Staaten, Franklin D. Roosevelt, in tiefer Bewunderung für seine Konzeption einer neuen Wirtschaftsordnung und mit Verehrung für seine Persönlichkeit. Der Verfasser, Baden, Deutschland, 9. November 1933.

FDRs Antwort auf diese Bewunderung für seine neue Wirtschaftsordnung lautete wie folgt[160] :

(Washington) 19. Dezember 1933

Sehr geehrter Herr Dr. Magers: Ich möchte Ihnen meinen Dank für das Exemplar Ihres kleinen Buches über mich und den "New Deal" übermitteln. Obwohl ich, wie Sie wissen, in Deutschland zur Schule gegangen bin und einst recht fließend Deutsch sprechen konnte, lese ich Ihr Buch nicht nur mit großem Interesse, sondern auch, weil es meinem Deutsch helfen wird.

Mit freundlichen Grüßen,

Der New Deal oder die "neue Wirtschaftsordnung" war keine Kreation des klassischen Liberalismus. Er war eine Schöpfung des Unternehmenssozialismus. Das Großkapital, das sich in der Wall Street widerspiegelt, strebte nach einer staatlichen Ordnung, in der es die Industrie kontrollieren und den Wettbewerb ausschalten konnte, und das war das Herzstück von FDRs New Deal. General Electric, zum Beispiel, ist sowohl in Nazi-Deutschland als auch im New Deal prominent vertreten. Die deutsche General Electric war ein prominenter Finanzier von Hitler und der Nazipartei, und auch die A.E.G. finanzierte Hitler sowohl direkt als auch indirekt über Osram.

---

[160] Nixon, Edgar B., Herausgeber, *Franklin D. Roosevelt and Foreign Affairs*, (Cambridge: The Belknap Press of Harvard University Press, 1969), Band 1: Januar 1933-Februar 1934. Franklin D. Roosevelt Library. Hyde Park, New York.

International General Electric in New York war maßgeblich an den Eigentumsverhältnissen und der Leitung sowohl der A.E.G. als auch von Osram beteiligt. Gerard Swope, Owen Young und A. Baldwin von General Electric in den Vereinigten Staaten waren Direktoren der A.E.G. Die Geschichte hört jedoch nicht bei General Electric und der Finanzierung von Hitler im Jahr 1933 auf.

In einem früheren Buch mit dem Titel *Wall Street and the Bolshevik Revolution (Die Wall Street und die bolschewistische Revolution)* hat der Autor die Rolle von General Electric in der bolschewistischen Revolution und den geografischen Standort der amerikanischen Teilnehmer mit 120 Broadway, New York City, angegeben; die Geschäftsleitung von General Electric befand sich ebenfalls am 120 Broadway. Als Franklin Delano Roosevelt in der Wall Street arbeitete, lautete seine Adresse ebenfalls 120 Broadway. Tatsächlich befand sich die Georgia Warm Springs Foundation, die FDR Foundation, am 120 Broadway. Der prominente Geldgeber eines frühen Roosevelt-Wall-Street-Unternehmens am 120 Broadway war Gerard Swope von General Electric. Und es war "Swope's Plan", der zu Roosevelts New Deal wurde - dem faschistischen Plan, den Herbert Hoover den Vereinigten Staaten nicht aufzwingen wollte. Kurz gesagt, sowohl Hitlers Neue Ordnung als auch Roosevelts New Deal wurden von denselben Industriellen unterstützt und waren inhaltlich recht ähnlich - *d.h.* beide waren Pläne für einen Konzernstaat.

Es gab also sowohl korporative als auch individuelle Brücken zwischen FDRs Amerika und Hitlers Deutschland. Die erste Brücke war die amerikanische I.G. Farben, die amerikanische Tochtergesellschaft der I.G. Farben, des größten deutschen Konzerns. Im Vorstand der amerikanischen I.G. saß Paul Warburg, der Chef der Bank of Manhattan und der Federal Reserve Bank of New York. Die zweite Brücke war die zwischen International General' Electric, einer hundertprozentigen Tochtergesellschaft der General Electric Company, und ihrer deutschen Tochtergesellschaft A.E.G. Gerard Swope, der FDRs New Deal formulierte, war Vorsitzender der I.G.E. und im Vorstand der A.E.G. Die dritte "Brücke" war die zwischen Standard Oil of New Jersey und Vacuum Oil und ihrer hundertprozentigen deutschen Tochtergesellschaft, der

Deutschen-Amerikanisehe Gesellschaft. Der Vorsitzende von Standard Oil of New Jersey war Walter Teagle von der Federal Reserve Bank of New York. Er war Treuhänder der Georgia Warm Springs Foundation von Franklin Delano Roosevelt und wurde von FDR auf einen wichtigen Verwaltungsposten in der National Recovery Administration berufen.

Diese Unternehmen waren sowohl an der Förderung von Roosevelts New Deal als auch am Aufbau der Militärmacht Nazi-Deutschland maßgeblich beteiligt. Putzi Hanfstaengls Rolle in der Anfangszeit, jedenfalls bis Mitte der 1930er Jahre, war eine informelle Verbindung zwischen der Nazi-Elite und dem Weißen Haus. Nach Mitte der 1930er Jahre, als die Welt auf Kriegskurs gebracht wurde, nahm Putzis Bedeutung ab - während das amerikanische Großkapital weiterhin durch Mittelsmänner wie Baron Kurt von Schroder, Rechtsanwalt Westrick, und die Mitgliedschaft in Himmlers Freundeskreis vertreten wurde.

Neuntes Kapitel

Wall Street und der innere Kreis der Nazis

Während der gesamten Zeit unserer Geschäftskontakte hatten wir keine Ahnung von der hinterhältigen Rolle der Farben in Hitlers brutaler Politik. Wir bieten jede uns mögliche Hilfe an, damit die volle Wahrheit ans Licht kommt und der Gerechtigkeit Genüge getan wird.

(F. W. Abrams, Vorsitzender des Verwaltungsrats, Standard Oil of New Jersey, 1946.)

Adolf Hitler, Hermann Göring, Josef Goebbels und Heinrich Himmler, die innere Gruppe des Nationalsozialismus, waren gleichzeitig die Leiter kleinerer Lehen innerhalb des NS-Staates. Um diese NS-Führer herum bildeten sich Machtgruppen oder politische Cliquen, vor allem ab Ende der 1930er Jahre um Adolf Hitler und Heinrich Himmler, den Reichsführer der SS (der gefürchteten *Schutzstaffel*). Der wichtigste dieser inneren Kreise der Nazis wurde auf Befehl des Führers geschaffen; er war zunächst als Keppler-Kreis und später als Himmlers Freundeskreis bekannt.

Der Keppler-Kreis entstand als eine Gruppe deutscher Geschäftsleute, die Hitlers Aufstieg zur Macht vor und während des Jahres 1933 unterstützten. Mitte der 1930er Jahre geriet der Keppler-Kreis unter den Einfluss und den Schutz von SS-Chef Himmler und unter die organisatorische Kontrolle des Kölner Bankiers und prominenten Nazi-Geschäftsmanns Kurt von Schroder. Schroder war bekanntlich Chef der J.H. Stein Bank in Deutschland und mit der L. Henry Schroder Banking Corporation in New York verbunden. In diesem innersten der inneren Kreise, dem eigentlichen Kern des Nationalsozialismus, war die Wall Street, einschließlich Standard Oil of New Jersey und I.T.T., von 1933 bis 1944 vertreten.

Wilhelm Keppler, der Gründer des ursprünglichen Freundeskreises, verkörpert das bekannte Phänomen eines politisierten Geschäftsmannes - d.*h. eines* Geschäftsmannes, der eher die politische Arena als den unparteiischen Markt für seine Gewinne kultiviert. Solche Geschäftsleute waren daran interessiert, sozialistische Anliegen zu fördern, weil eine geplante sozialistische Gesellschaft eine äußerst lukrative Möglichkeit für Verträge durch politischen Einfluss bietet.

Keppler witterte solche gewinnbringenden Möglichkeiten, schloss sich den Nationalsozialisten an und stand Hitler schon vor 1933 nahe. Der Freundeskreis ging aus einem Treffen zwischen Adolf Hitler und Wilhelm Keppler im Dezember 1931 hervor. Im Laufe des Gesprächs - einige Jahre bevor Hitler Diktator wurde - äußerte der künftige Führer den Wunsch, bei der Machtübernahme der Nationalsozialisten zuverlässige deutsche Geschäftsleute als Wirtschaftsberater zur Verfügung zu haben. "*Versuchen* Sie, ein paar Wirtschaftsführer zu bekommen - sie müssen nicht Parteimitglieder sein -, die uns zur Verfügung stehen, wenn wir an die Macht kommen.[161] Keppler verpflichtete sich, dies zu tun.

Im März 1933 wurde Keppler in den Reichstag gewählt und wurde Hitlers Finanzexperte. Diese Stellung war nur von kurzer Dauer. Keppler wurde durch den weitaus fähigeren Hjalmar Schacht ersetzt und nach Österreich geschickt, wo er 1938 Reichskommissar wurde, aber immer noch in der Lage war, seine Position zu nutzen, um erhebliche Macht im NS-Staat zu erlangen. Innerhalb weniger Jahre errang er eine Reihe von lukrativen Direktorenposten in deutschen Unternehmen, darunter den Vorstandsvorsitz in zwei Tochtergesellschaften der I.G. Farben: Braunkohle-Benzin A.G. und Kontinental Oil A.G. Braunkohle-Benzin war der deutsche Verwerter der Standard Oil of New Jersey-Technologie zur Herstellung von Benzin aus Kohle. (Siehe Kapitel Vier.)

Kurz gesagt, Keppler war der Vorsitzende eben jener Firma, die die

---

[161] Aus der eidesstattlichen Erklärung von Wilhem Keppler, *NMT*, Band VI, S. 285.

amerikanische Technologie für das unverzichtbare synthetische Benzin nutzte, das es der Wehrmacht ermöglichte, 1939 in den Krieg zu ziehen. Dies ist insofern von Bedeutung, als es in Verbindung mit anderen in diesem Kapitel vorgestellten Beweisen darauf hindeutet, dass die Gewinne und die Kontrolle über diese für die deutschen militärischen Zwecke grundlegend wichtigen Technologien bei einer kleinen Gruppe von internationalen Firmen und Geschäftsleuten lagen, die über nationale Grenzen hinweg operierten.

Auch Kepplers Neffe Fritz Kranefuss, der unter dem Schutz seines Onkels stand, erlangte sowohl als Adjutant des SS-Chefs Heinrich Himmler als auch als Geschäftsmann und politischer Akteur Bekanntheit. Es war Kranefuss' Verbindung zu Himmler, die dazu führte, dass sich der Keppler-Kreis in den 1930er Jahren allmählich von Hitler entfernte und in Himmlers Umfeld geriet, wo die Mitglieder des Kreises im Gegenzug für jährliche Spenden für Himmlers Lieblingsprojekte der SS politische Vergünstigungen und nicht unerheblichen Schutz durch die SS erhielten. Der ursprüngliche Keppler-Kreis bestand aus:

DIE URSPRÜNGLICHEN (VOR 1932) MITGLIEDER DES KEPPLER-KREISES

Kreis Mitglied	Wichtigste Verbände
Wilhelm KEPPLER	Vorsitzender der I.G. Farben-Tochter Braunkohle-Benzin A.G. (nutzte die Technologie der Standard Oil of N.J. zur Ölgewinnung aus Kohle)
Fritz KRANEFUSS	Neffe von Keppler und Adjutant von Heinrich Himmler. Im Vorstand der BRABAG
Kurt von SCHRODER	An Bord aller Tochtergesellschaften von International Telephone & Telegraph in Deutschland
Karl Vincenz KROGMANN	Oberbürgermeister von Hamburg
August ROSTERG	Generaldirektor von WINTERSHALL
Otto STEINBRINCK	Vizepräsident der VEREINIGTEN STAHLWERKE (Stahlkartell, gegründet mit Krediten der Wall Street im Jahr 1926)
Hjalmar SCHACHT	Präsident der REICHSBANK
Emil HELFFRICH	Vorstandsvorsitzender der GERMAN-AMERICAN PETROLEUM CO. (zu 94 % im Besitz von Standard Oil of New Jersey) (siehe oben unter Wilhelm Keppler)
Friedrich REINHARDT	Vorstandsvorsitzender der COMMERZBANK

Ewald HECKER   Vorstandsvorsitzender der ILSEDER HUTTE
Graf von BISMARCK   Regierungspräsident der STETTIN

Der S.S. Freundeskreis

Der ursprüngliche Freundeskreis traf sich im Mai 1932 mit Hitler und hörte eine Erklärung über die Ziele der Nazis. Heinrich Himmler nahm daraufhin häufig an den Treffen teil, und über Himmler schlossen sich verschiedene SS-Offiziere und andere Geschäftsleute der Gruppe an. Diese erweiterte Gruppe wurde im Laufe der Zeit zu Himmlers Freundeskreis, wobei Himmler als Beschützer und Förderer der Mitglieder fungierte. Folglich waren Banken und Industrieunternehmen im inneren Kreis des Nationalsozialismus stark vertreten, und ihre finanziellen Beiträge zum Hitlerismus vor 1933, die wir bereits aufgezählt haben, wurden reichlich zurückgezahlt. Von den "Big Five" der deutschen Banken hatte die Dresdner Bank die engsten Verbindungen zur Nazipartei: Mindestens ein Dutzend Mitglieder des Vorstands der Dresdner Bank hatten einen hohen Nazi-Rang und nicht weniger als sieben Direktoren der Dresdner Bank gehörten zu Kepplers erweitertem Freundeskreis, der nie mehr als 40 Personen umfasste.

Wenn wir die Namen untersuchen, die sowohl dem ursprünglichen Keppler-Kreis vor 1933 als auch dem erweiterten Keppler- und Himmler-Kreis nach 1933 angehören, stellen wir fest, dass die multinationalen Wall-Street-Unternehmen stark vertreten sind - stärker als jede andere institutionelle Gruppe. Betrachten wir nacheinander die einzelnen multinationalen Wall-Street-Unternehmen oder ihre deutschen Partner - die in Kapitel sieben als an der Finanzierung Hitlers beteiligt identifiziert wurden - und untersuchen ihre Verbindungen zu Keppler und Heinrich Himmler.

I.G. Farben und der Keppler-Kreis

Die I.G. Farben war im Keppler-Kreis stark vertreten: Nicht weniger als acht der in der Spitze 40 Mitglieder des Kreises waren Direktoren der I.G. Farben oder einer Farbentochter. Zu diesen acht Mitgliedern gehörten neben Baron Kurt von Schroder auch der bereits beschriebene Wilhelm Keppler und sein Neffe Kranefuss. Die

Präsenz der Farben wurde durch das Mitglied Hermann Schmitz unterstrichen, Vorsitzender der I.G. Farben und Direktor der Vereinigten Stahlwerke, beides Kartelle, die durch die Kredite der Wall Street in den 1920er Jahren aufgebaut und konsolidiert wurden. Ein Bericht des US-Kongresses beschrieb Hermann Schmitz wie folgt:

> *Hermann Schmitz, eine der bedeutendsten Persönlichkeiten Deutschlands, hat in den drei Bereichen Industrie, Finanzen und Regierung gleichzeitig herausragende Erfolge erzielt und jeder Regierung mit Eifer und Hingabe gedient. Er symbolisiert den deutschen Bürger, der aus den Zerstörungen des Ersten Weltkriegs heraus den Zweiten möglich gemacht hat.*
>
> *Ironischerweise kann man sagen, dass er insofern die größere Schuld trägt, als er 1919 Mitglied der Friedensdelegation des Reiches war und in den 1930er Jahren in der Lage war, den Nazis vieles beizubringen, was sie über wirtschaftliche Durchdringung, Kartellnutzung und synthetische Kriegsmaterialien wissen mussten.*[162]

Ein weiteres Mitglied des Keppler-Kreises im Vorstand der I.G. Farben war Friedrich Flick, Gründer des Stahlkartells Vereinigte Stahlwerke und Direktor der Allianz Versicherungs A.G. und der German General Electric (A.E.G.).

Heinrich Schmidt, Direktor der Dresdner Bank und Vorstandsvorsitzender der I.G. Farben-Tochter Braunkohle-Benzin A.G., gehörte zu diesem Kreis, ebenso Karl Rasehe, ebenfalls Direktor der Dresdner Bank und Direktor der Metallgesellschaft (Muttergesellschaft der Delbrucker Schickler Bank) und der Accumulatoren-Fabriken A.G. Heinrich Buetefisch war ebenfalls Direktor der I.G. Farben und Mitglied des Keppler-Kreises.

---

[162] *Beseitigung der deutschen Ressourcen*, S. 869.

Kurzum: Die Beteiligung der I.G. Farben an der Nationalen Treuhand von Rudolf Hess wurde nach der Machtübernahme 1933 durch eine starke Vertretung im inneren Kreis der Nazis bestätigt.

Wie viele dieser Mitglieder des Keppler-Kreises im I.G. Farben-Komplex waren mit der Wall Street verbunden?

MITGLIEDER DES URSPRÜNGLICHEN KEPPLER-KREISES IN VERBINDUNG MIT MULTINATIONALEN U-S-UNTERNEHMEN

Mitglied des Keppler-Kreises	I.G. Farben	I.T.T.	Standard Oil of New Jersey	General Electric
Wilhelm KEPPLER	Vorstandsvorsitzen der der Farben-Tochter BRABAG		-	
Fritz KRANEFUSS	Zum Aufsichrat der BRABAG		-	
Emil Heinrich MEYER		An Bord aller deutschen I.T.T.-Töchter: Standard/Mix & Genest/Lorenz	-	Vorstand der A.E.G.
Emil HELFFRICH			Vorsitzender der DAPAG (zu 94 % im Besitz von Standard of New Jersey)	
Friedrich FLICK	I.G. Farben	-	-	Vorstand der A.E.G.
Kurt von SCHRODER		An Bord aller I.T.T.-Tochtergesellschaf ten in Deutschland		

In ähnlicher Weise können wir andere Wall-Street-Institutionen identifizieren, die im frühen Keppler-Freundeskreis vertreten waren, was ihre finanziellen Beiträge zum Nationalen

Treuhandfonds bestätigt, der von Rudolf Hess im Auftrag von Adolf Hitler betrieben wurde. Diese Vertreter waren Emil Heinrich Meyer und der Bankier Kurt von Schroder in den Vorständen aller I.T.T.-Töchter in Deutschland sowie Emil Helffrich, der Vorstandsvorsitzende der DAPAG, die zu 94 % Standard Oil of New Jersey gehörte.

Wall Street im Kreis S.S.

Große US-amerikanische multinationale Unternehmen waren auch im späteren Heinrich-Himmler-Kreis sehr gut vertreten und leisteten bis 1944 - während des Zweiten Weltkriegs - Geldspenden an das Sonderkonto S ( ).

Fast ein Viertel der Beiträge des Sonderkontos S für 1944 stammte von Tochtergesellschaften der International Telephone and Telegraph, vertreten durch Kurt von Schröder. Die Zahlungen der I.T.T.-Tochtergesellschaften auf das Sonderkonto S im Jahr 1943 waren wie folgt:

Mix & Genest A.G.	5.000 RM
C. Lorenz AG	20.000 RM
Felten & Guilleaume	25.000 RM
Kurt von Schroder	16.000 RM

Und das waren die Zahlungen von 1944:

Mix & Genest A.G .	5.000 RM
C. Lorenz AG	20.000 RM
Felten & Guilleaume	20.000 RM
Kurt von Schroder	16.000 RM

Sosthenes Behn von International Telephone and Telegraph übertrug während des Krieges die Kontrolle über Mix & Genest, C. Lorenz und die anderen Standard-Telefonbeteiligungen in Deutschland an Kurt von Schroder - der ein Gründungsmitglied des Keppler-Kreises und Organisator und Schatzmeister von Himmlers Freundeskreis war. Emil H. Meyer, S.S.-Untersturmführer, Mitglied des Vorstandes der Dresdner Bank, A.E.G., und Direktor aller I.T.T.-Tochtergesellschaften in Deutschland, war ebenfalls Mitglied des Himmler-Freundeskreises - womit die I.T.T. zwei mächtige Vertreter im Herzen der S.S. hatte.

Ein Brief von Baron von Schroder an sein Mitglied Emil Meyer vom 25. Februar 1936 beschreibt die Ziele und Bedürfnisse des Himmlerkreises und den langjährigen Charakter des Sonderkontos "S" mit Geldern bei Schroders eigener Bank - der J,H. Stein Bank in Köln. Stein Bank, Köln:

An Prof. Dr. Emil H. Meyer

Berlin, 25. Februar 1936 (Unleserliche Handschrift)

S.S. (Untersturmfuchsrer) Mitglied des Vorstands der Dresdner Bank

Berlin W. 56, Behrenstr. 38

Persönlich!

An den Freundeskreis des Reichsführers SS

Am Ende der zweitägigen Inspektionsreise durch München, zu der uns der Reichsführer SS im Januar letzten Jahres eingeladen hatte, kam der Freundeskreis überein, dem Reichsführer - jeder nach seinen Möglichkeiten - auf das bei der Bankgesellschaft J.H. Stein in Köln einzurichtende "Sonderkonto S" Mittel zur Verfügung zu stellen, die für bestimmte Aufgaben außerhalb des Haushalts verwendet werden sollen.

Damit sollte der Reichsführer in die Lage versetzt werden, sich auf alle seine Freunde verlassen zu können. In München wurde beschlossen, dass sich die Unterzeichner für die Einrichtung und Führung dieses Kontos zur Verfügung stellen. In der Zwischenzeit wurde das Konto eingerichtet, und wir möchten jeden Teilnehmer wissen lassen, daß er, falls er dem Reichsführer für die vorgenannten Aufgaben - entweder im Namen seiner Firma oder des Freundeskreises - Beiträge zukommen lassen will, diese an das Bankhaus J.H. Stein, Köln (Verrechnungskonto der Reichsbank, Postscheckkonto Nr.1392) auf das Sonderkonto S.

Heil Hitler!

(Gezeichnet) Kurt Freiherr von Sehroder (Gezeichnet) Steinbrinck[163]

Dieser Brief erklärt auch, warum Oberst Bogdan von der US-Armee, der früher für die Schroder Banking Corporation in New York tätig war, bestrebt war, die Aufmerksamkeit der Nachkriegsermittler der US-Armee von der J. H. Stein Bank in Köln auf die *"größeren* Banken" in Nazideutschland zu lenken. Es war die Stein-Bank, die während des Zweiten Weltkriegs die Geheimnisse über die Verbindungen amerikanischer Tochtergesellschaften zu den Nazibehörden hütete. Die New Yorker Finanzinteressen konnten die genaue Art dieser Transaktionen (und insbesondere die Art der Aufzeichnungen, die von ihren deutschen Partnern aufbewahrt wurden) nicht kennen, aber sie wussten, dass es durchaus Aufzeichnungen über ihre Geschäfte während des Krieges geben könnte - genug, um sie in der amerikanischen Öffentlichkeit in Verlegenheit zu bringen. Es war diese Möglichkeit,

---

[163] *NMT,* Band VII, S. 238. "Übersetzung des Dokuments N1-10103, Prosecution Exhibit 788". Brief von Schroder und dem Angeklagten Steinbrinck an Dr. Meyer, Beamter der Dresdner Bank, vom 25. Februar 1936, in dem vermerkt wird, dass der Freundeskreis Himmler Mittel "für bestimmte Aufgaben außerhalb des Haushalts" zur Verfügung stellen würde und ein "Sonderkonto für diesen Zweck" eingerichtet habe.

die Oberst Bogdan erfolglos auszuschließen versuchte.

Die deutsche General Electric profitierte in hohem Maße von ihrer Zusammenarbeit mit Himmler und anderen führenden Nazis. Mehrere Mitglieder der Schroder-Clique waren Direktoren der A.E.G., der prominenteste von ihnen war Robert Pferdmenges, der nicht nur Mitglied des Keppler- oder Himmler-Kreises war, sondern auch Partner im arisierten Bankhaus Pferdmenges & Company, dem Nachfolger des früheren jüdischen Bankhauses Sal Oppenheim in Köln. Waldemar von Oppenheim erlangte die (für einen deutschen Juden) zweifelhafte *Auszeichnung* "Arier *ehrenhalber*" und konnte sein alt eingesessenes Bankhaus unter Hitler in Partnerschaft mit Pferdmenges weiterführen.

MITGLIEDER DES HIMMLISCHEN FREUNDESKREISES, DIE AUCH DIREKTOREN AMERIKANISCHER FIRMEN WAREN:

	I.G. Farben	I.T.T.	A.E.G.	Standard Oil of New Jersey
KRANEFUSS, Fritz	X			
KEPPLER, Wilhelm	X			
SCHRÖDER, Kurt	X			
Von BUETEFISCH, Heinrich		X		
RASCHE, Dr. Karl	X			
FLICK, Friedrich	X		X	
LINDEMANN, Karl				X
SCHMIDT, Heinrich	X			
ROEHNERT, Kellmuth			X	
SCHMIDT, Kurt			X	
MEYER, Dr. Emil		X		
SCHMITZ, Hermann	X			

Pferdmenges war auch Direktor der A.E.G. und nutzte seinen nationalsozialistischen Einfluss zu seinem Vorteil.[164] Zwei weitere Direktoren von German General Electric waren Mitglieder von Himmlers Freundeskreis und leisteten 1943 und 1944 Geldbeiträge

---

[164] *Beseitigung der deutschen Ressourcen,* S. 857.

an das Sonderkonto S. Diese waren:

Friedrich Flick   100.000 RM

Otto Steinbrinck (ein Mitarbeiter von Flick)   100.000 RM

Kurt Schmitt war Vorstandsvorsitzender der A.E.G. und Mitglied des Freundeskreises von Himmler, aber sein Name ist in der Liste der Zahlungen für 1943 oder 1944 nicht verzeichnet. Standard Oil of New Jersey leistete über seine hundertprozentige (94 Prozent) deutsche Tochtergesellschaft, die Deutsche-Amerikanische Gesellschaft (DAG), ebenfalls einen erheblichen Beitrag zu Himmlers Sonderkonto. In den Jahren 1943 und 1944 leistete die DAG die folgenden Beiträge:

Staatsrat Helfferich von Deutsch-Amerikanische Petroleum A.G.	10.000 RM
Staatsrat Lindemann von Deutsch-Amerikanische Petroleum A.G	10.000 RM
und persönlich	4.000 RM

Es ist wichtig, darauf hinzuweisen, dass Staatsrat Lindemann einen *persönlichen* Beitrag von 4.000 RM geleistet hat, wodurch eine klare Unterscheidung zwischen dem Unternehmensbeitrag von 10.000 RM von der hundertprozentigen Tochtergesellschaft von Standard Oil of New Jersey und dem persönlichen Beitrag von Direktor Lindemann getroffen wird. Im Falle von Staatsrat Hellfrich war die einzige Spende der Beitrag von Standard Oil in Höhe von 10.000 RM; eine persönliche Spende ist nicht verzeichnet.

Die I.G. Farben, die Muttergesellschaft der amerikanischen I.G. (siehe Kapitel zwei), war ein weiterer wichtiger Mitarbeiter von Heinrich Himmlers Sonderkonto S. Zum inneren Kreis der I.G. Farben gehörten vier Direktoren: Karl Rasche, Fritz Kranefuss, Heinrich Schmidt und Heinrich Buetefisch. Karl Rasche war Mitglied des Vorstandes der Dresdner Bank und ein Spezialist für internationales Recht und Bankwesen. Unter Hitler wurde Karl Rasche ein prominenter Direktor zahlreicher deutscher Unternehmen, darunter die Accumulatoren-Fabrik A.G. in Berlin, die Hitler finanzierte, die Metallgesellschaft und Felten & Guilleame, ein I.T.T.-Unternehmen. Fritz Kranefuss war Mitglied des Verwaltungsrats der Dresdner Bank und Direktor mehrerer Unternehmen neben der I.G. Farben. Kranefuss, ein Neffe von Wilhelm Keppler, war Rechtsanwalt und in vielen öffentlichen Organisationen der Nazis aktiv. Heinrich Schmidt, ein Direktor der I.G. Farben und mehrerer anderer deutscher Unternehmen, war auch Direktor der Dresdner Bank.

Es ist wichtig zu erwähnen, dass alle drei oben genannten - Rasche, Kranefuss und Schmidt - Direktoren einer I.G.-Farben-Tochtergesellschaft waren, der Braunkohle-Benzin A.G. - dem Hersteller von deutschem synthetischem Benzin unter Verwendung der Technologie von Standard Oil, einem Ergebnis der I.G.-Farben-Standard Oil-Abkommen der frühen 1930er Jahre. Kurzum, die Finanzelite der Wall Street war sowohl im frühen Keppler-Kreis als auch im späteren Himmler-Kreis gut vertreten.[165]

---

[165] Die Bedeutung dieser Vertretung wird in Schaubild 8-1, "Wall Street-Vertretung in den Kreisen Keppler und Himmler, 1933 und 1944", deutlich.

Zehntes Kapitel

Der Mythos von "Sidney Warburg "

Eine entscheidende Frage, die nur teilweise geklärt ist, ist die, inwieweit Hitlers Machtübernahme 1933 *direkt* von Wall Street-Finanziers unterstützt wurde. Wir haben anhand von Originaldokumenten gezeigt, dass es eine *indirekte* amerikanische Beteiligung und Unterstützung durch mit Deutschland verbundene Unternehmen gab, und (wie zum Beispiel im Fall von I.T.T.) gab es ein bewusstes und absichtliches Bemühen, von der Unterstützung des Nazi-Regimes zu profitieren. Ging diese indirekte Finanzierung in eine direkte Finanzierung über?

Nachdem Hitler die Macht erlangt hatte, arbeiteten US-Firmen und Einzelpersonen im Namen des Nationalsozialismus und profitierten mit Sicherheit vom NS-Staat. Aus den Tagebüchern von William Dodd, dem amerikanischen Botschafter in Deutschland, wissen wir, dass 1933 ein Strom von Wall-Street-Bankern und Industriellen in der US-Botschaft in Berlin vorstellig wurde, die ihre Bewunderung für Adolf Hitler zum Ausdruck brachten - und nach Möglichkeiten suchten, mit dem neuen totalitären Regime Geschäfte zu machen. So berichtete Dodd am 1. September 1933, dass Henry Mann von der National City Bank und Winthrop W. Aldrich von der Chase Bank sich mit Hitler trafen und dass "diese Bankiers das Gefühl haben, mit ihm zusammenarbeiten zu können".[166] Ivy Lee, der PR-Agent der Rockefellers, zeigte sich laut Dodd "gleichzeitig als Kapitalist und Befürworter des Faschismus."[167]

---

[166] William E. Dodd, *Ambassador Dodd's Diary, op.* cit., S. 31.

[167] Ebd., S. 74.

So können wir zumindest eine wohlwollende Reaktion auf die neue Nazi-Diktatur erkennen, die an die Art und Weise erinnert, in der die internationalen Bankiers der Wall Street das neue Russland von Lenin und Trotzki 1917 begrüßten.

Wer war "Sidney Warburg"?

Die Frage, die in diesem Kapitel aufgeworfen wird, ist die Anschuldigung, dass einige Finanziers der Wall Street (insbesondere die Rockefellers und Warburgs) Hitlers Machtübernahme 1933 direkt geplant und finanziert haben, und dass sie dies von der Wall Street aus taten. In dieser Frage ist der so genannte Mythos von "Sidney Warburg" von Bedeutung. Der prominente Nazi Franz von Papen hat in seinen *Memoiren*[168] erklärt:

> ... *der am besten dokumentierte Bericht über den plötzlichen Erwerb von Geldern durch die Nationalsozialisten war in einem Buch enthalten, das 1933 in Holland von dem alteingesessenen Amsterdamer Verlag Van Holkema & Warendorf unter dem Namen "Sidney Warburg" mit dem Titel De Geldbronnen van Het Nationaal-Socialisme (Drie Gesprekken Met Hitler) veröffentlicht wurde.*

Ein Buch mit diesem Titel in niederländischer Sprache von "Sidney Warburg" wurde 1933 tatsächlich veröffentlicht, blieb aber nur wenige Tage in den niederländischen Buchhandlungen. Das Buch wurde vernichtet.[169] Eines der drei überlebenden Originalexemplare

---

[168] Franz von Papen, *Memoirs*, (New York: E.P. Dutton & Co., 1953), S. 229.

[169] Der englische Text dieses Kapitels wurde aus einer beglaubigten, erhaltenen deutschen Übersetzung eines Exemplars der niederländischen Ausgabe von *De Geldbronnen van Het Nationaal-Socialisme (Drie Gesprekken Met Hitler)* oder *Die finanziellen Quellen des Nationalsozialismus (Drei Gespräche mit Hitler)* übersetzt. Der niederländische Originalautor ist mit "Door Sidney Warburg, vertaald door I.G. Shoup" (Von Sidney Warburg, erzählt von I.G. Shoup) angegeben. Das hier verwendete Exemplar wurde von Dr. Walter Nelz, Wilhelm Peter und Rene Sonderegger am 11. Februar 1947 in Zürich aus dem

wurde ins Englische übersetzt. Die Übersetzung wurde einst im Britischen Museum aufbewahrt, ist aber inzwischen aus dem öffentlichen Verkehr gezogen und steht für die Forschung nicht mehr zur Verfügung. Von der niederländischen Originalausgabe, auf der diese englische Übersetzung basierte, ist nichts mehr bekannt.

Das zweite holländische Exemplar befand sich im Besitz von Bundeskanzler Schussnigg in Österreich, und es ist nichts über seinen derzeitigen Verbleib bekannt. Das dritte niederländische Exemplar fand seinen Weg in die Schweiz und wurde ins Deutsche übersetzt. Die deutsche Übersetzung ist bis heute im Schweizerischen Sozialarchiv in Zürich, Schweiz, erhalten. Eine beglaubigte Kopie der beglaubigten deutschen Übersetzung dieses Schweizer Überlebenden wurde 1971 vom Autor erworben und ins Englische übersetzt. Auf dieser englischen Übersetzung der deutschen Übersetzung basiert der Text in diesem Kapitel.

Über die Veröffentlichung des *"Sidney* Warburg"-Buches wurde in der *New York Times* (24. November 1933) unter dem Titel "Hoax on Nazis Feared" ordnungsgemäß berichtet. In einem kurzen Artikel wurde darauf hingewiesen, dass in Holland ein "Sidney Warburg"-Pamphlet erschienen ist und dass der Autor nicht der Sohn von Felix Warburg ist. Der Übersetzer ist J. G. Shoup, ein belgischer Zeitungsmann, der in Holland lebt. Die Verleger und Shoup "fragen sich, ob sie nicht Opfer eines Schwindels geworden sind". Der Bericht *der Times* fügt hinzu:

Niederländischen übersetzt, und die deutsche Übersetzung ist mit einer eidesstattlichen Erklärung versehen, in der es heißt "Die drei unterzeichnenden Zeugen bestätigen, dass es sich bei dem beiliegenden Dokument um eine wortgetreue Übersetzung des Buches von Sidney Warburg aus dem Niederländischen ins Deutsche handelt, von der ihnen während des gesamten Übersetzungsvorgangs ein Exemplar ständig zur Verfügung stand. Sie bezeugen, dass sie dieses Original in Händen hielten und es nach bestem Wissen und Gewissen Satz für Satz gelesen und ins Deutsche übersetzt haben, wobei sie den Inhalt der beigefügten Übersetzung gewissenhaft mit dem Original verglichen haben, bis eine vollständige Übereinstimmung erreicht war."

> *Das Pamphlet wiederholt eine alte Geschichte, wonach
> führende Amerikaner, darunter John D. Rockefeller,
> Hitler von 1929 bis 1932 mit 32.000.000 Dollar
> finanziert haben, um "Deutschland durch eine Revolution
> aus dem finanziellen Griff Frankreichs zu befreien" Viele
> Leser des Pamphlets haben darauf hingewiesen, dass es
> viele Ungenauigkeiten enthält.*

Warum wurde das niederländische Original 1933 aus dem Verkehr
gezogen? Weil "Sidney Warburg" nicht existierte und ein "Sidney
Warburg" als Autor angegeben wurde. Seit 1933 wurde das "Sidney
Warburg"-Buch von verschiedenen Seiten sowohl als Fälschung als
auch als echtes Dokument beworben. Die Familie Warburg selbst
hat sich einige Mühe gegeben, die Fälschung zu belegen.

Worüber berichtet das Buch? Was behauptet das Buch, was in
Deutschland in den frühen 1930er Jahren geschah? Und haben diese
Ereignisse irgendeine Ähnlichkeit mit Fakten, die wir aus anderen
Quellen kennen?

Aus forschungsmethodischer Sicht ist es viel besser, davon
auszugehen, dass das Buch "Sidney Warburg" eine Fälschung *ist*,
solange wir nicht das Gegenteil beweisen können. So werden wir
auch vorgehen. Der Leser mag sich fragen: Warum sollte man sich
dann die Mühe machen, eine mögliche Fälschung genauer zu
untersuchen? Abgesehen von der akademischen Neugier gibt es
mindestens zwei gute Gründe.

Erstens hat die Behauptung der Warburgs, das Buch sei eine
Fälschung, einen merkwürdigen und entscheidenden Fehler. Die
Warburgs leugnen ein Buch als falsch, von dem sie zugeben, dass
sie es weder gelesen noch überhaupt gesehen haben. Die Leugnung
der Warburgs beschränkt sich speziell auf die Nicht-Autorenschaft
eines Warburgs. Dieses Dementi ist akzeptabel, aber es leugnet oder
verwirft nicht die Gültigkeit des *Inhalts*. Mit der Leugnung wird
lediglich die Autorenschaft bestritten.

Zweitens haben wir die I.G. Farben bereits als einen der wichtigsten
Finanziers und Unterstützer Hitlers identifiziert. Wir haben einen

fotografischen Beweis (Seite 64) des Überweisungsbelegs über 400.000 Mark von der I.G. Farben an Hitlers von Rudolf Hess verwaltetes Konto der "Nationalen Treuhand" vorgelegt. Nun ist es wahrscheinlich, ja fast sicher, dass es "Sidney Warburg" nicht gab. Andererseits ist öffentlich bekannt, dass die Warburgs in Deutschland und in den Vereinigten Staaten eng mit der I.G. Farben verbunden waren. In Deutschland war Max Warburg Direktor der I.G. Farben und in den Vereinigten Staaten war sein Bruder Paul Warburg (Vater von James Paul Warburg) Direktor der amerikanischen I.G. Farben. Kurz gesagt, wir haben unwiderlegbare Beweise dafür, dass *einige* Warburgs, einschließlich des Vaters von James Paul, dem Ankläger des "Sidney Warburg"-Buchs, Direktoren der I.G. Farben *waren*. Und es ist bekannt, dass die I.G. Farben Hitler finanziert hat. "*Sidney* Warburg" war ein Mythos, aber die I.G. Farben-Direktoren Max Warburg und Paul Warburg waren keine Mythen. Dies ist Grund genug, weiter zu gehen.

Fassen wir zunächst das Buch zusammen, von dem James Paul Warburg behauptet, es sei eine Fälschung.

Eine Zusammenfassung des unterdrückten "Sidney Warburg"-Buchs

The Financial Sources of National Socialism beginnt mit einem angeblichen Gespräch zwischen "Sidney Warburg" und dem gemeinsamen Autor/Übersetzer I. G. Shoup. "Warburg" erzählt, warum er Shoup ein englischsprachiges Manuskript zur Übersetzung ins Niederländische und zur Veröffentlichung in Holland übergab Mit den Worten des mythischen "Sidney Warburg":

> *Es gibt Momente, in denen ich mich von dieser Welt der Intrigen, der Betrügereien, der Schwindeleien und der Manipulationen an der Börse abwenden möchte... Wissen Sie, was ich nie verstehen kann? Wie ist es möglich, dass Menschen mit gutem und ehrlichem Charakter - wofür ich genügend Beweise habe - sich an Schwindel und Betrug beteiligen, wohl wissend, dass es Tausende treffen wird.*

Shoup beschreibt dann "Sidney Warburg" als "Sohn eines der größten Bankiers der Vereinigten Staaten, Mitglied des Bankhauses Kuhn, Loeb & Co. in New York". "Sidney Warburg" erzählt Shoup dann, dass er ("Warburg") für die Geschichte festhalten will, wie der Nationalsozialismus von New Yorker Finanziers finanziert wurde.

Der erste Abschnitt des Buches trägt den einfachen Titel *"1929"*. Darin wird berichtet, dass die Wall Street 1929 enorme Kredite in Deutschland und Österreich ausstehen hatte und dass diese Forderungen größtenteils eingefroren worden waren. Während Frankreich wirtschaftlich schwach war und sich vor Deutschland fürchtete, erhielt Frankreich auch den "Löwenanteil" der Reparationsgelder, die eigentlich von den Vereinigten Staaten finanziert wurden. Im Juni 1929 fand ein Treffen zwischen den Mitgliedern der Federal Reserve Bank und führenden amerikanischen Bankiers statt, um zu entscheiden, wie mit Frankreich zu verfahren sei, und insbesondere, um die Forderung nach deutschen Reparationen zu erfüllen. An diesem Treffen nahmen (laut dem "Warburg"-Buch) die Direktoren der Guaranty Trust Company, die "Präsidenten" der Federal Reserve Banks sowie fünf unabhängige Bankiers, der "junge Rockefeller" und Glean von Royal Dutch Shell teil. Carter und Rockefeller, so der Text, "dominierten das Verfahren. Die anderen hörten zu und nickten mit dem Kopf."

Die Bankiers waren sich einig, dass Deutschland nur durch eine kommunistische oder deutschnationale Revolution aus den Fängen der französischen Finanzwelt befreit werden könne. Bei einem früheren Treffen war man übereingekommen, mit Hitler Kontakt aufzunehmen, um "herauszufinden, ob er für amerikanische Finanzhilfe zugänglich wäre". Nun hatte Rockefeller Berichten zufolge kürzlich ein deutsch-amerikanisches Flugblatt über die nationalsozialistische Bewegung Hitlers gesehen, und der Zweck dieses zweiten Treffens bestand darin, festzustellen, ob "Sidney Warburg" bereit war, als Kurier nach Deutschland zu reisen, um persönlichen Kontakt mit Hitler aufzunehmen.

Als Gegenleistung für die bevorzugte finanzielle Unterstützung wird von Hitler erwartet, dass er eine "aggressive Außenpolitik betreibt und den Gedanken der Rache gegen Frankreich schürt". Man ging davon aus, dass diese Politik dazu führen würde, dass Frankreich die Vereinigten Staaten und England um Unterstützung in "internationalen Fragen, die eine eventuelle deutsche Aggression betreffen", bitten würde. Hitler sollte nichts über den Zweck der Unterstützung durch die Wall Street erfahren. Es sei "seinem Verstand und Einfallsreichtum überlassen, die Motive hinter dem Vorschlag zu entdecken". "Warburg akzeptierte die vorgeschlagene Mission und verließ New York in Richtung Cherbourg auf der *Ile de France*, "mit einem Diplomatenpass und Empfehlungsschreiben von Carter, Tommy Walker, Rockefeller, Glean und Herbert Hoover."

Offenbar hatte "Sidney Warburg" einige Schwierigkeiten, Hitler zu treffen. Dem amerikanischen Konsul in München gelang es nicht, einen Kontakt zu den Nazis herzustellen, und schließlich wandte sich Warburg direkt an den Münchner Bürgermeister Deutzberg, "mit einer Empfehlung des amerikanischen Konsuls" und der Bitte, Warburg zu Hitler zu führen. Shoup präsentiert dann Auszüge aus Hitlers Erklärungen bei diesem ersten Treffen. Diese Auszüge enthalten die üblichen antisemitischen Tiraden Hitlers, und es ist anzumerken, dass alle antisemitischen Passagen in dem "Sidney Warburg"-Buch von Hitler gesprochen werden. (Dies ist wichtig, weil James Paul Warburg behauptet, das Shoup-Buch sei völlig antisemitisch.) Bei diesem Treffen wurde die Finanzierung der Nazis erörtert, und Hitler soll darauf bestanden haben, dass die Gelder nicht bei einer deutschen Bank, sondern nur bei einer ihm zur Verfügung stehenden ausländischen Bank eingezahlt werden könnten. Hitler verlangte 100 Millionen Mark und schlug vor, dass "Sidney Warburg" über von Heydt am Lutzowufer, 18 Berlin, über die Reaktion der Wall Street berichtet.[170]

---

[170] Man beachte, dass "von Heydt" der ursprüngliche Name für die niederländische Bank voor Handel en Seheepvaart N.V. war, eine Tochtergesellschaft der Thyssen-Interessen, von der heute bekannt ist, dass sie als Trichter für Nazi-Gelder benutzt wurde. Siehe *Eliminierung der deutschen Ressourcen.*

Nachdem Warburg der Wall Street Bericht erstattet hatte, erfuhr er, dass 24 Millionen Dollar zu viel für die amerikanischen Bankiers waren; sie boten 10 Millionen Dollar. Warburg setzte sich mit von Heydt in Verbindung, und es wurde ein weiteres Treffen vereinbart, diesmal mit einem *"unscheinbar* aussehenden Mann, der mir unter dem Namen Frey vorgestellt wurde". Es wurden Anweisungen gegeben, 10 Millionen Dollar bei der Mendelsohn & Co. Bank in Amsterdam, Holland, bereitzustellen. Warburg sollte die Mendelsohn-Bank bitten, Schecks in Mark auszustellen, die an namentlich genannte Nazis in zehn deutschen Städten zahlbar sein sollten.

Anschließend reiste Warburg nach Amsterdam, beendete seinen Auftrag bei Mendelsohn & Co. und fuhr dann nach Southampton, England, und mit der *Olympia* zurück nach New York, wo er Carter bei der Guaranty Trust Company Bericht erstattete. Zwei Tage später gab Warburg seinen Bericht vor der gesamten Wall Street-Gruppe ab, aber "diesmal saß neben Glean von Royal Dutch ein englischer Vertreter, ein Mann namens Angell, einer der Leiter der Asiatic Petroleum Co.". Warburg wurde über Hitler befragt, und "Rockefeller zeigte ungewöhnliches Interesse an Hitlers Aussagen über die Kommunisten."

Einige Wochen nach Warburgs Rückkehr aus Europa zeigten die Hearst-Zeitungen "ungewöhnliches Interesse" an der neuen deutschen Nazi-Partei, und sogar die *New York Times* brachte regelmäßig kurze Berichte über Hitlers Reden. Zuvor hatten diese Zeitungen kein allzu großes Interesse gezeigt, doch das änderte sich nun.[171] Außerdem erschien im Dezember 1929 eine lange Studie über die deutsche nationalsozialistische Bewegung *"in* einer

---

[171] Ein Blick auf den Index der *New York Times* bestätigt die Richtigkeit des letzten Teils dieser Aussage. Siehe z. B. den plötzlichen Ansturm des Interesses in der *New York Times vom* 15. September 1930 und den Artikel "Hitler, Driving Force in Germany's Fascism" in der Ausgabe der *New York Times* vom 21. September 1930. Im Jahr 1929 veröffentlichte die *New York Times* nur einen kurzen Artikel über Adolf Hitler. Im Jahr 1931 brachte sie eine ganze Reihe umfangreicher Artikel, darunter nicht weniger als drei "Porträts".

monatlichen Veröffentlichung der Harvard University".

Teil II des unterdrückten "Financial Sources of National Socialism" trägt den Titel "1931" und beginnt mit einer Diskussion über den französischen Einfluss auf die internationale Politik. Darin heißt es, dass Herbert Hoover dem Franzosen Pierre Laval versprochen habe, die Schuldenfrage nicht zu lösen, ohne vorher die französische Regierung zu konsultieren und [schreibt Shoup]:

> *Als die Wall Street dies herausfand, verlor Hoover mit einem Schlag den Respekt dieses Kreises. Sogar die folgenden Wahlen waren davon betroffen - viele glaubten, dass Hoovers Nichtwiederwahl auf diese Angelegenheit zurückzuführen war.*[172]

Im Oktober *1931* erhielt Warburg einen Brief von Hitler, den er an Carter von der Guaranty Trust Company weiterleitete, woraufhin in den Büros der Guaranty Trust Company eine weitere Bankiersitzung einberufen wurde. Die Meinungen bei diesem Treffen waren geteilt. "Sidney Warburg" berichtete, dass Rockefeller, Carter und McBean für Hitler waren, während die anderen Finanziers unsicher waren. Montague Norman von der Bank of England und Glean von Royal Dutch Shell argumentierten, dass die 10 Millionen Dollar, die bereits für Hitler ausgegeben wurden, zu viel seien und dass Hitler niemals handeln würde. Schließlich einigte man sich im Prinzip darauf, Hitler weiter zu unterstützen, und Warburg übernahm erneut einen Kurierauftrag und kehrte nach Deutschland zurück.

Auf dieser Reise diskutierte Warburg Berichten zufolge deutsche Angelegenheiten mit "einem jüdischen Bankier" in Hamburg, mit einem Industriemagnaten und anderen Hitler-Anhängern. Ein Treffen fand mit dem Bankier von Heydt und einem "Luetgebrunn" statt. Letzterer erklärte, dass die Nazi-Sturmtruppen unzureichend ausgerüstet seien und die SS dringend Maschinengewehre, Revolver

---

[172] Hoover sagte, er habe 1931 die Unterstützung der Wall Street verloren, weil er deren Plan für einen New Deal nicht mittragen wollte: siehe Antony C. Sutton, *Wall Street and FDR, op. cit.*

und Karabiner benötige.

Beim nächsten Treffen zwischen Warburg und Hitler argumentierte Hitler, dass "die Sowjets unsere Industrieprodukte noch nicht vermissen können. Wir werden Kredit geben, und wenn ich nicht in der Lage bin, Frankreich selbst zu deflationieren, dann werden mir die Sowjets helfen." Hitler sagte, er habe zwei Pläne für die Machtübernahme in Deutschland: (a) den Revolutionsplan und (b) den Plan der legalen Machtübernahme. Der erste Plan würde eine Angelegenheit von drei Monaten sein, der zweite Plan eine Angelegenheit von drei Jahren. Hitler wird mit den Worten zitiert: "Revolution kostet fünfhundert Millionen Mark, legale Übernahme kostet zweihundert Millionen Mark - wie werden sich Ihre Bankiers entscheiden?" Nach fünf Tagen traf ein Telegramm von Guaranty Trust für Warburg ein, das in dem Buch wie folgt zitiert wird:

> *Vorgeschlagene Beträge kommen nicht in Frage. Das wollen und können wir nicht. Erklären Sie den Menschen, dass ein solcher Transfer nach Europa den Finanzmarkt erschüttern wird. Völlig unbekannt auf internationalem Gebiet. Erwarten Sie einen langen Bericht, bevor eine Entscheidung getroffen wird. Bleiben Sie dort. Untersuchung fortsetzen. Überzeugen Sie den Mann von unmöglichen Forderungen. Vergessen Sie nicht, Ihre eigene Meinung über die Möglichkeiten für die Zukunft des Menschen in den Bericht aufzunehmen.*

Warburg kabelte seinen Bericht zurück nach New York und erhielt drei Tage später ein zweites Telegramm, in dem es hieß:

> *Bericht erhalten. Bereiten Sie sich auf die Lieferung von zehn, maximal fünfzehn Millionen Dollar vor. Beraten Mann Notwendigkeit der Aggression gegen ausländische Gefahr.*

Die 15 Millionen Dollar wurden für den legalen Weg der Übernahme angenommen, nicht für den revolutionären Plan. Das Geld wurde von der Wall Street über Warburg wie folgt an Hitler überwiesen: 5 Millionen Dollar bei Mendelsohn & Company in Amsterdam, 5 Millionen Dollar bei der Rotterdamsehe

Bankvereinigung in Rotterdam und 5 Millionen Dollar bei der "Banca Italiana".

Warburg reiste zu jeder dieser Banken, wo er Berichten zufolge Heydt, Strasser und Hermann Goering traf. Die Gruppen veranlassten, dass Wangen auf verschiedene Namen in verschiedenen Städten in Deutschland ausgestellt wurden. Mit anderen Worten, die Gelder wurden in der modernen Tradition "gewaschen", um ihre Herkunft von der Wall Street zu verschleiern. In Italien wurde die Zahlungsgruppe Berichten zufolge im Hauptgebäude der Bank von ihrem Präsidenten empfangen, und während sie in seinem Büro warteten, wurden zwei italienische Faschisten, Rossi und Balbo, Warburg, Heydt, Strasser und Goering vorgestellt. Drei Tage nach der Zahlung kehrte Warburg mit der *Savoya* von Genua nach New York zurück.

Auch hier berichtete er an Carter, Rockefeller und die anderen Bankiers.

Der dritte Abschnitt von "Finanzielle Quellen des Nationalsozialismus" trägt den einfachen Titel "1933". Der Abschnitt berichtet über "Sidney Warburgs" drittes und letztes Treffen mit Hitler - in der Nacht, in der der Reichstag brannte. (Wir haben in Kapitel acht über die Anwesenheit von Roosevelts Freund Putzi Hanfstaengl im Reichstag berichtet.) Bei diesem Treffen informierte Hitler Warburg über die Fortschritte der Nazis auf dem Weg zur legalen Machtübernahme. Seit 1931 hatte sich die nationalsozialistische Partei verdreifacht. In Belgien, Holland und Österreich waren in der Nähe der deutschen Grenze riesige Waffendepots angelegt worden - doch diese Waffen mussten vor der Auslieferung bar bezahlt werden. Hitler verlangte ein Minimum von 100 Millionen Mark, um den letzten Schritt im Übernahmeprogramm zu vollziehen. Guaranty Trust verdrahtete Warburg mit einem Angebot von höchstens 7 Millionen Dollar, die wie folgt gezahlt werden sollten: 2 Millionen Dollar an die Renania Joint Stock Company in Düsseldorf (die deutsche Niederlassung der Royal Dutch) und 5 Millionen Dollar an andere Banken. Warburg meldete dieses Angebot an Hitler, der verlangte, dass die 5 Millionen Dollar an die Banca Italiana in Rom überwiesen werden sollten, und (obwohl dies in dem Bericht nicht erwähnt wird) wurden vermutlich die anderen 2 Millionen Dollar an Düsseldorf gezahlt. Das Buch schließt mit der folgenden Aussage Warburgs:

> *Ich habe meinen Auftrag strikt bis ins kleinste Detail ausgeführt. Hitler ist der Diktator des größten europäischen Landes. Die Welt hat ihn nun mehrere Monate lang bei der Arbeit beobachtet. Meine Meinung über ihn bedeutet nichts mehr. Seine Taten werden beweisen, ob er böse ist, und ich glaube, er ist es. Um des deutschen Volkes willen hoffe ich von Herzen, dass ich mich irre. Die Welt leidet weiter unter einem System, das sich einem Hitler beugen muss, um sich auf den Beinen zu halten. Arme Welt, arme Menschheit.*

Dies ist eine Zusammenfassung von "Sidney Warburgs" unterdrücktem Buch über die finanziellen Ursprünge des Nationalsozialismus in Deutschland. Einige der in dem Buch enthaltenen Informationen sind heute allgemein bekannt - obwohl nur ein Teil in den frühen 1930er Jahren allgemein bekannt war. Außergewöhnlich ist, dass der unbekannte Autor Zugang zu Informationen hatte, die erst viele Jahre später auftauchten - zum Beispiel die Identität der von Heydt-Bank als Finanzträger Hitlers. Warum wurde das Buch aus den Regalen genommen und unterdrückt? Der angegebene Grund für die Rücknahme war, dass "Sidney Warburg" nicht existierte, dass das Buch eine Fälschung war und dass die Familie Warburg behauptete, es enthalte antisemitische und verleumderische Aussagen.

Die Informationen in dem Buch wurden nach dem Zweiten Weltkrieg wieder aufgegriffen und in anderen Büchern in einem antisemitischen Kontext veröffentlicht, der in dem ursprünglichen Buch von 1933 nicht vorhanden ist. Zwei dieser Nachkriegsbücher waren *"Spanischer Sommer"* von Rene Sonderegger und *"Liebet Eure Feinde"* von Werner Zimmerman.

Vor allem James P. Warburg aus New York unterzeichnete 1949 eine eidesstattliche Erklärung, die als Anhang in von Papens *Memoiren* veröffentlicht wurde. Leider konzentriert sich James P. Warburg auf das antisemitische Buch *"Spanischer Sommer"* von

Sonderegger aus dem Jahr 1947 *und* nicht auf das ursprüngliche, unterdrückte Buch "Sidney Warburg" aus dem Jahr 1933, in dem der einzige Antisemitismus in den angeblichen Äußerungen Hitlers liegt.

Mit anderen Worten, die eidesstattliche Erklärung von Warburg warf weit mehr Fragen auf, als sie löste. Wir sollten uns daher Warburgs eidesstattliche Erklärung von 1949 ansehen, in der er die Echtheit der *Finanzquellen des Nationalsozialismus* bestreitet.

Eidesstattliche Erklärung von James Paul Warburg

Im Jahr 1953 veröffentlichte der Nazi Franz von Papen seine *Memoiren.*[173] Dabei handelte es sich um, denselben Franz von Papen, der im Ersten Weltkrieg in den Vereinigten Staaten für die deutsche Spionage tätig gewesen war. In seinen *Memoiren* erörtert Franz von Papen die Frage der Finanzierung Hitlers und gibt dem Industriellen Fritz Thyssen und dem Bankier Kurt von Sehroder die Schuld. Papen bestreitet, dass er (Papen) Hitler finanziert hat, und in der Tat gibt es keine glaubwürdigen Beweise, die von Papen mit Hitlers Geldern in Verbindung bringen (obwohl Zimmerman in *Liebert Eure Feinde* Papen beschuldigt, 14 Millionen Mark gespendet zu haben). In diesem Zusammenhang erwähnt von Papen "Sidney Warburgs" *The Financial Sources of National Socialism* sowie die beiden neueren Bücher von Werner Zimmerman und Rene Sonderegger (alias Severin Reinhardt) aus der Zeit nach dem Zweiten Weltkrieg.[174] Papen fügt hinzu, dass:

> *James P. Warburg ist in der Lage, die gesamte Fälschung in seiner eidesstattlichen Erklärung zu widerlegen... Ich für meinen Teil bin Herrn Warburg sehr*

---

[173] Franz von Papen, *Memoirs*, (New York: E.P. Dutton & Co., Inc., 1958). Übersetzt von Brian Connell.

[174] Werner Zimmerman, *Liebet Eure Feinde*, (Frankhauser Verlag: Thielle-Neuchatel, 1948), das ein Kapitel "Hitlers geheime Geldgeber" enthält, und Rene Sonderegger, *Spanischer Sommer*, (Afroltern, Schweiz: Aehren Verlag, 1948).

> *dankbar, dass er diese bösartige Verleumdung ein für alle Mal aus der Welt geschafft hat. Es ist fast unmöglich, Anschuldigungen dieser Art durch einfache Verneinung zu widerlegen, und sein maßgebliches Dementi hat es mir ermöglicht, meinen eigenen Beteuerungen Nachdruck zu verleihen.*[175]

Der Anhang II von Papens Buch besteht aus zwei Teilen. Der erste ist eine Erklärung von James P. Warburg, der zweite ist die eidesstattliche Erklärung vom 15. Juli 1949.

Im ersten Absatz der Erklärung heißt es, dass der niederländische Verlag Holkema und Warendorf 1933 *De Geldbronnen van Het Nationaal-Socialisme. Drie Gesprekken Met Hitler*, und fügt hinzu, dass,

> *Dieses Buch wurde angeblich von "Sidney Warburg" geschrieben. Ein Partner der Amsterdamer Firma Warburg & Co. informierte James P. Warburg über das Buch, und Holkema und Warendorf wurden darüber informiert, dass eine Person namens "Sidney Warburg" nicht existierte. Daraufhin zogen sie das Buch aus dem Verkehr.*

James Warburg macht dann zwei aufeinander folgende und scheinbar widersprüchliche Aussagen:

> *... das Buch enthielt eine Menge verleumderisches Material gegen verschiedene Mitglieder meiner Familie und gegen eine Reihe prominenter Bankhäuser und Einzelpersonen in New York - ich habe bis heute nie ein Exemplar des Buches gesehen. Offenbar entging nur eine Handvoll Exemplare der Rücknahme durch den Verlag.*

Einerseits behauptet Warburg, er habe nie ein Exemplar des Buches "Sidney Warburg" gesehen, andererseits bezeichnet er es als

---

[175] Franz von Papen, *Memoiren*, a.a.O., S. 23.

"verleumderisch" und erstellt Satz für Satz eine detaillierte eidesstattliche Erklärung, um die Informationen zu widerlegen, die angeblich in einem Buch stehen, das er angeblich nicht gesehen hat! Es ist sehr schwierig, Warburgs Behauptung, er habe "bis zum heutigen Tag nie ein Exemplar des Buches gesehen", zu akzeptieren. Und wenn er es tatsächlich nicht gesehen hat, dann ist die eidesstattliche Erklärung wertlos.

James Warburg fügt hinzu, das Buch "Sidney Warburg" sei "offensichtlicher Antisemitismus", und der Tenor von Warburgs Aussage ist, dass die *"Sidney* Warburg"-Geschichte reine antisemitische Propaganda ist. Tatsächlich (und Warburg hätte diese Tatsache entdeckt, wenn er das Buch gelesen hätte) sind die *einzigen* antisemitischen Äußerungen in dem Buch von 1933 diejenigen, die Adolf Hitler zugeschrieben werden, dessen antisemitische Gefühle kaum eine große Entdeckung sind. Abgesehen von Hitlers Wutausbrüchen gibt es in dem ursprünglichen "Sidney Warburg"-Buch nichts, was auch nur im Entferntesten mit Antisemitismus zu tun hat, es sei denn, wir würden Rockefeller, Glean, Carter, McBean *usw.* als Juden einstufen. *In der Tat ist es bemerkenswert, dass kein einziger jüdischer Bankier in dem Buch genannt wird - mit Ausnahme des mythischen "Sidney Warburg", der ein Kurier ist, nicht einer der angeblichen Geldgeber.* Aus einer authentischen Quelle (Botschafter Dodd) wissen wir jedoch, dass der jüdische Bankier Eberhard von Oppenheim tatsächlich 200.000 Mark an Hitler[176] gespendet hat, und es ist unwahrscheinlich, dass "Sidney Warburg" diese Beobachtung entgangen wäre, wenn er absichtlich falsche antisemitische Propaganda verbreitet hätte.

Die erste Seite von James Warburgs Erklärung betrifft das Buch von 1933. Nach der ersten Seite führt Warburg Rene Sonderegger und ein weiteres Buch aus dem Jahr 1947 ein. Eine sorgfältige Analyse von Warburgs Erklärung und eidesstattlicher Erklärung zeigt, dass sich seine Dementis und Behauptungen im Wesentlichen auf Sonderegger und *nicht* auf Sidney Warburg beziehen. Nun war Sonderegger zwar antisemitisch und gehörte wahrscheinlich nach

---

[176] William E. Dodd, *Ambassador Dodd,s Diary*, op. cit. pp, 593-602.

dem Zweiten Weltkrieg einer neonazistischen Bewegung an, aber dieser Vorwurf des Antisemitismus kann nicht auf das Buch von 1933 bezogen werden - und das ist der Kernpunkt der strittigen Frage. Kurz gesagt, James Paul Warburg beginnt damit, dass er behauptet, ein Buch zu besprechen, das er nie gesehen hat, von dem er aber weiß, dass es verleumderisch und antisemitisch ist, und verlagert dann ohne Vorwarnung die Anschuldigung auf ein anderes Buch, das sicherlich antisemitisch war, aber ein Jahrzehnt später veröffentlicht wurde. In der eidesstattlichen Erklärung von Warburg werden die beiden Bücher so gründlich durcheinander gebracht, dass der Leser dazu verleitet wird, den mythischen" Sidney Warburg" zusammen mit Sonderegger zu verurteilen.[177] Schauen wir uns einige der Aussagen von J.P. Warburg an:

James P. Warburgs eidesstattliche Erklärung New York City, 15. Juli 1949	Kommentare des Autors zur eidesstattlichen Erklärung von James P. Warburg
1. Zu den völlig falschen und Anmerkung: Die eidesstattliche Erklärung betrifft böswillige Behauptungen von Rene Sonderegger aus Zürich, Schweiz, *et al.* wie im vorstehenden Teil dieser Erklärung dargelegt, erkläre ich, James Paul Warburg, aus Greenwich, Connecticut, U.S.A., wie folgt:	Die eidesstattliche Erklärung bezieht sich auf Rene Sonderegger, nicht auf das 1933 von J.G. Shoup veröffentlichte Buch.
2. Eine Person wie "Sidney Warburg" gab es 1933 weder in New York City noch anderswo, soweit ich weiß, weder damals noch zu irgendeinem anderen Zeitpunkt.	Wir können davon ausgehen, dass der Name "Sidney Warburg" ein Pseudonym ist oder fälschlicherweise verwendet wird.
3. Ich habe niemals ein Manuskript, ein Tagebuch, Notizen, Telegramme oder andere Dokumente an irgendeine Person zur Übersetzung und Veröffentlichung in Holland gegeben, und insbesondere habe ich niemals solche Dokumente an den angeblichen J.G. Shoup in Antwerpen gegeben. Soweit ich weiß und mich erinnere, habe ich zu keinem Zeitpunkt eine solche Person getroffen.	Die eidesstattliche Erklärung beschränkt sich auf die Überlassung von Materialien "zur Übersetzung und Veröffentlichung in Holland".

---

[177] Der Leser sollte die vollständige Erklärung und die eidesstattliche Erklärung von Warburg prüfen; siehe Franz von Papen, *Memoirs, op. cit.* pp. 593-602.

4. Das von Sonderegger berichtete Telefongespräch zwischen Roger Baldwin und mir hat nie stattgefunden und ist reine Erfindung.

5. Ich bin weder im Jahr 1929 noch zu irgendeinem anderen Zeitpunkt auf Ersuchen des Präsidenten der Guaranty Trust Company nach Deutschland gereist.

6. Ich reiste sowohl 1929 als auch 1930 im Auftrag meiner eigenen Bank, der International Acceptance Bank Inc. in New York, nach Deutschland. Bei keiner dieser Gelegenheiten hatte ich irgendetwas mit der Untersuchung der möglichen Verhinderung einer kommunistischen Revolution in Deutschland durch die Förderung einer Nazi-Konterrevolution zu tun. Ich bin in der Lage zu beweisen, dass ich nach meiner Rückkehr aus Deutschland nach den Reichstagswahlen von 1930 meine Mitarbeiter gewarnt habe, dass Hitler sehr wahrscheinlich in Deutschland an die Macht kommen würde und dass das Ergebnis entweder ein von den Nazis beherrschtes Europa oder ein zweiter Weltkrieg sein würde - vielleicht beides. Dies kann ebenso bestätigt werden wie die Tatsache, dass meine Bank als Folge meiner Warnung ihre deutschen Engagements so schnell wie möglich abbaute.

7. Ich habe nirgendwo und zu keiner Zeit mit Hitler, mit Nazifunktionären oder mit sonst jemandem über die Bereitstellung von Geldern für die Nazipartei gesprochen. Insbesondere hatte ich keine Geschäfte dieser Art mit Mendelssohn & Co. oder der Rotterdamsche Bankvereiniging oder der Banca Italiana. (Mit letzterer ist wahrscheinlich die Banca d'Italia gemeint, mit der ich ebenfalls keine derartigen Geschäfte gemacht habe).

Berichtet von Sonderegger, nicht von "Sidney Warburg".

Warburg ging jedoch 1929 und 1930 für die International Acceptance Bank, Inc. nach Deutschland.

Man beachte, dass Warburg nach eigener Aussage seinen Bankkollegen sagte, dass Hitler an die Macht kommen würde. Diese Behauptung wurde 1930 aufgestellt - und die Warburgs waren weiterhin als Direktoren bei I.G. Farben und anderen pro-nazistischen Firmen tätig.

Es gibt keine Beweise, die diese Aussage widerlegen. Soweit sich feststellen lässt, waren die Warburgs nicht mit diesen Bankhäusern verbunden, außer dass der italienische Korrespondent von Warburgs Bank of Manhattan die "Banca Commerciale Italiana" war - was der "Banca Italiana" nahe kommt.

8. Im Februar 1933 (siehe Seiten 191 und 192 des Spanischen Sommers), als ich Hitler die letzte Rate der amerikanischen Gelder gebracht haben soll und von Göring und Goebbels sowie von Hitler selbst empfangen wurde, kann ich beweisen, dass ich überhaupt nicht in Deutschland war. Ich habe nach der Machtübernahme der Nazis im Januar 1933 nie einen Fuß in Deutschland gesetzt. Im Januar und Februar war ich in New York und Washington, um sowohl mit meiner Bank als auch mit dem designierten Präsidenten Roosevelt an der damals akuten Bankenkrise zu arbeiten. Nach Roosevelts Amtsantritt am 3. März 1933 arbeitete ich kontinuierlich mit ihm zusammen, um die Tagesordnung für die Weltwirtschaftskonferenz vorzubereiten, zu der ich Anfang Juni als Finanzberater geschickt wurde. Dies ist eine öffentliche Angelegenheit.

Es gibt keine Beweise, die diese Aussagen widerlegen. "Sidney Warburg" liefert keine Belege für seine Behauptungen.

Siehe *Wall Street und FDR*, für Einzelheiten zu FDRs deutschen Verbindungen.

9. Die vorstehenden Ausführungen sollten ausreichen, um zu zeigen, dass der ganze "Sidney Warburg"-Mythos und die anschließende fälschliche Identifizierung meiner Person mit dem nicht existierenden "Sidney" Erfindungen böswilliger Falschheit sind, die nicht die geringste Grundlage in der Wahrheit haben.

Nein. James P. Warburg erklärt, dass er das 1933 in Holland veröffentlichte Originalbuch "Sidney Warburg" nie gesehen hat. Daher bezieht sich seine eidesstattliche Erklärung nur auf das Buch von Sonderegger, das ungenau ist. Sidney Warburg mag ein Mythos sein, aber die Verbindung von Max Warburg und Paul Warburg mit I.G. Farben und Hitler ist kein Mythos.

Hat James Warburg die Absicht, in die Irre zu führen?

Es stimmt, dass "Sidney Warburg" eine Erfindung sein könnte, in dem Sinne, dass "Sidney Warburg" nie existiert hat. Wir *nehmen an, dass* der Name eine Fälschung ist; aber *jemand* hat das Buch geschrieben. Zimmerman und Sonderegger mögen den Namen Warburg verleumdet haben oder auch nicht, aber wenn wir James P. Warburgs eidesstattliche Erklärung, wie sie in von Papens *Memoiren* veröffentlicht wurde, untersuchen, bleiben wir leider genauso im Dunkeln wie immer. Es gibt drei wichtige und unbeantwortete Fragen: (1) warum würde James P. Warburg ein Buch, das er nicht gelesen hat, als Fälschung bezeichnen; (2) warum weicht Warburgs eidesstattliche Erklärung der Schlüsselfrage aus und lenkt die Diskussion von "Sidney Warburg" auf das 1947 veröffentlichte antisemitische Sonderegger-Buch ab; und (3) warum würde James P. Warburg so unsensibel gegenüber dem jüdischen Leid im Zweiten Weltkrieg sein, dass er seine eidesstattliche Erklärung in den *Memoiren* von Franz von Papen veröffentlicht, der ein prominenter Nazi war, der seit den frühen Tagen von 1933 im Zentrum der Hitler-Bewegung stand?

Nicht nur die deutschen Warburgs wurden 1938 von Hitler verfolgt, sondern Millionen von Juden verloren ihr Leben durch die Nazi-Barbarei. Es scheint elementar, dass jeder, der unter den vergangenen Leiden der deutschen Juden gelitten hat und dafür empfänglich ist, Nazis, Nazismus und neonazistische Bücher meiden würde wie die Pest. Doch hier fungiert Nazi von Papen als genialer literarischer Gastgeber für den selbsternannten Anti-Nazi James P. Warburg, der diese Gelegenheit offensichtlich begrüßt. Außerdem hatten die Warburgs reichlich Gelegenheit, eine solche eidesstattliche Erklärung mit großer Öffentlichkeitswirkung zu veröffentlichen, ohne neonazistische Kanäle zu nutzen.

Es lohnt sich für den Leser, über diese Situation nachzudenken. Die einzige logische Erklärung ist, dass einige der Fakten in dem Buch "Sidney Warburg" entweder wahr sind, der Wahrheit nahe kommen oder für James P. Warburg peinlich sind. Man kann nicht sagen, dass Warburg *die Absicht hatte*, in die Irre zu führen (obwohl dies eine naheliegende Schlussfolgerung wäre), denn Geschäftsleute sind notorisch unlogische Schreiber und Denker, und es gibt sicherlich nichts, was Warburg von dieser Kategorisierung ausnehmen würde.

Einige Schlussfolgerungen aus der "Sidney Warburg"-Geschichte

"Sidney Warburg" hat nie existiert; in diesem Sinne ist das Originalbuch von 1933 ein Werk der Fiktion. Viele der damals wenig bekannten Fakten, die in dem Buch aufgezeichnet wurden, sind jedoch gefälscht; und die eidesstattliche Erklärung von James Warburg richtet sich nicht gegen das ursprüngliche Buch, sondern gegen ein antisemitisches Buch, das über ein Jahrzehnt später in Umlauf gebracht wurde.

Paul Warburg war Direktor der amerikanischen I.G. Farben und damit an der Finanzierung von Hitler beteiligt. Max Warburg, ein Direktor der deutschen I.G. Farben, unterzeichnete - zusammen mit Hitler selbst - das Dokument, mit dem Hjalmar Schacht in die Reichsbank berufen wurde. Diese nachweisbaren Verbindungen zwischen den Warburgs und Hitler legen nahe, dass die "Sidney Warburg"-Geschichte nicht ohne genaue Prüfung als totale Fälschung aufgegeben werden kann.

Wer hat das Buch 1933 geschrieben, und warum? I.G. Shoup sagt, die Notizen seien von einem Warburg in England geschrieben und ihm zur Übersetzung gegeben worden. Das Warburg-Motiv war angeblich aufrichtige Reue über das amoralische Verhalten der Warburgs und ihrer Partner an der Wall Street. Hört sich das nach einem plausiblen Motiv an? Es ist nicht unbemerkt geblieben, dass dieselben Wall-Street-Leute, die Krieg und Revolutionen planen, in ihrem Privatleben oft wirklich anständige Bürger sind; es ist nicht jenseits des Bereichs der Vernunft, dass einer von ihnen einen Sinneswandel oder ein schlechtes Gewissen hatte. Aber das ist nicht bewiesen. Wenn das Buch eine Fälschung war, von wem wurde es dann geschrieben? James Warburg gibt zu, dass er die Antwort nicht kennt, und er schreibt: "Der ursprüngliche Zweck der Fälschung bleibt auch heute noch etwas unklar.[178]

Würde irgendeine Regierung das Dokument fälschen? Sicherlich nicht die britische oder die US-amerikanische Regierung, die beide indirekt in dem Buch erwähnt werden. Sicherlich nicht die Nazi-Regierung in Deutschland, obwohl James Warburg diese unwahrscheinliche Möglichkeit anzudeuten scheint. Könnte es Frankreich sein, oder die Sowjetunion, oder vielleicht Österreich? Frankreich, möglicherweise, weil Frankreich den Aufstieg Nazideutschlands fürchtete. Österreich ist eine ähnliche Möglichkeit. Die Sowjetunion ist eine Möglichkeit, weil die Sowjets ebenfalls viel von Hitler zu befürchten hatten. Es ist also plausibel, dass Frankreich, Österreich oder die Sowjetunion etwas mit der

---

[178] Franz von Papen, *Memoiren, a.a.O.,* S. 594.

Vorbereitung des Buches zu tun hatten.

Jeder Privatmann, der ein solches Buch ohne Insider-Informationen der Regierung fälscht, muss bemerkenswert gut informiert sein. Guaranty Trust ist außerhalb New Yorks keine besonders bekannte Bank, dennoch ist die Beteiligung von Guaranty Trust außerordentlich plausibel, da sie das Morgan-Vehikel zur Finanzierung und Infiltrierung der bolschewistischen Revolution war.[179] Wer auch immer den Guaranty Trust als Finanzierungsvehikel für Hitler benannt hat, wusste entweder sehr viel mehr als der Durchschnittsbürger oder verfügte über authentische Regierungsinformationen. Was wäre das Motiv hinter einem solchen Buch?

Das einzige Motiv, das akzeptabel erscheint, ist, dass der unbekannte Autor wusste, dass ein Krieg in Vorbereitung war, und auf eine öffentliche Reaktion gegen die Wall-Street-Fanatiker und ihre Industriellenfreunde in Deutschland hoffte - bevor es zu spät war. *Wer auch immer* das Buch geschrieben hat, sein Motiv war mit ziemlicher Sicherheit, vor der Hitlerschen Aggression zu warnen und auf deren Quelle an der Wall Street hinzuweisen, denn die technische Unterstützung amerikanischer Unternehmen, die von der Wall Street kontrolliert werden, wurde immer noch benötigt, um Hitlers Kriegsmaschinerie aufzubauen. Die Hydrierungspatente von Standard Oil und die Finanzierung der Öl-aus-Kohle-Anlagen, die Bombenvisiere und die andere notwendige Technologie waren noch nicht vollständig übertragen worden, als das "Sidney Warburg"-Buch geschrieben wurde. Folglich könnte es sich um ein Buch gehandelt haben, das darauf abzielte, Hitlers Unterstützern im Ausland das Rückgrat zu brechen, den geplanten Transfer von US-Kriegspotenzial zu verhindern und die finanzielle und diplomatische Unterstützung des NS-Staates zu unterbinden. Wenn dies das Ziel war, ist es bedauerlich, dass das Buch keines dieser Ziele erreicht hat.

---

[179] Siehe Antony C. Sutton, *Wall Street and the Bolshevik Revolution*, op. cit.

Elftes Kapitel

Kollaboration zwischen Wall Street und Nazis im Zweiten Weltkrieg

Hinter den Fronten des Zweiten Weltkriegs kollaborierte die New Yorker Finanzelite über Mittelsmänner in der Schweiz und in Nordafrika mit dem Naziregime. Nach dem Krieg erbeutete Akten lieferten eine Fülle von Beweisen, die zeigen, dass für einige Teile des Big Business die Zeit von 1941-5 "business as usual" war. Die Korrespondenz zwischen US-Firmen und ihren französischen Tochtergesellschaften offenbart beispielsweise die Unterstützung des militärischen Apparats der Achsenmächte, während sich die Vereinigten Staaten im Krieg mit Deutschland und Italien befanden. Die Briefe zwischen Ford in Frankreich und Ford in den USA zwischen 1940 und Juli 1942 wurden von der Abteilung für die Kontrolle ausländischer Gelder des Finanzministeriums analysiert. Ihr erster Bericht kam zu dem Schluss, dass bis Mitte 1942:

> *(1) die Geschäfte der Ford-Tochtergesellschaften in Frankreich haben erheblich zugenommen; (2) ihre Produktion kam ausschließlich den Deutschen und den von ihnen besetzten Ländern zugute; (3) die Deutschen haben aufgrund der von Henry Ford und dem verstorbenen Edsel Ford aufrechterhaltenen Haltung der strikten Neutralität deutlich ihren Wunsch bekundet, die Interessen von Ford zu schützen"; und (4) die verstärkte Tätigkeit der französischen Ford-Tochtergesellschaften zugunsten der Deutschen wurde von der Familie Ford in Amerika gelobt.[180]*

---

[180] *Morgenthau-Tagebuch (Deutschland).*

In ähnlicher Weise wurde die Rockefeller Chase Bank beschuldigt, im Zweiten Weltkrieg in Frankreich mit den Nazis zu kollaborieren, während Nelson Rockefeller in Washington D.C. einen leichten Job hatte:

> *Eine Untersuchung der Korrespondenz zwischen Chase, New York, und Chase, Frankreich, vom Zeitpunkt des Falles Frankreichs bis Mai 1942 zeigt, dass (1) der Leiter des Pariser Büros die Deutschen beschwichtigt und mit ihnen zusammenarbeitet, um die Chase-Banken in eine "privilegierte Position" zu bringen: (1) der Leiter des Pariser Büros die Deutschen beschwichtigte und mit ihnen zusammenarbeitete, um die Chase-Banken in eine "privilegierte Position" zu bringen; (2) die Deutschen die Chase-Bank in besonderer Weise schätzten - aufgrund der internationalen Aktivitäten unserer (Chase-)Zentrale und der angenehmen Beziehungen, die die Pariser Niederlassung mit vielen ihrer (deutschen) Banken und ihren (deutschen) lokalen Organisationen und höheren Beamten unterhielt; (3) der Pariser Manager war "sehr energisch bei der Durchsetzung von Beschränkungen gegen jüdisches Eigentum und ging sogar so weit, sich zu weigern, Gelder, die Juden gehörten, freizugeben, in der Erwartung, dass in naher Zukunft von den Besatzungsbehörden ein Dekret mit rückwirkenden Bestimmungen, die eine solche Freigabe verbieten, veröffentlicht werden könnte"; (4) das New Yorker Büro unternahm trotz der obigen Informationen keine direkten Schritte, um den unerwünschten Manager aus dem Pariser Büro zu entfernen, da es "gegen unsere (Chase) Interessen reagieren könnte, da wir es nicht mit einer Theorie, sondern mit einer Situation zu tun haben."[181]*

Ein offizieller Bericht an den damaligen Finanzminister Morgenthau kam zu diesem Schluss:

> *Diese beiden Situationen [d.h. Ford und Chase Bank]*

---

[181] *Ebd.*

> *überzeugen uns davon, dass es zwingend notwendig ist,
> die Aktivitäten von Tochtergesellschaften zumindest
> einiger größerer amerikanischer Firmen, die während
> der deutschen Besatzung in Frankreich tätig waren,
> sofort vor Ort zu untersuchen.*[182]

Beamte des Finanzministeriums drängten darauf, eine Untersuchung bei den französischen Tochtergesellschaften mehrerer amerikanischer Banken einzuleiten, d. h. bei Chase, Morgan, National City, Guaranty, Bankers Trust und American Express. Obwohl Chase und Morgan die einzigen beiden Banken waren, die während der Nazi-Besatzung französische Niederlassungen unterhielten, baten im September 1944 alle großen New Yorker Banken die US-Regierung um die Erlaubnis, ihre Vorkriegsfilialen wieder zu eröffnen.

Eine anschließende Untersuchung des Finanzministeriums erbrachte dokumentarische Beweise für die Zusammenarbeit sowohl der Chase Bank als auch von J.P. Morgan mit den Nazis im Zweiten Weltkrieg. Die Empfehlung für eine umfassende Untersuchung wird im Folgenden vollständig zitiert:

KOMMUNIKATION ZWISCHEN DEN ÄMTERN DER FINANZABTEILUNG

Datum: Dezember 20, 1944

An: Minister Morgenthau Von: Mr. Saxon

Die Prüfung der Unterlagen der Chase Bank, Paris, und der Morgan and Company, Frankreich, ist nur so weit fortgeschritten, dass sie vorläufige Schlussfolgerungen und die Aufdeckung einiger interessanter Fakten erlaubt:

---

[182] *Ebd.*

CHASE BANK, PARIS

a. Niederman, Schweizer Staatsbürger, Geschäftsführer von Chase, Paris, war zweifellos ein Kollaborateur;

b. Die Chase-Zentrale in New York war über Niedermans Kollaborationspolitik informiert, unternahm aber keine Schritte, um ihn zu entfernen. Es gibt in der Tat genügend Beweise dafür, dass die Zentrale in New York Niedermans gute Beziehungen zu den Deutschen als ein hervorragendes Mittel ansah, um die Position der Chase Bank in Frankreich ungeschmälert zu erhalten;

c. Die deutschen Behörden waren bestrebt, die Chase offen zu halten, und ergriffen in der Tat außergewöhnliche Maßnahmen, um Einnahmequellen zu erschließen;

d. Die deutschen Behörden wollten mit den wichtigen amerikanischen Banken "befreundet" sein, weil sie erwarteten, dass diese Banken nach dem Krieg als Instrument der deutschen Politik in den Vereinigten Staaten nützlich sein würden;

e. The Chase, Paris, zeigte sich äußerst bemüht, den deutschen Behörden in jeder Hinsicht zu gefallen. Zum Beispiel unterhielt Chase eifrig das Konto der deutschen Botschaft in Paris, "da jede Kleinigkeit hilft" (um die ausgezeichneten Beziehungen zwischen Chase und den deutschen Behörden aufrechtzuerhalten);

f. Das gesamte Ziel der Chase-Politik und -Operation bestand darin, die Position der Bank um jeden Preis zu erhalten.

MORGAN UND GESELLSCHAFT, FRANKREICH

a. Morgan and Company betrachtete sich als französische Bank und war daher verpflichtet, die französischen Bankgesetze und -vorschriften einzuhalten, unabhängig davon, ob sie von den Nazis inspiriert waren oder nicht, und tat dies auch;

b. Morgan and Company war sehr darauf bedacht, die Kontinuität seines Hauses in Frankreich zu wahren, und arbeitete zu diesem Zweck einen Modus Vivendi mit den deutschen Behörden aus;

c. Morgan and Company genoss bei den deutschen Behörden ein enormes Ansehen, und die Deutschen rühmten sich der ausgezeichneten Zusammenarbeit von Morgan and Company;

d. Morgan setzte seine Vorkriegsbeziehungen zu den großen französischen Industrie- und Handelskonzernen fort, die für Deutschland arbeiteten, darunter die inzwischen von der französischen Regierung konfiszierten Renault-Werke, Peugeot [sic], Citroen und viele andere.

e. Die Macht von Morgan and Company in Frankreich steht in keinem Verhältnis zu den geringen finanziellen Mitteln des Unternehmens, und die jetzt laufende Untersuchung wird von echtem Wert sein, da sie es uns zum ersten Mal ermöglicht, das Morgan-Muster in Europa und die Art und Weise, in der Morgan seine große Macht genutzt hat, zu studieren;

f. Morgan and Company verfolgten ihre Ziele ständig, indem sie eine Regierung gegen eine andere auf die kälteste und skrupelloseste Weise ausspielten.

Herr Jefferson Caffery, US-Botschafter in Frankreich, wurde über den Fortgang dieser Untersuchung auf dem Laufenden gehalten und gab mir zu jeder Zeit volle Unterstützung und Ermutigung, sowohl im Prinzip als auch in der Praxis. Herr Caffery selbst hat mich gefragt, wie sich die Tochtergesellschaften von Ford und General Motors in Frankreich während der Besetzung verhalten haben, und den Wunsch geäußert, dass wir uns nach Abschluss der Bankuntersuchung mit diesen Unternehmen befassen sollten.

EMPFEHLUNG

Ich empfehle, dass diese Untersuchung, die aus unvermeidlichen Gründen bisher nur langsam vorankam, jetzt dringend vorangetrieben wird und dass so schnell wie möglich zusätzliches

Personal nach Paris geschickt wird.[183]

Eine umfassende Untersuchung wurde nie durchgeführt, und bis zum heutigen Tag wurde keine Untersuchung dieser vermutlich verräterischen Tätigkeit vorgenommen.

Amerikanische I.G. im Zweiten Weltkrieg

Die Zusammenarbeit zwischen amerikanischen Geschäftsleuten und den Nazis im Europa der Achsenmächte ging einher mit dem Schutz der Interessen der Nazis in den Vereinigten Staaten. 1939 wurde American I.G. in General Aniline & Film umbenannt, wobei General Dyestuffs als exklusiver Verkaufsvertreter in den USA fungierte. Diese Namen verschleierten effektiv die Tatsache, dass American I.G. (oder General Aniline & Film) ein wichtiger Hersteller von wichtigen Kriegsmaterialien war, darunter Atabin, Magnesium und synthetischer Kautschuk. Restriktive Vereinbarungen mit der deutschen Muttergesellschaft I.G. Farben reduzierten die amerikanischen Lieferungen dieser militärischen Produkte während des Zweiten Weltkriegs.

Der amerikanische Staatsbürger Halbach wurde 1930 Präsident von General Dyestuffs und erwarb 1939 die Mehrheitskontrolle von Dietrich A. Schmitz, einem Direktor der American I.G. und Bruder von Hermann Schmitz, dem Direktor der I.G. Farben in Deutschland und Vorstandsvorsitzenden der American I.G. bis zum Ausbruch des Krieges im Jahr 1939. Nach Pearl Harbor sperrte das US-Finanzministerium Halbachs Bankkonten. Im Juni 1942 beschlagnahmte der Alien Property Custodian Halbachs Aktien von General Dyestuffs und übernahm die Firma als feindliches Unternehmen gemäß dem Trading with the Enemy Act. In der Folge ernannte der Alien Property Custodian einen neuen Vorstand, der für die Dauer des Krieges als Treuhänder fungierte. Diese Handlungen waren vernünftig und üblich, aber wenn wir unter der Oberfläche nachforschen, kommt eine andere, ziemlich

---

[183] *Ebd., S. 800-2.*

ungewöhnliche Geschichte zum Vorschein.

Zwischen 1942 und 1945 war Halbach nominell ein Berater von General Dyestuffs. In Wirklichkeit leitete Halbach das Unternehmen mit einem Jahresgehalt von 82.000 Dollar. Louis Johnson, ehemaliger stellvertretender Kriegsminister, wurde von der US-Regierung zum Präsidenten von General Dyestuffs ernannt, wofür er 75.000 Dollar pro Jahr erhielt. Louis Johnson versuchte, Druck auf das US-Finanzministerium auszuüben, um Halbachs gesperrte Gelder freizugeben und Halbach zu erlauben, eine Politik zu entwickeln, die den Interessen der USA, die sich damals im Krieg mit Deutschland befanden, zuwiderlief. Das Argument für die Freigabe von Halbachs Bankkonten war, dass Halbach das Unternehmen leitete und dass der von der Regierung ernannte Vorstand "ohne das Wissen von Herrn Halbach verloren gewesen wäre".

Während des Krieges reichte Halbach über die Establishment-Anwaltskanzlei Sullivan and Cromwell Klage gegen den Alien Property Custodian ein, um der US-Regierung die Kontrolle über die I.G. Farben-Unternehmen zu entziehen. Diese Klagen blieben erfolglos, aber Halbach gelang es, die Farben-Kartellvereinbarungen während des gesamten Zweiten Weltkriegs aufrechtzuerhalten; der Alien Property Custodian ging während des Zweiten Weltkriegs nie wegen der anhängigen Kartellklagen vor Gericht. Warum eigentlich nicht? Leo T. Crowley, der Leiter des Büros des Alien Property Custodian, hatte John Foster Dulles als Berater, und John Foster Dulles war Partner in der oben erwähnten Firma Sullivan and Cromwell, die im Namen von Halbach in dessen Klage gegen den Alien Property Custodian handelte.

Es gab noch weitere Interessenkonflikte, die wir erwähnen sollten. Leo T. Crowley, der Alien Property Custodian, berief Victor Emanuel in die Vorstände der beiden Unternehmen General Aniline & Film und General Dyestuffs. Vor dem Krieg war Victor Emanuel Direktor der J. Schroder Banking Corporation. Schroder war, wie wir bereits gesehen haben, ein prominenter Finanzier Hitlers und der Nazipartei - *und war zu dieser Zeit Mitglied von Himmlers Freundeskreis, der erhebliche Beiträge zu den SS-Organisationen in Deutschland leistete.*

Im Gegenzug ernannte Victor Emanuel Leo Crowley zum Leiter von Standard Gas & Electric (das von Emanuel kontrolliert wird) mit einem Jahresgehalt von 75.000 $. Diese Summe kam zu Crowleys Gehalt bei der Alien Property Custodian und 10.000 Dollar pro Jahr als Leiter der Federal Deposit Insurance Corporation der US-Regierung hinzu. 1945 hatte James E. Markham Crowley als A.P.C. abgelöst und wurde von Emanuel zusätzlich zu den 10.000 Dollar, die er als Alien Property Custodian bezog, zum Direktor von Standard Gas mit 4.850 Dollar pro Jahr ernannt.

Der kriegsbedingte Einfluss von General Dyestuffs und dieses vertrauten Kreises aus Regierung und Wirtschaft im Auftrag der I.G. Farben zeigt sich beispielhaft in der Leichtigkeit von American Cyanamid. Vor dem Krieg kontrollierte die I.G. Farben die Drogen-, Chemie- und Farbstoffindustrie in Mexiko. Während des Zweiten Weltkriegs wurde in Washington vorgeschlagen, dass American Cyanamid diese mexikanische Industrie übernehmen und mit den alten I.G.-Farben-Firmen, die von der mexikanischen Behörde für ausländisches Eigentum beschlagnahmt worden waren, eine "unabhängige" chemische Industrie aufbauen sollte.

Als Handlanger des Schroder-Bankiers Victor Emanuel versuchten Crowley und Markham, die auch Angestellte der US-Regierung waren, die Frage dieser I.G.-Farben-Interessen in den Vereinigten Staaten und Mexiko zu klären. Am 13. April 1943 richtete James Markham ein Schreiben an Außenminister Cordell Hull, in dem er sich gegen das geplante Cyanamid-Geschäft aussprach, da es gegen die Atlantik-Charta verstoße und das Ziel der Gründung unabhängiger Unternehmen in Lateinamerika beeinträchtigen würde. Die Position Markhams wurde von Henry A. Wallace und Generalstaatsanwalt Francis Biddle unterstützt.

Die Kräfte, die sich gegen das Cyanamid-Geschäft verbündeten, waren Sterling Drug, Inc. und Winthrop. Sowohl Sterling als auch Winthrop drohten ihren Drogenmarkt in Mexiko zu verlieren, wenn das Cyanamid-Geschäft zustande käme. Ebenfalls gegen das Cyanamid-Geschäft war natürlich die I.G. Farben General Aniline and General Dyestuffs, die von Victor Emanuel, einem ehemaligen Mitarbeiter des Bankiers Sehroder, beherrscht wurde.

Andererseits *unterstützten* das Außenministerium und das Büro des Koordinators für interamerikanische Angelegenheiten - das zufällig Nelson Rockefellers Baby aus dem Krieg war - das geplante Cyanamid-Geschäft. Die Rockefellers sind natürlich auch an der Drogen- und Chemieindustrie in Lateinamerika interessiert. Kurz gesagt, ein amerikanisches Monopol unter dem Einfluss der Rockefellers hätte das Monopol der Nazi I.G. Farben ersetzt.

Die I.G. Farben hat diese Runde in Washington gewonnen, aber noch bedrohlichere Fragen werden aufgeworfen, wenn wir die Bombardierung Deutschlands im Krieg durch die U.S.A.A.F. betrachten. Es wird seit langem gemunkelt, aber nie bewiesen, dass die Farben eine Vorzugsbehandlung erhielten - d.h. dass sie nicht bombardiert wurden. James Stewart Martin äußert sich wie folgt zur bevorzugten Behandlung der I.G. Farben bei der Bombardierung Deutschlands:

> *Kurz nachdem die Armeen bei Köln den Rhein erreicht hatten, fuhren wir am Westufer entlang, in Sichtweite des unzerstörten I.G. Farben-Werks in Leverkusen auf der anderen Seite des Flusses. Ohne etwas über mich oder mein Geschäft zu wissen, begann er (der Jeepfahrer), mir einen Vortrag über die I.G. Farben zu halten und auf den Kontrast zwischen der zerbombten Stadt Köln und dem Trio der unversehrten Werke am Rande hinzuweisen: die Ford-Werke und die United Rayon-Werke am Westufer und die Farben-Werke am Ostufer...[184]*

Während diese Anschuldigung eine sehr offene Frage ist, die ein hohes Maß an qualifizierter Forschung in den U.S.A.A.F.-Bombenaufzeichnungen erfordert, sind andere Aspekte der Bevorzugung der Nazis gut dokumentiert.

---

[184] *James Stewart Martin, All Honourable Men, op. cit., S. 75.*

Am Ende des Zweiten Weltkriegs zog die Wall Street über den Kontrollrat in Deutschland ein, um ihre alten Kartellfreunde zu schützen und das Ausmaß zu begrenzen, in dem der Entnazifizierungseifer alten Geschäftsbeziehungen schaden würde. General Lucius Clay, der stellvertretende Militärgouverneur für Deutschland, ernannte Geschäftsleute, die gegen die Entnazifizierung waren, zu Kontrollorganen für die Entnazifizierungserlöse. *William H. Draper von Dill. on, Read, der Firma, die in den 1920er Jahren die deutschen Kartelle finanzierte, wurde General Clays Stellvertreter.*

Der Bankier William Draper stellte als Brigadegeneral William Draper sein Kontrollteam aus Geschäftsleuten zusammen, die in der Vorkriegszeit amerikanische Unternehmen in Deutschland vertreten hatten. Zu den Vertretern von General Motors gehörten Louis Douglas, ein ehemaliger Direktor von G.M., und Edward S. Zdunke, ein Vorkriegsleiter von General Motors in Antwerpen, der mit der Leitung der technischen Abteilung des Kontrollrats betraut wurde. Peter Hoglund, ein Experte für die deutsche Autoindustrie, wurde von General Motors beurlaubt. Die Personalauswahl für den Rat wurde von Colonel Graeme K. Howard getroffen - dem ehemaligen General-Motors-Vertreter in Deutschland und Autor eines Buches, das "totalitäre Praktiken lobt [und] die deutsche Aggression rechtfertigt...".[185]

Finanzminister Morgenthau war zutiefst beunruhigt über die Auswirkungen dieses Wall-Street-Monopols auf das Schicksal Nazideutschlands und verfasste ein Memorandum, das er Präsident Roosevelt vorlegte. Das vollständige Morgenthau-Memorandum, datiert vom 29. Mai 1945, lautet wie folgt:

MEMORANDUM

---

[185] *Morgenthau-Tagebuch (Deutschland), S. 1543. Das Buch von Oberst Graeme K. Howard trug den Titel America and a New World Order (New York: Scribners, 1940).*

29. Mai 1945

Generalleutnant Lucius D. Clay leitet als Stellvertreter von General Eisenhower aktiv das amerikanische Element des Kontrollrats für Deutschland. Die drei wichtigsten Berater von General Clay im Stab des Kontrollrats sind.

1. Botschafter Robert D. Murphy, der für die Politische Abteilung zuständig ist.

2. Louis Douglas, den General Clay als meinen persönlichen Berater in Wirtschafts-, Finanz- und Regierungsfragen bezeichnete". Douglas trat 1934 als Haushaltsdirektor zurück; in den folgenden acht Jahren griff er die Finanzpolitik der Regierung an. Seit 1940 ist Douglas Präsident der Mutual Life Insurance Company, und seit Dezember 1944 *ist er Direktor der General Motors Corporation.*

3. Brigadegeneral William Draper, der Direktor der Wirtschaftsabteilung des Kontrollrats ist. General Draper ist Partner der Bankgesellschaft Dillon, Read and Company. Die *New York Times* vom Sonntag enthielt die Bekanntgabe von Schlüsselpersonen, die von General Clay und General Draper in die Wirtschaftsabteilung des Kontrollrats berufen wurden. Zu den Ernennungen gehören die folgenden:

1. R.J. Wysor wird für die metallurgischen Angelegenheiten zuständig sein. Wysor war von 1937 bis vor kurzem Präsident der Republic Steel Corporation. Davor war er bei Bethlehem Steel, Jones and Laughlin Steel Corporation und der Republic Steel Corporation tätig.

2. Edward X. Zdunke wird die technische Abteilung leiten. Vor dem Krieg war Herr Zdunke Leiter von General Motors in Antwerpen.

3. Philip Gaethke wird die Leitung des Bergbaus übernehmen. Gaethke war früher mit Anaconda Copper verbunden und leitete vor dem Krieg die Hütten und Bergwerke des Unternehmens in Oberschlesien.

4. Philip P. Clover wird für die Bearbeitung von Ölangelegenheiten zuständig sein. Er war früher Vertreter der Socony Vacuum Oil Company in Deutschland.

5. Peter Hoglund soll sich mit Problemen der industriellen Produktion befassen. Hoglund ist von General Motors beurlaubt und gilt als Experte für die deutsche Produktion.

6. Calvin B. Hoover leitet die Gruppe "Intelligence" im Kontrollrat und ist außerdem Sonderberater von General Draper. In einem Brief an den Herausgeber der *New York Times* vom 9. Oktober 1944 schrieb Hoover wie folgt:

> *Die Veröffentlichung des Plans von Minister Morgenthau für den Umgang mit Deutschland hat mich zutiefst beunruhigt... ein solcher karthagischer Friede würde ein Vermächtnis des Hasses hinterlassen, das die internationalen Beziehungen auf Generationen hinaus vergiften würde... die Lücke in der europäischen Wirtschaft, die durch die Zerstörung der gesamten deutschen Industrie entstehen würde, ist etwas, das schwer zu bedenken ist.*

7. Laird Bell soll Chefsyndikus der Wirtschaftsabteilung werden. Er ist ein bekannter Anwalt aus Chicago und wurde im Mai 1944 nach dem Tod von Frank Knox zum Präsidenten der *Chicago Daily News* gewählt.

Einer der Männer, die General Draper bei der Auswahl des Personals für die Wirtschaftsabteilung halfen, war Colonel Graeme Howard, ein Vizepräsident von General Motors, der für das Überseegeschäft zuständig war und vor dem Krieg ein führender Vertreter von General Motors in Deutschland war. Howard ist der Autor eines Buches, in dem er totalitäre Praktiken lobt, die deutsche Aggression und die Münchner Beschwichtigungspolitik rechtfertigt und Roosevelt die Schuld an der Auslösung des Krieges gibt.

Wenn wir also den Kontrollrat für Deutschland unter General Lucius D. Clay untersuchen, stellen wir fest, dass der Leiter der

Finanzabteilung Louis Douglas war, Direktor der von Morgan kontrollierten General Motors und Präsident der Mutual Life Insurance. (Opel, die deutsche Tochtergesellschaft von General Motors, war Hitlers größter Panzerproduzent gewesen.) Der Leiter der Wirtschaftsabteilung des Kontrollrats war William Draper, ein Partner der Firma Dillon, Read, die so viel mit dem Aufbau Nazi-Deutschlands zu tun hatte. Alle drei Männer waren, was im Lichte neuerer Erkenntnisse nicht überrascht, Mitglieder des Council on Foreign Relations.

Haben sich amerikanische Industrielle und Financiers der Kriegsverbrechen schuldig gemacht?

Mit den Nürnberger Kriegsverbrecherprozessen sollten die Verantwortlichen für die Vorbereitungen und Gräueltaten des Zweiten Weltkriegs ausgewählt und vor Gericht gestellt werden. Ob ein solches Verfahren moralisch vertretbar ist, ist umstritten; man kann mit einigem Recht behaupten, dass Nürnberg eine politische Farce war, die weit von rechtlichen Grundsätzen entfernt war.[186] Wenn wir jedoch davon ausgehen, dass es eine solche rechtliche und moralische Rechtfertigung gibt, dann sollte ein solches Verfahren sicherlich für *alle* gelten, unabhängig von der Nationalität. Warum sollten zum Beispiel Franklin D. Roosevelt und Winston Churchill ausgenommen werden, Adolf Hitler und Göring aber nicht? Wenn das Vergehen in der Vorbereitung eines Krieges und nicht in blinder Rache besteht, sollte die Justiz unparteiisch sein.

Die vom US-Kontrollrat in Deutschland ausgearbeiteten Richtlinien für die Festnahme und Inhaftierung von Kriegsverbrechern beziehen sich auf "Nazis" und "Nazi-Sympathisanten", nicht auf "Deutsche". Die entsprechenden Auszüge lauten wie folgt:

a. Sie werden Adolf Hitler, seine wichtigsten Nazi-Kollegen, andere Kriegsverbrecher und alle Personen, die an der Planung oder Durchführung von Nazi-Unternehmungen beteiligt waren, die zu

---

[186] *Der Leser sollte den Aufsatz "The Return to War Crimes" in James J. Martin, Revisionist Viewpoints, (Colorado: Ralph Mules, 1971) lesen.*

Gräueltaten oder Kriegsverbrechen geführt haben, ausfindig machen, verhaften und festhalten, bis Sie weitere Anweisungen zu ihrer Behandlung erhalten.

Es folgt eine Auflistung der Kategorien von Personen, die festgenommen werden sollen, darunter:

(8) Nazis und Nazi-Sympathisanten, die wichtige und zentrale Positionen innehaben in: (a) nationalen und Gau-Bürger- und Wirtschaftsorganisationen; (b) Unternehmen und anderen Organisationen, an denen die Regierung ein großes finanzielles Interesse hat; (c) Industrie, Handel, Landwirtschaft und Finanzwesen; (d) Bildungswesen; (e) Justiz; und (f) Presse, Verlagen und anderen Stellen, die Nachrichten und Propaganda verbreiten.

Die wichtigsten amerikanischen Industriellen und Finanziers, die in diesem Buch genannt werden, fallen unter die oben genannten Kategorien. Henry Ford und Edsel Ford haben Hitler Geld gespendet bzw. von der deutschen Kriegsproduktion profitiert. Standard Oil of New Jersey, General Electric, General Motors und I.T.T. leisteten zweifellos finanzielle oder technische Beiträge, die *einen* Anscheinsbeweis für die "Beteiligung an der Planung oder Durchführung von Naziunternehmen" darstellen.

Es gibt, kurz gefasst, Anhaltspunkte, die darauf hindeuten:

(a) Zusammenarbeit mit der Wehrmacht (Ford Motor Company, Chase Bank, Morgan Bank);

(b) Hilfe für den Vierjahresplan der Nazis und wirtschaftliche Mobilisierung für den Krieg (Standard Oil of New Jersey);

(c) die Schaffung und Ausrüstung der nationalsozialistischen Kriegsmaschinerie (I.T.T.);

(d) Bevorratung von kritischen Materialien für die Nazis (Ethyl Corporation);

(e) Schwächung der potenziellen Feinde der Nazis (amerikanische I.G. Farben); und,

(f) Propaganda, Nachrichtendienst und Spionage (amerikanische I.G. Farben und Rockefeller-Öffentlichkeitsarbeiterin Ivy Lee).

Zumindest gibt es genügend Beweise, um eine gründliche und unparteiische Untersuchung zu fordern. Wie wir jedoch bereits festgestellt haben, waren dieselben Firmen und Finanziers bei der Wahl Roosevelts im Jahr 1933 prominent vertreten und verfügten folglich über genügend politischen Einfluss, um die Androhung von Ermittlungen zu unterdrücken. Auszüge aus dem Morgenthau-Tagebuch zeigen, dass die politische Macht der Wall Street sogar ausreichte, um die Ernennung von Beamten zu kontrollieren, die für die Entnazifizierung und die letztendliche Regierung des Nachkriegsdeutschlands verantwortlich waren.

Wussten diese amerikanischen Firmen von ihrer Unterstützung für Hitlers Militärmaschine? Nach Aussage der Firmen selbst ist das eindeutig nicht der Fall. Sie beteuern ihre Unschuld in Bezug auf jegliche Absicht, Hitlerdeutschland zu unterstützen. Ein Beispiel dafür ist ein Telegramm, das der Vorstandsvorsitzende von Standard Oil of New Jersey nach dem Zweiten Weltkrieg an Kriegsminister Patterson schickte, als eine erste Untersuchung über die Unterstützung durch die Wall Street im Gange war:

> *Während der gesamten Zeit unserer geschäftlichen Kontakte hatten wir keine Ahnung von der hinterhältigen Rolle der Farben in Hitlers brutaler Politik. Wir bieten jede Hilfe an, die wir leisten können, damit die ganze Wahrheit ans Licht kommt und der Gerechtigkeit Genüge getan wird.*
>
> *F.W. Abrams, Vorsitzender des Verwaltungsrats*

Leider stehen die vorgelegten Beweise im Widerspruch zu den Behauptungen von Abrams, die er im Fernsehen verbreitet hat. Standard Oil of New Jersey unterstützte nicht nur Hitlers Kriegsmaschinerie, sondern hatte auch Kenntnis von dieser

Unterstützung. Emil Helfferich, der Vorstandsvorsitzende einer Tochtergesellschaft von Standard of New Jersey, war Mitglied des Keppler-Kreises, *bevor* Hitler an die Macht kam; er leistete noch bis 1944 finanzielle Beiträge an Himmlers Kreis.

Es ist daher nicht schwer nachzuvollziehen, warum die Nazi-Industriellen von der *"Untersuchung"* verwirrt waren und bei Kriegsende davon ausgingen, dass ihre Freunde an der Wall Street sie aus der Patsche helfen und vor dem Zorn der Leidtragenden schützen würden. Diese Haltung wurde 1946 dem Kilgore-Ausschuss vorgetragen:

> *Es wird Sie vielleicht auch interessieren, Herr Vorsitzender, dass die Spitzenleute der I.G. Farben und andere, wenn wir sie zu diesen Aktivitäten befragten, zuweilen sehr entrüstet waren. Ihre allgemeine Haltung und Erwartung war, dass der Krieg vorbei sei und wir ihnen jetzt dabei helfen sollten, die I.G. Farben und die deutsche Industrie wieder auf die Beine zu bringen. Einige von ihnen haben nach außen hin gesagt, dass diese Befragung und Untersuchung ihrer Meinung nach nur ein Phänomen von kurzer Dauer sei, denn sobald sich die Dinge ein wenig beruhigt hätten, würden sie erwarten, dass ihre Freunde in den Vereinigten Staaten und in England vorbeikämen. Ihre Freunde, so sagten sie, würden Aktivitäten wie diesen Untersuchungen Einhalt gebieten und dafür sorgen, dass sie die Behandlung erhielten, die sie für richtig hielten, und dass man ihnen bei der Wiederherstellung ihrer Industrie helfen würde.[187]*

---

[187] *Beseitigung der deutschen Ressourcen*, S. 652.

Zwölftes Kapitel

Schlussfolgerungen

Wir haben eine Reihe von kritischen Zusammenhängen zwischen den internationalen Bankern der Wall Street und dem Aufstieg Hitlers und des Nationalsozialismus in Deutschland anhand von Dokumenten nachgewiesen.

Erstens: dass die Wall Street Mitte der 1920er Jahre die deutschen Kartelle finanzierte, die ihrerseits Hitler an die Macht brachten.

Zweitens: Die Finanzierung Hitlers und seiner SS-Straßengangster erfolgte zum Teil durch Tochtergesellschaften von US-Firmen, darunter Henry Ford im Jahr 1922, Zahlungen von I.G. Farben und General Electric im Jahr 1933, gefolgt von Zahlungen der Standard Oil of New Jersey und I.T.T.-Tochtergesellschaften an Heinrich Himmler bis 1944.

Drittens: dass US-amerikanische multinationale Konzerne, die von der Wall Street kontrolliert werden, in den 1930er Jahren und mindestens bis 1942 reichlich von Hitlers militärischem Aufbauprogramm profitierten.

Viertens: dass dieselben internationalen Bankiers politischen Einfluss in den USA nutzten, um ihre Kriegskollaboration zu vertuschen, und zu diesem Zweck die US-Kontrollkommission für Deutschland infiltrierten.

Unsere Beweise für diese vier Hauptaussagen lassen sich wie folgt zusammenfassen:

Im ersten Kapitel haben wir Beweise dafür vorgelegt, dass die Dawes- und Young-Pläne für die deutschen Reparationen von Wall-

Street-Leuten ausgearbeitet wurden, die vorübergehend den Hut von Staatsmännern trugen, und dass diese Darlehen diesen internationalen Bankiers einen wahren Profitregen bescherten. Owen Young von General Electric, Hjalmar Schacht, A. Voegler und andere, die eng mit Hitlers Machtübernahme verbunden waren, waren zuvor die Verhandlungsführer für die amerikanische bzw. die deutsche Seite gewesen. Drei Wall-Street-Häuser - Dillon, Read, Harris, Forbes und National City Company - wickelten drei Viertel der Reparationsdarlehen ab, die zur Schaffung des deutschen Kartellsystems verwendet wurden, einschließlich der dominierenden I.G. Farben und der Vereinigten Stahlwerke, die zusammen 95 Prozent des Sprengstoffs für die Nazi-Seite im Zweiten Weltkrieg produzierten.

Die zentrale Rolle der I.G. Farben bei Hitlers *Staatsstreich* wurde in Kapitel zwei untersucht. Die Direktoren der amerikanischen I.G. (Farben) wurden als prominente amerikanische Geschäftsleute identifiziert: Walter Teagle, ein enger Vertrauter und Förderer Roosevelts und ein NRA-Verwalter, der Bankier Paul Warburg (sein Bruder Max Warburg war im Vorstand der I.G. Farben in Deutschland) und Edsel Ford. Farben spendete 400.000 RM direkt an Schacht und Hess für die entscheidenden Wahlen 1933 und war in der Folgezeit an vorderster Front an der militärischen Entwicklung in Nazi-Deutschland beteiligt.

Die deutsche General Electric (A.E.G.), die vier Direktoren und eine 25-30-prozentige Beteiligung der US-amerikanischen Muttergesellschaft General Electric hatte, spendete Hitler 60.000 RM. Diese Rolle wurde in Kapitel drei beschrieben, und wir stellten fest, dass Gerard Swope, ein Initiator von Roosevelts New Deal (dem Segment der National Recovery Administration), zusammen mit Owen Young von der Federal Reserve Bank of New York und Clark Minor von International General Electric die dominierenden Wall Streeters in der A.E.G. waren und den größten Einfluss ausübten.

Wir fanden auch keine Beweise für eine Anklage gegen das deutsche Elektrounternehmen Siemens, das *nicht von* der Wall Street kontrolliert wurde. Im Gegensatz dazu gibt es Belege dafür, dass sowohl A.E.G. als auch Osram, die anderen Unternehmen der deutschen Elektroindustrie - beide mit US-Beteiligung und unter US-Kontrolle - Hitler finanzierten. Tatsächlich waren fast alle Direktoren der deutschen General Electric Unterstützer Hitlers, entweder direkt über die A.E.G. oder indirekt über andere deutsche Firmen. G.E. rundete seine Unterstützung für Hitler durch eine technische Zusammenarbeit mit Krupp ab, die darauf abzielte, die amerikanische Entwicklung von Wolframkarbid einzuschränken, was den USA im Zweiten Weltkrieg zum Nachteil gereichte. Wir kamen zu dem Schluss, dass es den A.E.G.-Werken in Deutschland durch ein bisher unbekanntes Manöver gelang, die Bombardierung durch die Alliierten zu vermeiden.

Eine Untersuchung der Rolle von Standard Oil of New Jersey (das von den Rockefeller-Interessen kontrolliert wurde und wird) wurde in Kapitel vier vorgenommen. Standard Oil finanzierte offenbar nicht Hitlers Machtübernahme 1933 (dieser Teil des "Mythos von Sidney Warburg" ist nicht bewiesen). Andererseits leistete Standard Oil of New Jersey bis 1944 Zahlungen für die Entwicklung von synthetischem Benzin für Kriegszwecke im Auftrag der Nazis und über seine hundertprozentige Tochtergesellschaft für politische Zwecke an Heinrich Himmlers S.S. Freundeskreis. Die Rolle von Standard Oil bestand in der technischen Unterstützung der Nazis bei der Entwicklung von synthetischem Kautschuk und Benzin durch ein US-Forschungsunternehmen, das der Kontrolle von Standard Oil unterstand. Die Ethyl Gasoline Company, die sich im gemeinsamen Besitz von Standard Oil of New Jersey und General Motors befand, war maßgeblich an der Lieferung von lebenswichtigem Ethylblei an Nazi-Deutschland beteiligt - trotz der schriftlichen Proteste des US-Kriegsministeriums - in dem klaren Bewusstsein, dass das Ethylblei für militärische Zwecke der Nazis bestimmt war.

Im fünften Kapitel haben wir gezeigt, dass die International Telephone and Telegraph Company, einer der berüchtigten multinationalen Konzerne, über Baron Kurt von Schroder von der Schroder-Bankengruppe auf beiden Seiten des Zweiten Weltkriegs tätig war. I.T.T. hielt auch eine 28-prozentige Beteiligung an Focke-Wolfe-Flugzeugen, die hervorragende deutsche Kampfflugzeuge herstellten. Wir fanden auch heraus, dass Texaco (Texas Oil Company) über den deutschen Anwalt Westrick in Nazi-Bestrebungen verwickelt war, aber seinen Vorstandsvorsitzenden Rieber fallen ließ, als diese Bestrebungen bekannt wurden.

Henry Ford war ein früher (1922) Hitler-Unterstützer, und Edsel Ford setzte 1942 die Familientradition fort, indem er French Ford ermutigte, von der Aufrüstung der deutschen Wehrmacht zu profitieren. In der Folge wurden diese von Ford produzierten Fahrzeuge gegen amerikanische Soldaten eingesetzt, als diese 1944 in Frankreich landeten. Für seine frühzeitige Anerkennung der Nazis und seine rechtzeitige Unterstützung erhielt Henry Ford 1938 eine Nazi-Medaille. Die Aufzeichnungen von French Ford deuten darauf hin, dass Ford Motor nach 1940 von den Nazis mit Samthandschuhen angefasst wurde.

Die nachweisbaren Fäden der Hitler-Finanzierung werden in Kapitel sieben zusammengeführt und beantworten mit präzisen Namen und Zahlen die Frage, wer Adolf Hitler finanziert hat. In diesem Kapitel wird die Wall Street angeklagt und, nebenbei bemerkt, niemand anderes von Bedeutung in den Vereinigten Staaten als die Familie Ford. Die Familie Ford wird normalerweise nicht mit der Wall Street in Verbindung gebracht, gehört aber sicherlich zur "Machtelite".

In früheren Kapiteln haben wir mehrere Roosevelt-Freunde erwähnt, darunter Teagle von Standard Oil, die Familie Warburg und Gerard Swope. In Kapitel acht wird die Rolle von Putzi Hanfstaengl, einem weiteren Freund Roosevelts und Teilnehmer am Reichstagsbrand, nachgezeichnet. Die Zusammensetzung des inneren Kreises der Nazis während des Zweiten Weltkriegs und die finanziellen Beiträge von Standard Oil of New Jersey und I.T.T.-Tochtergesellschaften werden in Kapitel neun nachgezeichnet. Es werden dokumentarische Beweise für diese finanziellen Beiträge vorgelegt. Kurt yon Schrader wird als Hauptvermittler in diesem "Schmiergeldfonds" der SS identifiziert.

In Kapitel zehn schließlich haben wir ein 1934 unterdrücktes Buch und den "Mythos 'Sidney Warburg'" untersucht. Das unterdrückte

Buch beschuldigte die Rockefellers, die Warburgs und die großen Ölgesellschaften, Hitler zu finanzieren. Während der Name "Sidney Warburg" zweifellos eine Erfindung war, bleibt die außergewöhnliche Tatsache bestehen, dass die Argumentation in dem unterdrückten "Sidney Warburg"-Buch den jetzt vorgelegten Beweisen bemerkenswert nahe kommt. Es bleibt auch rätselhaft, warum James Paul Warburg fünfzehn Jahre später versuchen wollte, den Inhalt des "Warburg"-Buches, von dem er behauptet, es nicht gesehen zu haben, in einer ziemlich durchsichtigen und schlampigen Weise zu widerlegen. Es ist vielleicht noch rätselhafter, warum Warburg die *Memoiren* des Nationalsozialisten von Papen als Vehikel für seine Widerlegung wählte.

Im elften Kapitel schließlich haben wir die Rolle der Morgan und Chase Banks im Zweiten Weltkrieg untersucht, insbesondere ihre Zusammenarbeit mit den Nazis in Frankreich, während ein großer Krieg tobte.

Mit anderen Worten: Wie bei unseren beiden vorangegangenen Untersuchungen der Verbindungen zwischen den internationalen New Yorker Bankiers und wichtigen historischen Ereignissen finden wir ein nachweisbares Muster von Subventionen und politischer Manipulation.

Der allgegenwärtige Einfluss der internationalen Bankiers

Betrachtet man die breite Palette von Fakten, die in den drei Bänden der Wall-Street-Reihe vorgestellt werden, so stellt man fest, dass immer wieder dieselben Namen auftauchen: Owen Young, Gerard Swope, Hjalmar Schacht, Bernard Baruch *usw.;* die gleichen internationalen Banken: J.P. Morgan, Guaranty Trust, Chase Bank; und derselbe Ort in New York: gewöhnlich 120 Broadway.

Diese Gruppe internationaler Bankiers unterstützte die bolschewistische Revolution und profitierte anschließend von der Errichtung eines sowjetischen Russlands. Diese Gruppe unterstützte Roosevelt und profitierte vom New-Deal-Sozialismus. Diese Gruppe unterstützte auch Hitler und profitierte sicherlich von der deutschen Aufrüstung in den 1930er Jahren. Als das Big Business seine Geschäfte bei Ford Motor, Standard of New Jersey usw. hätte führen sollen, war es aktiv und tief in politische Umwälzungen, Kriege und Revolutionen in drei großen Ländern verwickelt.

Die hier präsentierte Version der Geschichte besagt, dass die Finanzelite die bolschewistische Revolution von 1917 wissentlich und vorsätzlich in Absprache mit deutschen Bankern unterstützte. Nachdem sie von der deutschen hyperinflationären Notlage von 1923 reichlich profitiert und geplant hatte, die deutschen Reparationslasten auf den Rücken der amerikanischen Investoren abzuwälzen, musste die Wall Street feststellen, dass sie die Finanzkrise von 1929 verursacht hatte.

Zwei Männer wurden dann als Führer der großen westlichen Länder unterstützt: Franklin D. Roosevelt in den Vereinigten Staaten und Adolf Hitler in Deutschland. Der New Deal von Roosevelt und Hitlers Vierjahresplan wiesen große Ähnlichkeiten auf. Die Pläne von Roosevelt und Hitler waren Pläne für die faschistische Machtübernahme in den jeweiligen Ländern. Während Roosevelts NRA aufgrund der damals geltenden verfassungsrechtlichen Beschränkungen scheiterte, war Hitlers Plan erfolgreich.

Warum wollte die Wall Street-Elite, die internationalen Bankiers, Roosevelt und Hitler an der Macht haben? Dies ist ein Aspekt, den wir nicht untersucht haben. Dem "Mythos von 'Sidney Warburg'" zufolge wollte die Wall Street eine Politik der Rache, das heißt, sie wollte einen Krieg in Europa zwischen Frankreich und Deutschland. Wir wissen sogar aus der Geschichtsschreibung des Establishments, dass sowohl Hitler als auch Roosevelt eine Politik verfolgten, die zum Krieg führte.

Die Zusammenhänge zwischen Personen und Ereignissen in dieser dreiteiligen Serie würden ein weiteres Buch erfordern. Aber ein einziges Beispiel soll vielleicht die bemerkenswerte Machtkonzentration bei relativ wenigen Organisationen und die Nutzung dieser Macht aufzeigen.

Am 1. Mai 1918, als die Bolschewiki nur einen kleinen Teil Russlands kontrollierten (und im Sommer 1918 kurz davor standen, selbst diesen Teil zu verlieren), wurde in Washington, D.C., die American League to Aid and Cooperate with Russia (Amerikanische Liga zur Unterstützung und Zusammenarbeit mit Russland) zur Unterstützung der Bolschewiki gegründet. Dabei handelte es sich nicht um ein Komitee vom Typ "Hände weg von Russland", das von der Kommunistischen Partei der USA oder ihren Verbündeten gegründet wurde. Es war ein *von der Wall Street gegründetes* Komitee mit George P. Whalen von der Vacuum Oil Company als Schatzmeister und Coffin und Oudin von General Electric, zusammen mit Thompson vom Federal Reserve System, Willard von der Baltimore & Ohio Railroad und verschiedenen Sozialisten.

Wenn wir uns den Aufstieg Hitlers und des Nationalsozialismus ansehen, so sind Vacuum Oil und General Electric stark vertreten. Botschafter Dodd in Deutschland war erstaunt über den finanziellen und technischen Beitrag der von Rockefeller kontrollierten Vacuum Oil Company zum Aufbau von militärischen Benzinanlagen für die Nazis. Der Botschafter versuchte, Roosevelt zu warnen. Dodd glaubte in seiner offensichtlichen Naivität in Bezug auf das Weltgeschehen, dass Roosevelt intervenieren würde, aber Roosevelt selbst wurde von denselben Ölinteressen unterstützt, und Walter Teagle von Standard Oil of New Jersey und der NRA war im Vorstand von Roosevelts Warm Springs Foundation vertreten. Dies ist nur eines von vielen Beispielen dafür, dass die von den Rockefellers kontrollierte Vacuum Oil Company maßgeblich an der Gründung des bolschewistischen Russlands und der militärischen Aufrüstung Nazideutschlands beteiligt war und Roosevelts New Deal unterstützte.

Werden die Vereinigten Staaten von einer diktatorischen Elite regiert?

In den letzten zehn Jahren, auf jeden Fall aber seit den 1960er Jahren, hat ein stetiger Strom von Literatur die These aufgestellt, dass die Vereinigten Staaten von einer sich selbst erhaltenden und nicht gewählten Machtelite regiert werden. Mehr noch, die meisten dieser Bücher behaupten, dass diese Elite alle außen- und innenpolitischen Entscheidungen kontrolliert oder zumindest stark beeinflusst, und dass keine Idee in den Vereinigten Staaten ohne die stillschweigende Zustimmung oder vielleicht fehlende Missbilligung dieses elitären Kreises respektiert oder veröffentlicht wird.

Allein schon die Flut der Anti-Establishment-Literatur beweist, dass die Vereinigten Staaten nicht gänzlich unter der Fuchtel einer einzelnen Gruppe oder Elite stehen können. Andererseits wird die Anti-Establishment-Literatur in akademischen oder Medienkreisen nicht in vollem Umfang anerkannt oder vernünftig diskutiert. Meistens handelt es sich um eine limitierte Auflage, die privat produziert und fast von Hand zu Hand weitergegeben wird. Es gibt zwar *einige* Ausnahmen, aber nicht genug, um die Beobachtung zu widerlegen, dass Kritiker des Anti-Establishments nicht ohne weiteres in die normalen Informations-/Verbreitungskanäle gelangen.

Während Anfang und Mitte der 1960er Jahre jede Vorstellung von der Herrschaft einer verschwörerischen Elite oder überhaupt einer Elite Grund genug war, den Befürworter sofort als "Spinner" abzutun, hat sich die Atmosphäre für solche Vorstellungen radikal verändert. Die Watergate-Affäre hat wahrscheinlich einem sich seit langem entwickelnden Klima der Skepsis und des Zweifels den letzten Schliff gegeben. Wir sind fast an einem Punkt angelangt, an dem jeder, der z. B. den Bericht der Warren-Kommission akzeptiert oder glaubt, dass der Sturz von Nixon keine konspirativen Aspekte hatte, verdächtig ist. Kurz gesagt, niemand glaubt mehr wirklich an den Informationsprozess des Establishments. Und für Neugierige gibt es inzwischen eine Vielzahl von alternativen Darstellungen der Ereignisse.

Hunderte von Büchern aus dem gesamten politischen und philosophischen Spektrum fügen immer neue Beweise, Hypothesen und Anschuldigungen hinzu. Was vor nicht allzu langer Zeit noch eine verrückte Idee war, über die man um Mitternacht hinter verschlossenen Türen in gedämpftem und fast verschwörerischem Flüsterton sprach, wird nun offen diskutiert - zwar nicht in den Zeitungen des Establishments, aber sicherlich in netzunabhängigen Radio-Talkshows, in der Untergrundpresse und sogar von Zeit zu

Zeit in Büchern von respektablen Verlagen des Establishments.

Lassen Sie uns also die Frage erneut stellen: Gibt es eine nicht gewählte Machtelite hinter der US-Regierung?

Eine wichtige und oft zitierte Informationsquelle ist Carroll Quigley, Professor für internationale Beziehungen an der Georgetown University, der 1966 eine monumentale moderne Geschichte mit dem Titel *Tragedy and Hope* veröffentlicht hatte.[188] Quigleys Buch unterscheidet sich von anderen dieser Art von Revisionismus dadurch, dass es auf einer zweijährigen Studie der internen Dokumente eines der Machtzentren beruhte. Quigley zeichnet die Geschichte der Machtelite nach:

> *... die Mächte des Finanzkapitalismus hatten ein anderes, weitreichendes Ziel, nämlich nichts weniger als die Schaffung eines weltweiten Finanzsystems in privater Hand, das in der Lage war, das politische System jedes Landes und die Wirtschaft der Welt als Ganzes zu beherrschen.*

Quigley zeigt auch, dass der Council on Foreign Relations, die National Planning Association und andere Gruppen "halb geheime" politische Gremien sind, die von dieser Machtelite kontrolliert werden.

In der folgenden tabellarischen Darstellung haben wir fünf solcher revisionistischen Bücher aufgeführt, darunter auch das von Quigley. Ihre wesentlichen Thesen und ihre Kompatibilität mit den drei Bänden der "Wall Street"-Reihe sind zusammengefasst. Es ist erstaunlich, dass Carroll Quigley bei den drei genannten wichtigen historischen Ereignissen überhaupt nicht mit den Beweisen der "Wall Street"-Serie übereinstimmt. Quigley liefert zwar zahlreiche Beweise für die *Existenz* der Machtelite, dringt aber nicht in deren

---

[188] Carroll Quigley, *Tragödie und Hoffnung, op. cit.*

Funktionsweise ein.

Möglicherweise waren die von Quigley verwendeten Papiere überprüft worden und enthielten keine Unterlagen über elitäre Manipulationen von Ereignissen wie der bolschewistischen Revolution, Hitlers Machtergreifung und der Wahl von Roosevelt 1933. Wahrscheinlicher ist, dass diese politischen Manipulationen in den Akten der Machtgruppen überhaupt nicht verzeichnet sind. Möglicherweise handelte es sich um nicht erfasste Aktionen eines kleinen Ad-hoc-Segments der Eliten. Es ist bemerkenswert, dass die von diesem Autor verwendeten Dokumente aus Regierungsquellen stammen und die täglichen Handlungen von Trotzki, Lenin, Roosevelt, Hitler, J.P. Morgan und den verschiedenen beteiligten Firmen und Banken aufzeichnen.

Andererseits stimmen Autoren wie Jules Archer, Gary Allen, Helen P. Lasell und William Domhoff, die von sehr unterschiedlichen politischen Standpunkten aus schreiben[189], mit den "Wall Street"-Beweisen überein. Diese Autoren stellen die Hypothese auf, dass eine Machtelite die US-Regierung manipuliert. Die "Wall Street"-Serie zeigt, wie diese vermutete "Machtelite" bestimmte historische Ereignisse manipuliert hat.

Es liegt auf der Hand, dass eine solche uneingeschränkte und übergesetzliche Machtausübung verfassungswidrig ist, auch wenn sie in das Gewebe gesetzestreuer Handlungen gehüllt ist. Wir können daher zu Recht die Frage stellen, ob es eine subversive Kraft gibt, die darauf abzielt, verfassungsmäßig garantierte Rechte zu beseitigen.

Die New Yorker Elite als subversive Kraft

Die Geschichte des zwanzigsten Jahrhunderts, wie sie in den

---

[189] Es gibt viele andere; der Autor hat mehr oder weniger zufällig zwei Konservative (Allen und Lasell) und zwei Liberale (Archer und Domhoff) ausgewählt.

Lehrbüchern und Zeitschriften des Establishments beschrieben wird, ist ungenau. Es ist eine Geschichte, die sich ausschließlich auf die offiziellen Dokumente stützt, die von den verschiedenen Verwaltungen für die Öffentlichkeit freigegeben wurden.

Tabelle: STIMMEN DIE BEWEISE IN DER "WALL STREET"-SERIE MIT VERWANDTEN REVISIONISTISCHEN ARGUMENTEN ÜBEREIN, DIE AN ANDERER STELLE PRÄSENTIERT WURDEN?

(1) New York: MacMillan, 1966.

(2) New York: Hawthorn, 1973.

(3) Seal Beach: Concord Press, 1971.

(4) New York: Liberty, 1963.

(5) New Jersey: Prentice Hall, 1967.

(2) Wall Street und FDR	(3) Wall Street und der Aufstieg Hitlers
Nein: Quigleys Argument ist völlig unvereinbar mit dem oben genannten (siehe S. 533)	Quigleys Bericht über den Aufstieg Hitlers (S. 529-33) enthält keine Beweise für die Beteiligung des Establishments.
Ja: Im Allgemeinen sind Archers Belege kohärent, außer dass die Rolle von FDR anders interpretiert wird.	Die Teile in Archer, die sich auf Hitler und den Nationalsozialismus beziehen, stimmen mit dem oben Gesagten überein.
Nicht in Allen enthalten, aber konsistent.	Nicht in Allen enthalten, aber konsistent.
Die Beweise von Lasell stimmen mit den oben genannten überein.	Die Beweise von Lasell stimmen mit den oben genannten überein
Die obige Serie erweitert Domhoffs Argumentation auf die Präsidentschaftswahlen.	Die obige Serie erweitert Domhoffs Argumentation auf die Außenpolitik.

Autor und Titel:	Wesentliche These:	Steht die These im Einklang mit: (1) Wall Street und die bolschewistische Revolution
Carroll QUIGLEY: Tragödie und Hoffnung (1) "Halbgeheimes" Ost-Establishment	"Halbgeheimes" östliches Establishment und Verflechtungen spielen eine dominante Rolle bei Planung und Politik in den USA.	Quigley enthält keine Beweise für die Rolle der Wall Street in der bolschewistischen Revolution (S. 385-9).
Jules ARCHER: Verschwörung zur Übernahme des Weißen Hauses (2)	In den Jahren 1933-4 gab es eine Verschwörung der Wall Street, um FDR abzusetzen und eine faschistische Diktatur in den Vereinigten Staaten zu errichten.	Es ist zwar nicht relevant, aber die von Archer zitierten Elemente der Wall Street waren an der bolschewistischen Revolution …
Gary ALLEN: Niemand wagt es, es Verschwörung zu nennen (3)	Es gibt eine geheime Verschwörung (der Council on Foreign Relations), die darauf abzielt, in den USA eine Diktatur zu errichten und letztlich die …	Ja, abgesehen von geringfügigen Abweichungen bei der Finanzierung.
Helen P. LASELL: Die Macht hinter der Regierung heute (4)	Der Council on Foreign Relations ist eine geheime subversive Organisation, die sich dem Sturz der verfassungsmäßigen Regierung …	Die Beweise von Lasell stimmen mit den oben genannten überein.
William DOMHOFF: Wer regiert Amerika? (5)	Es gibt eine "Machtelite", die alle großen Banken, Konzerne, Stiftungen, die Exekutive und die Regulierungsbehörden der US-Regierung kontrolliert.	Die obige Serie erweitert Domholls Argumentation auf die Außenpolitik.

Eine genaue Geschichte kann jedoch nicht auf einer selektiven Freigabe von Dokumentenarchiven beruhen. Genauigkeit erfordert den Zugang zu allen Dokumenten. In der Praxis hat sich mit der Beschaffung von zuvor als geheim eingestuften Dokumenten in den Akten des US-Außenministeriums, des britischen Außenministeriums und der Archive des Auswärtigen Amtes sowie anderer Verwahrungsorte eine neue Version der Geschichte herausgebildet; die vorherrschende Version des Establishments erweist sich nicht nur als ungenau, sondern soll auch ein weitreichendes Geflecht aus Betrug und unmoralischem Verhalten verbergen.

Das Zentrum der politischen Macht, wie es die US-Verfassung vorsieht, liegt bei einem gewählten Kongress und einem gewählten Präsidenten, die im Rahmen und unter den Zwängen einer Verfassung arbeiten, die von einem unparteiischen Obersten Gerichtshof ausgelegt wird. In der Vergangenheit sind wir *davon ausgegangen*, dass die Exekutive und die Legislative ihre politische Macht nach reiflicher Überlegung und unter Berücksichtigung der Wünsche der Wählerschaft sorgfältig ausüben. Tatsächlich könnte nichts weiter von dieser Annahme entfernt sein. Die Wähler haben schon lange geahnt, wissen aber inzwischen, dass politische Versprechen nichts wert sind. Lügen sind an der Tagesordnung, wenn es darum geht, die Politik umzusetzen. Kriege werden begonnen (und beendet), ohne dass es dafür auch nur einen Funken einer schlüssigen Erklärung gibt. Den politischen Worten sind noch nie politische Taten gefolgt. Und warum nicht? Offenbar, weil das Zentrum der politischen Macht woanders liegt als bei den gewählten und vermutlich reaktionsschnellen Vertretern in Washington, und weil diese Machtelite ihre eigenen Ziele verfolgt, die nicht mit denen der breiten Öffentlichkeit übereinstimmen.

In dieser dreibändigen Reihe haben wir für drei historische Ereignisse den Sitz der politischen Macht in den Vereinigten Staaten - die Macht hinter den Kulissen, den verborgenen Einfluss auf Washington - als den des Finanzestablishments in New York identifiziert: die privaten internationalen Bankiers, genauer gesagt die Finanzhäuser von J.P. Morgan, die von Rockefeller kontrollierte Chase Manhattan Bank und in früheren Zeiten (vor der Fusion ihrer Manhattan Bank mit der früheren Chase Bank) die Warburgs.

Die Vereinigten Staaten sind trotz der Verfassung und ihrer angeblichen Beschränkungen zu einem quasi-totalitären Staat geworden. Wir haben zwar (noch) nicht die offensichtlichen Merkmale einer Diktatur, die Konzentrationslager und das Klopfen an der Tür um Mitternacht, aber wir haben ganz sicher Drohungen und Maßnahmen, die auf das Überleben von Kritikern abzielen, die nicht dem Establishment angehören, den Einsatz des Internal Revenue Service, um Dissidenten auf Linie zu bringen, und die Manipulation der Verfassung durch ein Gerichtssystem, das dem Establishment politisch untergeordnet ist.

Es liegt im pekuniären Interesse der internationalen Bankiers, die politische Macht zu zentralisieren - und diese Zentralisierung lässt sich am besten in einer kollektivistischen Gesellschaft erreichen, wie dem sozialistischen Russland, dem nationalsozialistischen Deutschland oder den fabianisch-sozialistischen Vereinigten Staaten.

Man kann die amerikanische Politik und Außenpolitik des 20. Jahrhunderts nicht vollständig verstehen und würdigen, wenn man nicht weiß, dass diese Finanzelite die Politik in Washington effektiv monopolisiert.

In jedem einzelnen Fall verwickeln neu freigegebene Dokumente diese Elite und bestätigen diese Hypothese. Die revisionistischen Versionen des Eintritts der Vereinigten Staaten in den Ersten und Zweiten Weltkrieg, in Korea und Vietnam offenbaren den Einfluss und die Ziele dieser Elite.

Jahrhunderts hat das Federal Reserve System, insbesondere die Federal Reserve Bank of New York ( ), die sich der Kontrolle des Kongresses entzieht, ungeprüft und unkontrolliert ist und die Befugnis hat, nach Belieben Geld zu drucken und Kredite zu schaffen, praktisch ein Monopol über die Richtung der amerikanischen Wirtschaft ausgeübt. Im Bereich der auswärtigen Angelegenheiten ist der Rat für auswärtige Beziehungen (Council on Foreign Relations), oberflächlich betrachtet ein unschuldiges Forum für Akademiker, Geschäftsleute und Politiker, ein Machtzentrum, das einseitig die Außenpolitik der USA bestimmt, ohne dass dies vielen seiner Mitglieder bewusst ist. Das Hauptziel dieser verdeckten - und offensichtlich subversiven - Außenpolitik ist die Aneignung von Märkten und wirtschaftlicher Macht *(Profiten,* wenn man so will) für eine kleine Gruppe riesiger multinationaler Konzerne unter der virtuellen Kontrolle einiger weniger Bankinvestmenthäuser und kontrollierender Familien.

Über Stiftungen, die von dieser Elite kontrolliert werden, wird die Forschung von willfährigen und rückgratlosen Akademikern, "Konservativen" wie "Liberalen", in Kanäle gelenkt, die für die Ziele der Elite nützlich sind und im Wesentlichen der

Aufrechterhaltung dieses subversiven und verfassungswidrigen Machtapparats dienen.

Durch Verlagshäuser, die von derselben Finanzelite kontrolliert werden, wurden unliebsame Bücher unterdrückt und nützliche Bücher gefördert; glücklicherweise gibt es im Verlagswesen nur wenige Marktzutrittsschranken, und der Wettbewerb ist nahezu atomistisch. Durch die Kontrolle von etwa einem Dutzend großer Zeitungen, die von gleichdenkenden Redakteuren geleitet werden, kann die öffentliche Information fast nach Belieben orchestriert werden. Gestern war es das Weltraumprogramm, heute eine Energiekrise oder eine Kampagne für den Umweltschutz, morgen ein Krieg im Nahen Osten oder eine andere künstliche "Krise".

Das Gesamtergebnis dieser Manipulation der Gesellschaft durch die Establishment-Elite waren vier große Kriege in sechzig Jahren, eine lähmende Staatsverschuldung, die Abkehr von der Verfassung, die Unterdrückung von Freiheit und Chancen und die Schaffung einer riesigen Glaubwürdigkeitslücke zwischen dem Mann auf der Straße und Washington, D.C. Während das durchsichtige Instrumentarium der beiden großen Parteien, die künstliche Differenzen, zirkusähnliche Kongresse und das Klischee der "überparteilichen Außenpolitik" ausposaunen, nicht mehr glaubwürdig ist und die Finanzelite selbst erkennt, dass ihrer Politik die öffentliche Akzeptanz fehlt, ist sie offensichtlich bereit, einen Alleingang ohne auch nur nominelle öffentliche Unterstützung zu unternehmen.

Kurz gesagt, wir müssen jetzt darüber nachdenken und diskutieren, ob dieses in New York ansässige elitäre Establishment eine subversive Kraft ist, die mit Bedacht und Wissen agiert, um die Verfassung und eine freie Gesellschaft zu unterdrücken. Das wird die Aufgabe sein, die im nächsten Jahrzehnt ansteht.

Die langsam aufkommende revisionistische Wahrheit

Der Schauplatz dieser Debatte und die Grundlage für unsere Anschuldigungen der Subversion sind die von den revisionistischen Historikern vorgelegten Beweise. Langsam, über Jahrzehnte hinweg, Buch für Buch, fast Zeile für Zeile, ist die Wahrheit der jüngsten Geschichte ans Licht gekommen, als Dokumente freigegeben, untersucht, analysiert und in einen gültigeren historischen Rahmen gestellt wurden.

Betrachten wir ein paar Beispiele. Der Eintritt der USA in den Zweiten Weltkrieg wurde nach der Version des Establishments angeblich durch den japanischen Angriff auf Pearl Harbor ausgelöst. Revisionisten haben festgestellt, dass Franklin D. Roosevelt und General Marshall von dem bevorstehenden japanischen Angriff *wussten* und nichts unternahmen, um die Militärbehörden in Pearl Harbor zu warnen.

Das Establishment wollte einen Krieg mit Japan. In der Folge stellte das Establishment sicher, dass die Untersuchungen des Kongresses zu Pearl Harbor der Roosevelt'schen Beschönigung entsprechen würden. Mit den Worten von Percy Greaves, dem leitenden Forschungsexperten der republikanischen Minderheit im Gemeinsamen Ausschuss des Kongresses, der Pearl Harbor untersuchte:

> *Die vollständigen Fakten werden nie bekannt werden. Die meisten der sogenannten Untersuchungen waren Versuche, diejenigen, die nach der Wahrheit suchen, zu unterdrücken, irrezuführen oder zu verwirren. Von Anfang bis Ende wurden Fakten und Akten zurückgehalten, um nur die Informationen preiszugeben, die der untersuchten Verwaltung zugute kommen. Denjenigen, die nach der Wahrheit suchen, wird gesagt, dass andere Fakten oder Dokumente nicht offengelegt werden können, weil sie sich in persönlichen Tagebüchern befinden, sich auf unsere Beziehungen mit dem Ausland beziehen oder unter Eid keine Informationen von enthalten.*[190]

---

[190] Percy L. Greaves, Jr., "The Pearl Harbor Investigation", in Harry Elmer Harnes, *Perpetual War for Perpetual Peace*, (Caldwell: Caxton Printers, 1953), S. 13-20.

Dies war jedoch nicht der erste und auch nicht der letzte Versuch, die Vereinigten Staaten in den Krieg zu ziehen. Bereits 1915 versuchten die Morgan-Interessen in Absprache mit Winston Churchill, die USA in den Ersten Weltkrieg zu ziehen, was ihnen 1917 auch gelang. In Colin Thompsons *Lusitania* wird Präsident Woodrow Wilson in den Untergang der *Lusitania* verwickelt - ein Schreckensszenario, das eine öffentliche Gegenreaktion hervorrufen sollte, um die Vereinigten Staaten in den Krieg mit Deutschland zu ziehen. Thompson weist nach, dass Woodrow Wilson *vier Darts vorher* wusste, dass die *Lusitania* sechs Millionen Schuss Munition und Sprengstoff an Bord hatte und dass "Passagiere, die mit diesem Schiff fahren wollten, gegen die Gesetze dieses Landes verstießen."[191]

Der britische Untersuchungsausschuss unter Lord Mersey wurde von der britischen Regierung *angewiesen*, "dass es als politisch zweckmäßig erachtet wird, Kapitän Turner, dem Kapitän der *Lusitania*, die Hauptschuld an der Katastrophe zu geben".

Im Nachhinein, angesichts der Beweise von Colin Thompson, ist die Schuld eher Präsident Wilson, "Colonel" House, J.P. Morgan und Winston Churchill zuzuschreiben; diese verschwörerische Elite hätte wegen vorsätzlicher Fahrlässigkeit, wenn nicht gar wegen Verrats vor Gericht gestellt werden müssen. Es ist Lord Mersey hoch anzurechnen, dass er, nachdem er seine "Pflicht" auf Anweisung der Regierung Seiner Majestät erfüllt und die Schuld auf Kapitän Turner geschoben hatte, zurücktrat, sein Honorar ablehnte und sich von da an weigerte, Aufträge der britischen Regierung zu bearbeiten. Seinen Freunden gegenüber sagte Lord Mersey über den Fall *Lusitania* nur, dass es sich um ein "schmutziges Geschäft" handelte.

In den Jahren 1933/4 unternahm die Firma Morgan den Versuch, eine faschistische Diktatur in den Vereinigten Staaten zu errichten. Nach den Worten von Jules Archer war ein faschistischer *Putsch* geplant, um die Regierung zu übernehmen und sie "im Namen der

---

[191] Colin Simpson, *Lusitania*, (London: Longman, 1972), S, 252.

amerikanischen Bankiers und Industriellen diktatorisch zu führen".[192] Wiederum trat eine einzelne mutige Person hervor - General Smedley Darlington Butler, der die Wall-Street-Verschwörung aufdeckte. Und wieder einmal zeichnet sich der Kongress, insbesondere die Kongressabgeordneten Dickstein und MacCormack, durch seine feige Weigerung aus, nicht mehr zu tun, als eine symbolische, beschönigende Untersuchung durchzuführen.

Seit dem Zweiten Weltkrieg haben wir den Koreakrieg und den Vietnamkrieg erlebt - bedeutungslose, sich dahinschleppende Kriege, die nichts einbrachten, aber viel Geld und viele Menschenleben kosteten und keinen anderen Zweck hatten, als Rüstungsaufträge im Wert von mehreren Milliarden Dollar zu generieren. Sicherlich wurden diese Kriege nicht geführt, um den Kommunismus zurückzudrängen, denn seit fünfzig Jahren pflegt und subventioniert das Establishment die Sowjetunion, die in beiden Kriegen - Korea und Vietnam - die andere Seite mit Waffen belieferte. Unsere revisionistische Geschichtsschreibung wird also zeigen, dass die Vereinigten Staaten zumindest in Korea und Vietnam beide Seiten direkt oder indirekt bewaffnet haben.

Bei der Ermordung von Präsident Kennedy, um ein innenpolitisches Beispiel zu nennen, ist es schwierig, jemanden zu finden, der heute die Ergebnisse der Warren-Kommission akzeptiert - außer vielleicht die Mitglieder dieser Kommission. Dennoch werden wichtige Beweise noch 50 bis 75 Jahre lang vor der Öffentlichkeit verborgen. Die Watergate-Affäre hat selbst dem Normalbürger gezeigt, dass das Weiße Haus ein bösartiges Nest von Intrigen und Täuschungen sein kann.

Von der gesamten jüngeren Geschichte ist die Geschichte der Operation Keelhaul[193] vielleicht die abscheulichste. Bei der

---

[192] Jules Archer, *The Plot to Seize the White House*, (New York: Hawthorn Book, 1973), S. 202.

[193] Siehe Julius Epstein, *Operation Keelhaul*, (Old Greenwich: Devin Adair, 1973).

Operation Keelhaul handelte es sich um die Zwangsrückführung von Millionen von Russen auf Befehl von Präsident (damals General) Dwight D. Eisenhower, was einen direkten Verstoß gegen die Genfer Konvention von 1929 und die langjährige amerikanische Tradition der politischen Zuflucht darstellt. Die Operation Keelhaul, die gegen alle unsere Vorstellungen von elementarem Anstand und individueller Freiheit verstößt, wurde auf direkten Befehl von General Eisenhower durchgeführt und war, wie wir heute annehmen können, Teil eines langfristigen Programms zur Förderung des Kollektivismus, sei es der sowjetische Kommunismus, Hitlers Nationalsozialismus oder FDRs New Deal. Doch bis zur jüngsten Veröffentlichung von Dokumenten durch Julius Epstein wurde jeder, der es wagte, zu behaupten, Eisenhower würde Millionen von unschuldigen Menschen für politische Zwecke verraten, bösartig und gnadenlos angegriffen.[194]

Was uns diese Geschichtsrevision wirklich lehrt, ist, dass unsere Bereitschaft, als einzelne Bürger die politische Macht an eine Elite abzugeben, die Welt zwischen 1820 und 1975 etwa zweihundert Millionen Tote gekostet hat. Zu diesem unsäglichen Elend kommen noch die Konzentrationslager, die politischen Gefangenen, die Unterdrückung und Unterdrückung derjenigen, die versuchen, die Wahrheit ans Licht zu bringen.

Wann wird das alles aufhören? Es wird nicht aufhören, bis wir nach einem einfachen Axiom handeln: dass das Machtsystem nur so lange fortbesteht, wie *die Einzelnen* es wollen, und es wird nur so lange fortbestehen, wie *die Einzelnen* versuchen, etwas für nichts zu bekommen. An dem Tag, an dem die Mehrheit der Menschen erklärt oder so tut, als wolle sie nichts von der Regierung, an dem sie erklärt, sie werde sich um ihr eigenes Wohlergehen und ihre eigenen Interessen kümmern, an *diesem* Tag sind die Machteliten dem Untergang geweiht. Die Verlockung, mit den Machteliten "mitzugehen", ist die Verlockung von etwas für nichts. Das ist der Köder. Das Establishment bietet immer etwas für nichts an; aber das

---

[194] Siehe zum Beispiel Robert Welch, *The Politician*, (Belmont, Mass.: Belmont Publishing Co., 1963).

Etwas wird von jemand anderem genommen, als Steuern oder Plünderung, und an anderer Stelle im Austausch für politische Unterstützung vergeben.

Regelmäßige Krisen und Kriege werden genutzt, um die Unterstützung für weitere Ausplünderungs- und Belohnungszyklen zu erhöhen, die die Schlinge um unsere individuellen Freiheiten enger ziehen. Und natürlich haben wir Horden von akademischen Schwämmen, amoralischen Geschäftsleuten und einfach nur Mitläufern, die als unproduktive Empfänger für die Ausbeutung fungieren.

Unterbrechen Sie den Kreislauf von Plünderung und unmoralischer Belohnung, und die elitären Strukturen brechen zusammen. Aber erst wenn eine Mehrheit den moralischen Mut und die innere Stärke findet, das Spiel mit dem "Etwas-für-Nichts" abzulehnen und es durch freiwillige Vereinigungen, freiwillige Kommunen oder lokale Herrschaft und dezentralisierte Gesellschaften zu ersetzen, werden das Töten und die Ausplünderung aufhören.

Anhang A

Programm der Nationalsozialistischen Deutschen Arbeiterpartei

Hinweis: Dieses Programm ist wichtig, weil es zeigt, dass das Wesen des Nationalsozialismus bereits 1920 öffentlich bekannt war.

DAS PROGRAMM

Das Programm der Deutschen Arbeiterpartei ist zeitlich begrenzt. Die Führer haben nicht die Absicht, nach Erreichung der darin verkündeten Ziele neue Ziele aufzustellen, nur um die Unzufriedenheit der Massen künstlich zu steigern und so den Fortbestand der Partei zu sichern.

1. Wir fordern den Zusammenschluß aller Deutschen zu einem Großdeutschland auf der Grundlage des Selbstbestimmungsrechtes der Völker.

2. Wir fordern die Gleichberechtigung des deutschen Volkes gegenüber den anderen Nationen und die Aufhebung der Friedensverträge von Versailles und St. Germain.

3. Wir fordern Land und Territorium (Kolonien) für die Ernährung unseres Volkes und für die Ansiedlung unserer überflüssigen Bevölkerung.

4. Nur Angehörige der Nation dürfen Bürger des Staates sein. Mitglied der Nation kann nur sein, wer deutschen Blutes ist, gleich welchen Glaubens. Kein Jude kann also Mitglied der Nation sein.

5. Wer nicht Staatsangehöriger dieses Staates ist, darf sich in

Deutschland nur als Gast aufhalten und muss als ausländischer betrachtet werden.

6. Das Stimmrecht über die Regierung und Gesetzgebung des Staates soll nur dem Staatsbürger zustehen. Wir fordern daher, daß alle öffentlichen Ämter, gleich welcher Art, sei es im Reich, auf dem Lande oder in den kleineren Ortschaften, nur Staatsbürgern verliehen werden sollen.

7. Wir wenden uns gegen die korrumpierende Gewohnheit des Parlaments, Ämter nur nach parteipolitischen Gesichtspunkten und ohne Rücksicht auf Charakter und Fähigkeiten zu besetzen.

8. Wir fordern, daß der Staat es zu seiner ersten Pflicht macht, die Industrie und den Lebensunterhalt der Staatsbürger zu fördern. Wenn es nicht möglich ist, die gesamte Bevölkerung des Staates zu ernähren, müssen Ausländer (Nicht-Staatsangehörige) aus dem Reich ausgeschlossen werden. Jede nichtdeutsche Einwanderung muss verhindert werden. Wir fordern, dass alle Nichtdeutschen, die nach dem 2. August 1914 nach Deutschland eingewandert sind, unverzüglich aus dem Reich zu entfernen sind.

9. Alle Bürger des Staates sind hinsichtlich der Rechte und Pflichten gleich.

10. Es muss die erste Pflicht eines jeden Staatsbürgers sein, mit seinem Geist oder mit seinem Körper zu arbeiten. Die Tätigkeit des Einzelnen darf nicht mit den Interessen des Ganzen kollidieren, sondern muss sich in den Rahmen der Gemeinschaft einfügen und dem allgemeinen Wohl dienen.

Wir fordern daher:

11. Abschaffung des nicht durch Arbeit erzielten Einkommens.

ABSCHAFFUNG DER ZINSKNECHTSCHAFT

12. Angesichts des enormen Opfers an Leben und Eigentum, das

jeder Krieg einer Nation abverlangt, muss die persönliche Bereicherung durch einen Krieg als Verbrechen an der Nation angesehen werden. Wir fordern daher die rücksichtslose Konfiszierung aller Kriegsgewinne,

13. Wir fordern die Verstaatlichung aller Unternehmen, die bisher in Gesellschaften (Trusts) organisiert sind.

14. Wir fordern, dass die Gewinne aus dem Großhandel aufgeteilt werden.

15. Wir fordern einen umfassenden Ausbau der Alterssicherung.

16. Wir fordern die Schaffung und Aufrechterhaltung eines gesunden Mittelstandes, die sofortige Kommunalisierung von Großhandelsflächen und deren kostengünstige Vermietung an Kleinhändler, sowie eine besondere Rücksichtnahme auf alle Kleinlieferanten des Staates, der Bezirksverwaltungen und der kleineren Ortschaften.

17. Wir fordern eine unseren nationalen Erfordernissen entsprechende Bodenreform, die Verabschiedung eines Gesetzes zur entschädigungslosen Enteignung von Grund und Boden für kommunale Zwecke, die Abschaffung der Zinsen für Bodenkredite und die Verhinderung jeglicher Spekulation mit Grund und Boden.

18. Wir fordern die rücksichtslose Verfolgung derjenigen, deren Tätigkeit dem Gemeinwohl schadet. Niederträchtige Verbrecher gegen die Nation, Wucherer, Profiteure usw. müssen mit dem Tod bestraft werden, unabhängig von ihrem Glauben oder ihrer Ethnie.

19. Wir fordern, dass das römische Recht, das der materialistischen Weltordnung dient, durch ein Rechtssystem für ganz Deutschland ersetzt wird.

20. Mit dem Ziel, jedem tüchtigen und fleißigen Deutschen die Möglichkeit zu höherer Bildung und damit zum Aufstieg zu eröffnen, muss der Staat eine gründliche Umgestaltung unseres

nationalen Bildungswesens in Betracht ziehen. Die Lehrpläne aller Bildungseinrichtungen müssen mit den Erfordernissen des praktischen Lebens in Einklang gebracht werden. Das Begreifen der Staatsidee (Staatssoziologie) muss das Ziel der Schule sein, beginnend mit der ersten Intelligenzentwicklung des Schülers. Wir fordern die Förderung der begabten Kinder armer Eltern, unabhängig von ihrer Schicht und ihrem Beruf, auf Kosten des Staates.

21. Der Staat hat für die Hebung des Gesundheitszustandes des Volkes zu sorgen, indem er Mütter und Säuglinge schützt, die Kinderarbeit verbietet, die körperliche Leistungsfähigkeit durch gesetzlich vorgeschriebene Gymnastik und Sport steigert und die Vereine, die sich mit der körperlichen Ertüchtigung der Jugend befassen, umfassend unterstützt.

22. Wir fordern die Abschaffung einer bezahlten Armee und die Bildung einer nationalen Armee.

23. Wir fordern den juristischen Kampf gegen die bewusste politische Lüge und ihre Verbreitung in der Presse. Um die Schaffung einer deutschen Nationalpresse zu ermöglichen, fordern wir:

(a) dass alle Redakteure von Zeitungen und ihre Mitarbeiter, die die deutsche Sprache verwenden, Angehörige der Nation sein müssen;

(b) dass für das Erscheinen nichtdeutscher Zeitungen eine besondere staatliche Genehmigung erforderlich ist. Diese müssen nicht unbedingt in deutscher Sprache gedruckt werden;

(c) dass es Nichtdeutschen gesetzlich verboten ist, sich an deutschen Zeitungen finanziell zu beteiligen oder sie zu beeinflussen, und dass die Zuwiderhandlung gegen dieses Gesetz mit der Unterdrückung einer solchen Zeitung und der sofortigen Ausweisung des daran beteiligten Nichtdeutschen geahndet wird.

Es muss verboten werden, Zeitungen zu veröffentlichen, die nicht dem nationalen Wohl dienen. Wir fordern die gerichtliche Verfolgung aller Tendenzen in Kunst und Literatur, die geeignet sind, unser nationales Leben zu zersetzen, und die Unterdrückung von Institutionen, die den oben genannten Forderungen entgegenstehen.

24. Wir fordern Freiheit für alle religiösen Bekenntnisse im Staate, soweit sie keine Gefahr für ihn darstellen und nicht gegen das sittliche Empfinden des deutschen Volkes verstoßen.

Die Partei als solche steht für ein positives Christentum, bindet sich aber in der Frage des Glaubensbekenntnisses an keine bestimmte Konfession. Sie bekämpft den jüdisch-materialistischen Geist in uns und außerhalb von uns und ist überzeugt, dass unsere Nation nur nach dem Prinzip von innen heraus dauerhaft gesund werden kann:

DAS GEMEINSAME INTERESSE VOR DEM EIGENEN

25. Damit dies alles verwirklicht werden kann, fordern wir die Schaffung einer starken Zentralgewalt des Staates. Unbestrittene Autorität des politisch zentralisierten Parlaments über das gesamte Reich und seine Organisation; und Bildung von Kammern für Klassen und Berufe zum Zweck der Durchführung der allgemeinen Gesetze, die vom Reich in den verschiedenen Staaten des Bundes verkündet werden.

Die Führer der Partei schwören, für die Verwirklichung der vorstehenden Punkte geradewegs voranzugehen und, wenn nötig, ihr Leben zu opfern. München, 24. Februar 1920.

Quelle: Offizielle englische Übersetzung von E. Dugdale, nachgedruckt aus Kurt G, W. Ludecke, *I Knew Hitler* (New York: Charles Scribner's Sons, 1937),

Anhang B

Eidesstattliche Erklärung von Hjalmar Schacht

Ich, Dr. Hjalmar Schacht, erkläre hiermit, nachdem ich darauf hingewiesen worden bin, dass ich mich wegen falscher Angaben strafbar mache, aus freien Stücken und ohne Zwang an Eides statt Folgendes:

Die von den Teilnehmern des Treffens vom 20. Februar 1933 in Görings Haus eingezahlten Beträge wurden von diesen an die Bankiers. Delbruck, Schickler & Co. in Berlin, auf ein Konto "Nationale Treuhand". Es wurde vereinbart, dass ich über dieses Konto, das ich als Treuhänder verwaltete, verfügungsberechtigt war und dass im Falle meines Todes oder einer sonstigen Beendigung der Treuhandschaft Rudolf Hess über das Konto verfügungsberechtigt sein sollte.

Ich verfügte über die Beträge auf diesem Konto, indem ich Herrn Hess Schecks ausstellte. Ich weiß nicht, was Herr Hess tatsächlich mit dem Geld gemacht hat.

Am 4. April 1933 löste ich das Konto bei Delbruck, Schickler & Co. auf und ließ den Restbetrag auf das auf meinen Namen lautende "Konto Ic" bei der Reichsbank überweisen. Später wurde ich von Hitler, der durch die Versammlung vom 20. Februar 1933 ermächtigt war, über die eingezogenen Beträge zu verfügen, direkt oder durch seinen Stellvertreter Hess angewiesen, den Restbetrag von etwa 600.000 Mark an Ribbentrop auszuzahlen.

Ich habe diese eidesstattliche Erklärung (eine Seite)

sorgfältig gelesen und unterschrieben. Ich habe die notwendigen Korrekturen in meiner eigenen Handschrift vorgenommen und jede Korrektur am Rand der Seite paraphiert. Ich erkläre hiermit an Eides statt, dass ich nach bestem Wissen und Gewissen die volle Wahrheit gesagt habe.

(Gezeichnet) Dr. Hjalmar Schacht

12. August 1947

In einer späteren eidesstattlichen Erklärung vom 18. August 1947 (N1-9764, Pros. Ex 54) erklärte Schacht in Bezug auf die oben genannte Vernehmung Folgendes:

"Ich habe alle in diesem Verhör gemachten Aussagen gegenüber Clifford Hyanning, einem Finanzermittler der amerikanischen Streitkräfte, aus freiem Willen und ohne Zwang gemacht. Ich habe dieses Verhör heute noch einmal gelesen und kann bestätigen, dass alle darin enthaltenen Tatsachen nach bestem Wissen und Gewissen wahr sind. Ich erkläre hiermit unter Eid, dass ich nach bestem Wissen und Gewissen die volle Wahrheit gesagt habe."

Quelle: Kopie des Dokuments Prosecution Exhibit 55. *Prozesse gegen Kriegsverbrecher vor den Nürnberger Militärtribunalen gemäß Kontrollratsgesetz Nr. 10*, Nürnberg, Oktober 1946-April 1949, Band VII, I.G. Farben, (Washington: U.S. Government Printing Office, 1952).

Anhang C

Buchungen auf dem Konto "Nationale Treuhandschaft", gefunden in den Akten der Delbruck, Schickler Co. Bank

NATIONALES TREUHANDVERMÖGEN REICHSBANKPRÄSIDENT DR. HJALMAR SCHACHT, BERLIN-ZEHLENDORF

Datum	Buchung	Betrag	Datum	Betrag
23. Februar	Debibk (Deutsche Bank Diskonto-Gesellschaft) Verein für die bergbaulichen Interessen, Essen		23. Februar	200,000.00
24	Überweisung auf das Konto Rudolf Hess, zur Zeit in Berlin	100,000.00	24	
24	Karl Herrmann		25	150,000.00
	Automobilausstellung, Berlin		25	100,000.00
25	Direktor A. Steinke		27	200,000.00
25	Demag A.G., Duisberg		27	50,000.00
27	Telefunken Gesellschaft ruer draht lose Telegraphie Berlin		28	85,000.00
	Osram G.m.b.H., Berlin		28	40,000.00
27	Bayerische Hypotheken-und Wech selbank, Zweigstelle München, Kauflingerstr. Zugunsten des Verlags Franz Eher Nachf, München	100,000.00	28	
27	Überweisung auf das Konto Rudolf Hess, Berlin	100,000.00	27	
28	I.G. Farbenindustrie A.G. Frankfurt/M		1. März	400,000.00
28	Telegraphenkosten für den Transfer nach München	8.00	28. Februar	
1. März	Ihre Zahlung		2. März	125,000.00
2	Telegr. Überweisung an die Bayerische Hypotheken- und Wechselbank, Niederlassung München, Bayerstr.			

	für Rechnung Josef Jung	400,000.00	2	
	Telegr. Übertragungskosten	23.00	2	
	Kontoübertrag Rudolf Hess	300,000.00		
2	Rückerstattung von Direktor Karl Lange, Berlin		3	30,000.00
3	Rückerstattung von Dir. Karl Lange, Konto "Maschinen-industrie		4	20,000.00
	Rückerstattung vom Verein ruer die bergbaulichen Interessen, Essen		4	100,000.00
	Rückerstattung von Karl Herrmann, Berlin, Dessauerstr. 28/9		4	150,000.00
	Erstattung durch die Allgemeine Elektrizitaetsgesellschaft, Berlin		4	60,000.00
7	Erstattung von General-Direktor Dr. F. Springorum, Dortmund		8	36,000.00
8	Reichsbank-Überweisung: Bayerische Hypotheken- und Wechselbank,			
	Geschäftsstelle Kauffingerstr.	100,000.00	8	
		1,100,031.00		1,696,000.00
		1,100,031.00	Mär.8	1,696,000.00
Mar. 8	Bayerische Hypotheken- und Wechselbank, München, Zweigstelle Bayerstr.	100,000.00	8	
	Überweisung auf das Konto Rudolf Hess	250,000.00	7	
10	Accumulatoren-Fabrik A.G. Berlin		11	25,000.00

13	Verein f.d. bergbaulichen Interessen, Essen		14	300,000.00
14	Rückerstattung Rudolf Hess	200,000.00	14	
29	Rückerstattung Rudolf Hess	200,000.00	29	
April 4	Commerz- und Privatbank Dep. Kasse N. Berlin W.9 Potsdamerstr. 1 f. Spezial			
	Konto S 29	99,000.00	Apr. 4	
5	Interessen gemäß Liste 1			
	Prozent		5	404.50
	Telefonrechnungen	1.00	5	
	Porto	2.50	5	
	Bilanz	72,370.00	5	
	Übertragener Saldo	2,021,404.50		2,021,404.50
			5. April	72,370.00

Anhang D

Schreiben des US-Kriegsministeriums an die Ethyl Corporation

Exponat Nr., 144

(Handschriftlich) Herr Webb schickte Kopien für andere Direktoren

Kopie an: Herrn Alfred P. Sloan, Jr., General Motors Corp. in New York City, Herrn Donaldson Brown, General Motors Corp. in New York City.

15. Dezember 1934.

Mr. E. W. Webb,

Präsident Ethyl Gasoline Corporation, 185 E, 42nd Street, New York City. Sehr geehrter Herr Webb: Ich habe heute über unsere Abteilung für organische Chemikalien erfahren, dass die Ethyl Gasoline Corporation beabsichtigt, mit der I.G. eine deutsche Gesellschaft zu gründen, um in diesem Land Ethylblei herzustellen.

Ich war gerade zwei Wochen in Washington und habe einen nicht unerheblichen Teil dieser Zeit damit verbracht, den Austausch von chemischen Kenntnissen, die einen militärischen Wert haben könnten, mit ausländischen Unternehmen zu kritisieren. Eine solche Weitergabe von Informationen durch ein Industrieunternehmen könnte schwerwiegende Folgen für dieses Unternehmen haben. Die Ethyl Gasoline Corporation wäre keine Ausnahme, sondern würde wahrscheinlich aufgrund ihrer Aktienbesitzverhältnisse besonders angegriffen werden.

Auf den ersten Blick dürfte die Menge des in Deutschland zu kommerziellen Zwecken verwendeten Bleiethyls zu gering sein, um verfolgt zu werden. Es ist behauptet worden, dass Deutschland heimlich aufrüstet. Ethylblei wäre zweifellos eine wertvolle Hilfe für Militärflugzeuge.

Ich schreibe Ihnen, um Ihnen mitzuteilen, dass Sie oder der Vorstand der Ethyl Gasoline Corporation meiner Meinung nach unter keinen Umständen irgendwelche Geheimnisse oder "Know-how" im Zusammenhang mit der Herstellung von Tetraethylblei an Deutschland weitergeben sollten.

Ich bin darüber informiert, dass Sie durch die Farbstoffabteilung über die Notwendigkeit informiert werden, die Informationen, die Sie aus Deutschland erhalten haben, an die zuständigen Beamten des Kriegsministeriums weiterzugeben.

Mit freundlichen Grüßen,

Quelle: United States Senate, Hearings before a Subcommittee of the Committee on Military Affairs, *Scientific and Technical Mobilization,* 78[th]Congress, Second Session, Part 16, (Washington D.C.: Government Printing Office, 1944), S. 939.

Anhang E

Auszug aus dem Morgenthau-Tagebuch (Deutschland) über Sosthenes Behn von I.T.T.

16. März 1945

11:30 Uhr.

GRUPPEN-TREFFEN

Bretton Woods - I.T. & T. - Wiedergutmachung

Anwesend:

Herr White
Herr Fussell
Herr Feltus
Herr Coe
Herr DuBois
Frau Klotz

H.M., Jr: Frank, können Sie die Sache mit I.T.&T. auf den Punkt bringen?

Mr. Coe: Ja, Sir. I.T. & T. hat übrigens gestern oder vor ein paar Tagen 15 Millionen Dollar ihrer Schulden in Dollar an die spanische Regierung überwiesen oder überwiesen bekommen, und das dürfen sie unter unserer allgemeinen Lizenz tun, also ist das in Ordnung. Das ist also in Ordnung. Es ist jedoch Teil ihrer Darstellung uns gegenüber, Teil eines Deals für den Verkauf des Unternehmens in Spanien, also versuchen sie damit, unsere Hand zu zwingen. Der

Vorschlag, den sie seit einigen Jahren in verschiedenen Formen unterbreitet haben, sieht nun folgendermaßen aus. Sie können sich ihre Forderungen in Dollar auszahlen lassen, was ihnen nach eigenen Angaben bisher nicht möglich war - entweder 15 Millionen Dollar jetzt und 10 oder 11 Millionen Dollar später. Sie werden das Unternehmen an Spanien verkaufen und im Gegenzug Anleihen im Wert von 30 Millionen Dollar - spanische Staatsanleihen - erhalten, die über eine Reihe von Jahren und ungefähr mit 2 Millionen Dollar pro Jahr getilgt werden sollen, und sie sollen 90 % dieser Exporte erhalten, um die Anleihen schneller zu tilgen, wenn sie es in die Vereinigten Staaten exportieren sollen.

H. M. Jr: Wie der Streichholzhändler, den ich in meiner Rede erwähnt habe.

Mr. Coe: Das ist richtig. Die spanische Regierung. Sie sind bereit, sagen sie - sie sind in der Lage, von der spanischen Regierung Zusicherungen zu erhalten, dass dies nicht der Fall sein wird, dass die Aktien, die die spanische Regierung weiterzuverkaufen beabsichtigt, an niemanden auf der schwarzen Liste gehen werden, und so weiter. In einigen Verhandlungen, die wir in den letzten Wochen mit ihnen geführt haben, waren sie bereit, in dieser Hinsicht weiter zu gehen. Unser Zögern in dieser Angelegenheit bezieht sich auf zwei Dinge: Erstens, dass man Franco nicht trauen kann, und dass, wenn sie in der Lage sind - wenn Franco in der Lage ist, in der nächsten Zeit Aktien dieses Unternehmens im Wert von 50 Millionen Dollar in Spanien zu verkaufen, er sie sehr wohl an pro-deutsche Interessen verkaufen könnte. Es scheint zweifelhaft, dass er in der Lage wäre, sie an die Spanier zu veräußern, das ist also die erste Sache. Die zweite Sache können wir nicht so gut dokumentieren, aber ich denke, sie ist in meinem Kopf ausgeprägter als in dem der Auslandsfonds und der Juristen. Ich glaube auch nicht, dass wir Behn wirklich trauen können.

Mr. White: Ich bin sicher, dass Sie das nicht können.

Mr. Coe: Wir haben hier Aufzeichnungen von Gesprächen, die weit zurückreichen und die einige Ihrer Männer mit Behn geführt haben - Klaus war einer von ihnen -, in denen Behn sagte, dass er

Gespräche mit Göring geführt hatte, in denen es um den Vorschlag ging, dass Göring das Eigentum von I.T. & T. in Deutschland halten sollte, und wie Sie sich erinnern, hat I.T. & T. hier versucht, General Aniline zu kaufen und es dadurch zu einem amerikanischen Unternehmen zu machen, und das war Teil des Deals, von dem Behn dem Staat und unseren Anwälten ganz offen sagte, dass er darüber gesprochen hatte. Er hielt es für völlig in Ordnung, Eigentum zu schützen: Das war, bevor wir in den Krieg eingetreten sind,

H. M., Jr.: Daran kann ich mich nicht erinnern,

Mr. Coe: Der Mann, der jetzt für ihren Besitz verantwortlich ist, ist Westrick, der, wie Sie sich erinnern, hierher kam und mit Texaco verwickelt war. Sie versuchten auf jede erdenkliche Weise, Deals auszuhecken, um zu entkommen. Sie stehen in Verbindung mit deutschen Spitzenunternehmen usw. Andererseits wurde Oberst Behn mehrmals als Abgesandter des Außenministeriums eingesetzt, und ich glaube, daß er persönlich sehr gute Beziehungen zu Stettinius unterhält. Wir haben vom Außenministerium gehört, dass sie keine Einwände gegen dieses Schreiben haben. Wir haben Ihnen bereits vorgeschlagen - in dem Schreiben, das ich Ihnen zukommen ließ, schlugen wir vor, das Außenministerium zu fragen, ob es in Anbetracht unserer Ziele in Bezug auf den sicheren Hafen immer noch Ja sagt. Ich bin zuversichtlich, nachdem ich in den letzten ein oder zwei Tagen mit ihnen telefoniert habe, dass sie zurückschreiben und sagen werden, dass sie es immer noch für ein gutes Geschäft halten.

H. M., Jr: Dies ist die Position, in der ich mich befinde. Wie Sie wissen, bin ich überlastet und kann mich nicht persönlich mit dieser Sache befassen, und ich denke, dass wir die Sache einfach dem Außenministerium in den Schoß legen müssen, und wenn sie es genehmigen wollen, in Ordnung. Ich habe einfach weder die Zeit noch die Energie, um auf dieser Grundlage mit ihnen zu streiten.

Mr. Coe: Dann sollten wir es jetzt lizenzieren.

Mr. White: Zuerst sollten Sie einen Brief bekommen. Ich stimme mit dem Minister in diesem Punkt überein, dass man diesem Kerl

Behn nicht über den Weg trauen sollte. Irgendetwas an diesem Geschäft sieht verdächtig aus, und das war es auch in den letzten paar Jahren, in denen wir mit ihm zu tun hatten. Es ist jedoch eine Sache, das zu glauben, und eine andere, das vor dem Druck zu verteidigen, der hier ausgeübt wird, dass man versucht, diesem Unternehmen das Geschäft vorzuenthalten, aber ich denke, was wir tun könnten, ist, das Außenministerium zu Protokoll zu geben, dass es im Hinblick auf ein Projekt für einen sicheren Hafen nicht der Meinung ist, dass die Gefahr besteht, dass irgendeines dieser Vermögenswerte - ich würde einige von ihnen zitieren, den Brief ausschreiben. Geben Sie sie zu Protokoll und machen Sie ihnen sogar ein wenig Angst und halten Sie sich zurück, oder sie werden zumindest das Protokoll haben und Sie werden sie auf diese Gefahren aufmerksam gemacht haben. Dieser Kerl Behn hasst uns sowieso. Wir stehen seit mindestens 4 Jahren zwischen ihm und den Geschäften.

H. M., Jr: Folgen Sie dem, was White gesagt hat. Etwas in dieser Richtung. "Sehr geehrter Herr Stettinius, die folgenden Tatsachen beunruhigen mich und ich möchte Sie bitten, mir zu raten, ob wir das tun sollten oder nicht.... "

Mr. White: "In Anbetracht der Gefahr, dass deutsche Vermögenswerte hier getarnt werden könnten, wird die Zukunft -" und lassen Sie ihn zurückkommen und sagen: "Nein", und wir werden ihn beobachten.

Mr. Coe: Wir haben gesagt, dass wir Acheson am Montag etwas geben wollen.

H. M., Jr: Und wenn Sie das bis morgen früh fertig haben, werde ich es unterschreiben. *Mr. Coe:* O.K.

Quelle: United States Senate, Subcommittee to Investigate the Administration of the Internal Security Act. Committee on the Judiciary, *Morgenthau Diary (Germany)*, Volume 1, 90th Congress, 1st Session, November 20, 1967, (Washington D.C.: U.S. Government Printing Office, 1967), S. 320 von Buch 828. (Seite 976 des Drucks des U.S. Senats.)

Anmerkung: "Mr. White" ist Harry Dexter White. "Dr. Dubois" ist Josiah E. Dubois, Jr., Autor des Buches *Generals in Grey Suits* (London: The Bodley Head, 1953). "H.M., Jr." ist Henry Morgenthau, Jr., Finanzminister.

Dieses Memorandum ist wichtig, weil es Sosthenes Behn beschuldigt, "mindestens vier Jahre lang" hinter den Kulissen Geschäfte mit Nazi-Deutschland gemacht zu haben - *d. h.*, während der Rest der USA im Krieg war, machten Behn und seine Freunde weiterhin Geschäfte mit Deutschland wie üblich. Dieses Memorandum untermauert die in den Kapiteln fünf und neun dargelegten Beweise für den Einfluss von I.T.T. im inneren Kreis von Himmler und fügt der Liste der I.T.T.-Kontakte Herman Göring hinzu.

Ausgewählte Bibliographie

Allen, Gary. *Keiner wagt es, es Verschwörung zu nennen*. Seal Beach, Kalifornien: Concord Press, 1971.

Ambruster, Howard Watson. *Treason's Peace*. New York: The Beechhurst Press, 1947.

Angebert, Michel. *Das Okkulte und das Dritte Reich*. New York: The Macmillan Company, 1974.

Archer, Jules. *The Plot to Seize the White House*. New York: Hawthorn Books, 1973.

Baker, Philip Noel. *Schwindler des Todes*. The Labour Party, England, 1984.

Barnes, Harry Elmer. *Perpetual War for Perpetual Peace*. Caldwell, Idaho: Caxton Printers, 1958.

Bennett, Edward W. *Germany and the Diplomacy of the Financial Crisis, 1931*. Cambridge: Harvard University Press, 1962.

Der Farben-Konzern 1928. Hoppenstedt, Berlin, 1928.

Dimitrov, George, *Der Prozess um den Reichstagsbrand*. London: The Bodley Head, 1984.

Dodd, William E. Jr., und Dodd, Martha. *Ambassador Dodd's Diary, 1933-1938*. New York: Harcourt Brace and Company, 1941.

Domhoff, G. William. *The Higher Circles: Die regierende Klasse in Amerika*. New York: Vintage, 1970.

Dubois, Josiah E., Jr. *Generäle in grauen Anzügen*. London: The Bodley Head, 1958.

Engelbrecht, H.C. *Merchants of Death*. New York: Dodd, Mead & Company, 1984.

Engler, Robert. *Die Politik des Öls*. New York: Die Macmillan Company, 1961.

Epstein, Julius. *Operation Keelhaul*. Old Greenwich: Devin Adair, 1978.

Farago, Ladislaus. *Das Spiel der Füchse*. New York: Bantam, 1978.

Flynn, John T. *As We Go Marching*, New York: Doubleday, Doran and Co, Inc., 1944.

Guerin, Daniel. *Fascisme et grand capital*. Paris: Francois Maspero, 1965.

Hanfstaengl, Ernst. *Unerhörter Zeuge*. New York: J. B. Lippincott, 1957.

Hargrave, John. *Montagu Norman*. New York: The Greystone Press, n.d.

Harris, C.R.S. *Germany's Foreign Indebtedness*. London: Oxford University Press, 1985.

Helfferich, Dr. Karl. *Deutschlands wirtschaftlicher Fortschritt und Volkswohlstand, 1888.1913*. New York: Germanistische Gesellschaft von Amerika, 1914.

Hexner, Ervin. *Internationale Kartelle*. Chapel Hill: Die Universität von North Carolina Press, 1945.

Howard, Colonel Graeme K. *America and a New Worm Order*. New York: Scribners, 1940.

Kolko, Gabriel. "American Business and Germany, 1930-1941", *The Western Political Quarterly*, Band XV, 1962.

Kuezynski, Robert R. *Bankers' Profits from German Loans*,
Washington, D.C.: The Brookings Institution, 1982.

Leonard, Jonathan. *Die Tragödie des Henry Ford*. New York: G.P.
Putnam's Sons, 1932.

Ludecke, Kurt G.W. *Ich kannte Hitler*. New York: Charles Scribner's
Sons, 1937.

Magers, Helmut. *Ein Revolutionär aus gesundem Menschenverstand*.
Leipzig: R. Kittler Verlag, 1934.

Martin, James J., *Revisionistische Standpunkte*. Colorado: Ralph
Mules, 1971.

Martin, James Stewart. *All Honorable Men*, Boston: Little Brown and
Company, 1950.

Muhlen, Norbert. *Schacht: Hitler's Magician*. New York: Longmans,
Green and Co., 1939.

Nixon, Edgar B. *Franklin D. Roosevelt und die Außenpolitik*.
Cambridge: Belknap Press, 1969.

Jahrbuch für Erdöl und Petroleum, 1938.

Papen, Franz yon. *Memoirs*. New York: E.P. Dutton & Co. 1953.

Peterson, Edward Norman. *Hjalmar Schacht*. Boston: The Christopher
Publishing House, 1954.

Phelps, Reginald H. *"Before Hitler Came": Thule Society and
Germanen Orden*, in: *Journal of Modern History*, September, 1963.

Quigley, Carroll, *Tragödie und Hoffnung*. New York: The Macmillan
Company, 1966.

Ravenscroft, Trevor, *Der Speer des Schicksals*. New York: G.P.
Putnam's Sons, 1973.

Rathenau, Walter. *In Days to Come*. London: Allen & Unwin, n.d.

Roberts, Glyn. *The Most Powerful Man in the World*. New York: Covici, Friede, 1938.

Sampson, Anthony. *The Sovereign State of* I.T.T. New York: Stein & Day, 1975.

Schacht, Hjalmar. *Confessions of "The Old Wizard"*. Boxton: Houghton Mifflin, 1956.

Schloss, Henry H. *Die Bank für Internationalen Zahlungsausgleich*. Amsterdam: North Holland Publishing Company, 1958.

Seldes, George. *Eisen, Blut und Profite*. New York und London: Harper & Brothers Publishers, 1934.

Simpson, Colin. *Lusitania*. London; Longman, 1972.

Smoot, Dan. *Die unsichtbare Regierung*. Boston: Western.Islands, 1962, Strasser, Otto. *Hitler und ich*. London: Jonathan Cape, n.d.

Sonderegger, Rene. *Spanischer Sommer*. Affoltern, Schweiz: Aehren Verlag, 1948.

Stocking, George W., und Watkins, Myron W. *Cartels in Action*. New York: The Twentieth Century Fund, 1946.

Sutton, Antony C. *Nationaler Selbstmord: Military Aid to the Soviet Union*. New York: Arlington House Publishers, 1978.

Wall Street und die bolschewistische Revolution. New York: Arlington House Publishers, 1974.

Wall Street und FDR. New York: Arlington House Publishers, 1975.

Westliche Technologie und sowjetische Wirtschaftsentwicklung, 1917-1930. Stanford, Kalifornien: Hoover Institution Press, 1968.

Westliche Technologie und sowjetische Wirtschaftsentwicklung, 1980-1945. Stanford, Kalifornien: Hoover Institution Press, 1971.

Westliche Technologie und sowjetische Wirtschaftsentwicklung, 1945-1965. Stanford, Kalifornien: Hoover Institution Press, 1973.

Sward, Keith. *Die Legende von Henry Ford.* New York: Rinehart & Co., 1948.

Thyssen, Fritz. *I Paid Hitler.* New York: Farrar & Rinehart, Inc. o.J. "Prozesse gegen Kriegsverbrecher vor den Nürnberger Militärtribunalen gemäß Kontrollratsgesetz Nr. 10", Band VIII, Fall I.G. Farben, Nürnberg, Oktober 1946-April 1949. Washington: Government Printing Of-flee, 1953. United States Army Air Force, Aiming Point Report No. 1.E.2 vom 29. Mai 1943.

Senat der Vereinigten Staaten, Anhörungen vor dem Finanzausschuss. *Verkauf von ausländischen Anleihen oder Wertpapieren in den Vereinigten Staaten.* 72nd Congress, 1st Session, S. Res. 19, Part 1, December 18, 19, and 21, 1931. Washington: Government Printing Office, 1931.

United States Senate, Hearings before a Subcommittee of the Committee on Military Affairs. *Wissenschaftliche und technische Mobilisierung.* 78th Congress, 2nd Session, S. Res. 107, Part 16, August 29 and September 7, 8, 12, and 13, 1944. Washington: Government Printing Office, 1944.

Kongress der Vereinigten Staaten. Repräsentantenhaus. *Special Committee on Un-American Activities and Investigation of Certain Other Propaganda Activities.* 73. Kongress, 2. Sitzung, Anhörungen Nr. 73-DC-4. Washington: Government Printing Office, 1934.

Kongress der Vereinigten Staaten. Repräsentantenhaus. Sonderausschuss für unamerikanische Aktivitäten (1934). *Untersuchung von Nazi- und anderen Propagandaaktivitäten.* 74th Congress, 1st Session, Report No. 153. Washington: Government Printing Office, 1934.

Kongress der Vereinigten Staaten. Senat. Hearings before a

Subcommittee of the Committee on Military Affairs. *Beseitigung der deutschen Kriegsressourcen.* Bericht gemäß S. Res. 107 und 146, 2. Juli 1945, Teil 7. 78th Congress und 79th Congress. Washington: Government Printing Office, 1945.

Kongress der Vereinigten Staaten. Senat. Hearings before a Subcomittee of the Committee on Military Affairs. *Wissenschaftliche und technische Mobilisierung.* 78. Kongress, 1. Sitzung, S. 702, Teil 16, Washington: Government Printing Office, 1944.

United States Group Control Council (Deutschland), Office of the Director of Intelligence, Field Information Agency. Technical Intelligence Report No. EF/ME/1. 4. September 1945.

Senat der Vereinigten Staaten. Unterausschuss zur Untersuchung der Verwaltung des Gesetzes über die innere Sicherheit, Ausschuss für das Justizwesen. *Morgenthau-Tagebuch (Deutschland).* Band 1, 90. Kongress, 1. Sitzung, 20. November 1967. Washington: U.S. Government Printing Office, 1967.

Dezimaldatei des Außenministeriums der Vereinigten Staaten.

Untersuchung der strategischen Bombenangriffe der Vereinigten Staaten. *AEG-Ostlandwerke GmbH,* von Whitworth Ferguson. 81. Mai 1945.

Studie über strategische Bombenangriffe der Vereinigten Staaten. *Bericht der deutschen Elektrogeräteindustrie.* Abteilung Ausrüstung, Januar 1947.

United States Strategic Bombing Survey, *Werksbericht der A.E.G.* (Allgemeine Elektrizitats Gesellschaft). Nürnberg, Deutschland: Juni 1945.

Zimmerman, Werner. *Liebet Eure Feinde.* Frankhauser Verlag: Thielle-Neuchatel, 1948.

Andere Titel

OMNIA VERITAS
OMNIA VERITAS LTD PRÄSENTIERT:
DIE WALL$TREET TRILOGIE
VON ANTONY SUTTON
ANTONY SUTTON
DIE WALL$TREET TRILOGIE
"Professor Sutton wird für seine Trilogie in Erinnerung bleiben: Wall St. und die bolschewistische Revolution, Wall St. und FDR und Wall St. und der Aufstieg Hitlers."
Diese Trilogie beschreibt den Einfluss der Finanzmacht bei drei Schlüsselereignissen der jüngeren Geschichte

OMNIA VERITAS
Omnia Veritas Ltd präsentiert:
ARCHIBALD RAMSAY
DER NAMENLOSE KRIEG
JÜDISCHE MACHT GEGEN DIE NATIONEN
ARCHIBALD RAMSAY
DER NAMENLOSE KRIEG
JÜDISCHE MACHT GEGEN DIE NATIONEN
Der Autor beschreibt die Anatomie der Maschinerie der Revolutionären Internationale, die heute das Projekt einer supranationalen Weltmacht verfolgt, den uralten messianischen Traum des internationalen Judentums ...
Beweise für eine jahrhundertealte Verschwörung gegen Europa und die gesamte Christenheit ...

OMNIA VERITAS
Omnia Veritas Ltd präsentiert:
WILLIAM LUTHER PIERCE
DIE TURNER TAGEBÜCHER
Dieser Roman der Erwartung beschreibt einen Staatsstreich unter der Führung von Weißen in den Vereinigten Staaten, die Schwarze und Juden angreifen, wobei letztere als Kontrolle des amerikanischen Staates beschrieben werden
Die Turner Diaries bieten einen Einblick, der einzigartig wertvoll ist

OMNIA VERITAS
Omnia Veritas Ltd präsentiert:
DER SS-ORDEN
ETHIK & IDEOLOGIE
von EDWIGE THIBAUT
EDWIGE THIBAUT
DER SS-ORDEN
ETHIK & IDEOLOGIE
Die außergewöhnlichste politisch-militärische Formation, die die Menschheit je gesehen hat

OMNIA VERITAS.
Omnia Veritas Ltd präsentiert:
Hier ist eine WAHRE Geschichte voller internationaler Intrigen, Romanzen, Korruption, Betrügereien und politischer Morde, wie sie noch nie zuvor geschrieben wurde.
BAUERN AUF DEM SCHACHBRETT
William Guy Carr
BAUERN AUF DEM SCHACHBRETT
Die Geschichte ist sensationell und schockierend, aber sie ist lehrreich

OMNIA VERITAS.
Omnia Veritas Ltd präsentiert:
Hier wird eine kühne und teuflische Verschwörung aufgedeckt, die darauf abzielt, den Menschen durch Täuschung, Schrecken und Gewalt seiner gottgegebenen Freiheit zu berauben.
DIE VERSCHWÖRUNG ZUR ZERSTÖRUNG ALLER BESTEHENDEN REGIERUNGEN UND RELIGIONEN
William Guy Carr
DIE VERSCHWÖRUNG ZUR ZERSTÖRUNG ALLER BESTEHENDEN REGIERUNGEN UND RELIGIONEN
Der Durchschnittsmensch ist mit der Geschichte nicht vertraut.

OMNIA VERITAS
Omnia Veritas Ltd präsentiert:
William Guy Carr
SATAN,
FÜRST DIESER WELT
SATAN,
FÜRST DIESER WELT
Der luziferische Aufstand gegen Gottes Recht, die höchste Autorität über das gesamte Universum auszuüben, verlagerte sich auf diese Erde in den Garten Eden.
Jetzt liegt es an uns. Wir können die Wahrheit akzeptieren oder ablehnen...

OMNIA VERITAS
Omnia Veritas Ltd präsentiert:
FREDERICK SODDY
FREDERICK SODDY
DIE ROLLE DES GELDES
DIE ROLLE DES GELDES
WAS ES SEIN SOLLTE,
IM GEGENSATZ ZU DEM,
WAS ES GEWORDEN IST
Dieses Buch versucht, das Geheimnis des Geldes in seinem sozialen Aspekt zu lüften
Das ist es sicherlich, was die Öffentlichkeit wirklich über Geld wissen möchte

OMNIA VERITAS
www.omnia-veritas.com